换道赛车

新能源汽车的中国道路

苗圩 ◎ 著

人民邮电出版社

北京

图书在版编目（CIP）数据

换道赛车：新能源汽车的中国道路 / 苗圩著. --
北京：人民邮电出版社，2023.12
ISBN 978-7-115-62790-2

Ⅰ. ①换… Ⅱ. ①苗… Ⅲ. ①新能源－汽车－产业发
展－研究－中国 Ⅳ. ①F426.471

中国国家版本馆CIP数据核字(2023)第186539号

内 容 提 要

　　本书系工业和信息化部原部长苗圩根据自己的亲身经历与深度思考撰写，目的在于梳理中国新能源汽车 20 余年发展历程的脉络，介绍相关产业政策的出台过程与落实结果，总结汽车企业竞争力升降的经验教训，探索中国汽车强国建设的基本路径，探讨全球汽车产业未来的发展趋势。

　　本书重点回答了业界关注的一系列重大问题：汽车产业百年未有之大变局对中国意味着什么？中国新能源汽车走过了怎样的一条发展道路？推动中国新能源汽车产业发展的主要因素有哪些？中国汽车行业管理部门和各类汽车企业在汽车产业的大变革中做了怎样的努力、克服了什么样的困难？有哪些经验教训值得总结？未来中国新能源汽车产业发展需要特别关注哪些问题？

　　本书旨在帮助读者充分了解未来汽车产业的演进趋势和方向，激励业界共同探索新时代汽车产业的内在发展规律，从而形成统一的认识和行动，实现建设汽车强国、引领全球汽车产业发展的宏伟目标。

◆ 著　　　　　苗　圩
　　责任编辑　韦　毅　王　威
　　责任印制　李　东　焦志炜
◆ 人民邮电出版社出版发行　　北京市丰台区成寿寺路 11 号
　　邮编　100164　　电子邮件　315@ptpress.com.cn
　　网址　https://www.ptpress.com.cn
　　北京捷迅佳彩印刷有限公司印刷
◆ 开本：720×960　1/16
　　印张：18.5　　　　　　　　2023 年 12 月第 1 版
　　字数：264 千字　　　　　　2023 年 12 月北京第 1 次印刷

定价：128.00 元
读者服务热线：(010)81055552　印装质量热线：(010)81055316
反盗版热线：(010)81055315
广告经营许可证：京东市监广登字 20170147 号

序

从 1886 年第一辆汽车诞生开始，人类便在驾驭动力变革解放生产力、开拓发展空间的方向上不断前行。历经百余年的蓬勃发展，汽车产业于现代工业文明的基础和战略地位日益牢固。然而，汽车在极大地便利人类生活的同时，衍生的传统能源、生态环境和城市交通的可持续发展问题接踵而至。突破化石能源的束缚、破解大气污染的难题、实现汽车动力的二次解放，推动新能源汽车发展历史性地走到了创新密集时代的前沿。

事非经过不知难。中国汽车工业从无到有，中国快速从"自行车王国"变成"汽车大国"，是自力更生所造就，也是改革开放所成就。进入新时代，习近平总书记在 2014 年 5 月视察上汽集团时指出，发展新能源汽车是我国从汽车大国迈向汽车强国的必由之路，要加大研发力度，认真研究市场，用好用活政策，开发适应各种需求的产品，使之成为一个强劲的增长点。这为我国汽车产业创新发展坚定了信心，指明了方向，提供了根本遵循。

早在 21 世纪初，面对世界新能源汽车方兴未艾的时代大潮，党中央、国务院审时度势，果断决策，抢抓变革机遇，启动重大科技专项，开展示范应用，实施产业规划，推动新能源汽车产业化、市场化，引领我国汽车工程科技人员和企业家们以突围的勇气以及十年磨一剑的毅力，在开放创新中与世界各国同行同台竞技，一路跋山涉水，一路攻关夺隘。20 多年以后的今天，中国已成为世界上新能源汽车最大的生产国、消费国、出口国，自 2015 年起连续 8 年产销量、保有量居世界第一，2022 年市场渗透率达 25.6%，为世界所惊叹。新能源汽车发展的中国道路，彰显了新型举国体制的制度优势，凝聚着千百万科技工程人员的创新智慧，折射着各路领军企业家们敢为人先的胆魄意志，标志着汽车产业自主创新能力的全面提升。

站得高方能看得真。洞察汽车产业变革历程和竞争态势，正如本书的主书名——"换道赛车"，恰如其分地揭示了这个经过百年锤炼的支柱产业在新科技革命浪潮中加速裂变、不断聚变的演进格局。得益于能源、动力、信息和材料革命的强劲推动，经济和科技的新赛道上已然群雄并起：传统大企业着力变革、勇毅创新，在抢塑新平台中脱胎换骨、涅槃重生；新势力如雨后春笋应时而生，以领跑者姿态定义规则、导引风尚，展现了世界汽车舞台前所未有的蓬勃创新场景。

2020年7月，习近平总书记在视察一汽集团时，对新能源汽车的发展、智能网联技术的应用、高端品牌建设和地方政府支持汽车产业转型升级给予高度评价，对我国汽车产业高质量发展提出了新的要求。未来已来，电动化、智能化、低碳化的新赛道，必将释放新能源汽车创新创造的巨大空间。中国市场作为竞争最有效、最充分的市场，为世界新能源汽车产业发展搭建了广阔的竞争合作舞台，中国自主品牌出海也将迎来重要的窗口机遇期。百舸争流的全球新能源汽车产业潮头，中国力量备受瞩目，值得期待。

苗圩同志有着丰富的汽车行业工作经历，学汽车，干汽车，管汽车，既有掌舵大型车企的一线工作实践经验，又曾担任工业和信息化部部长职务，对新能源汽车发展倾注了大量心血。本书无疑是贯通了历史、当下和未来，既有对中国新能源汽车探索和发展的"上半场"的记录与还原，也蕴含对汽车产业在"下半场"的持续奋斗中如何"强"起来的深入思考与洞见。我和苗圩同志相识多年。在科技立项、示范应用、产业规划、市场推广和规模产业化的各个阶段，我们共同关注呼吁、积极参与，在推进我国新能源汽车产业发展的过程中并肩奋斗、一路同行。苗圩同志给我留下的深刻印象是，他总能耐心倾听，认真听取领导、专家、同行、媒体的意见，实事求是，不急不躁，拿出解决问题的建议和办法，并且在实践过程中不断完善。正如在这本书中，他纵观新能源汽车产业发展的历史和未来，抽丝剥茧，娓娓道来，真知灼见闪耀其中。

制胜新赛道，其根本在于坚实的产业创新底座和同舟共济的协同创新生态，这是历史经验给予我们的重要启示。我们要进一步发挥新型举国体制的创新制度优势，以有为之手释放蕴含在中国式现代化场景中的超大规模潜能，以投资创新就是投资未来的坚定信念，持续加大对科技研发、产业创新、政策支持等的全链条投入，前瞻布局下一代动力电池、车规级芯片、新型底盘架构、智能操作系统等前沿技术，补短板、锻长板，彻底扭转"缺芯少魂"的被动局面，着力推动跨界融合，不断增强产业链供应链韧性。要准确把握电动化、智能化、低碳化的底层逻辑，激发企业的创新主体活力，不断凝聚全行业转型升级的战略共识，以系统创新提升国际竞争位势，以开放协同营造共荣生态，面向世界，面向未来，开创在新能源汽车领域换道超车、挺立潮头的新辉煌，以高水平的科技自立自强，为中国式现代化注入强大动能。

是为序。

万钢

中国科学技术协会主席

2023 年 5 月 15 日

前言

2009 年 10 月 20 日，一辆解放牌重卡驶下一汽生产线，标志着 2009 年度我国第 1000 万辆汽车诞生，这是中国汽车首次实现年产超 1000 万辆的历史性突破。在庆祝仪式上，有记者问我："这次活动有什么特殊的意义？"我当时回答说，其意义在于，这一年我们将取代美国成为世界汽车产销量第一大国。记者接着追问："中国已经是汽车大国了，但并不是汽车强国，您认为汽车强国的标志是什么？"我根据个人的工作体会，现场即兴答复道："我认为有三个标志：第一是有产销规模进入全球前几位的汽车大企业；第二是有自己的专有技术，这些专有技术为汽车产品所广泛使用，引领全球汽车产业的发展；第三是产品不只是针对国内市场，还能够批量出口，在国际汽车市场上占有一席之地。"

一晃十几年过去了，今天回过头来看，我仍然认为这三点——具有拥有国际竞争力的企业和知名品牌，掌握世界领先的关键核心技术，以及充分开拓国内外两个市场——是汽车强国的标志性指标。

汽车是工业文明的产物，自 1886 年诞生至今百余年，汽车产品改变了人们的生产方式和生活方式。20 世纪 40 年代，著名管理学家彼得·德鲁克把汽车工业称作"工业中的工业"。自 1985 年起，美国麻省理工学院的詹姆斯·P. 沃麦克、丹尼尔·T. 琼斯和丹尼尔·鲁斯 3 位教授用了 5 年时间，回顾了汽车工业的百年发展历程，详细探讨了精益生产方式的由来、要素和扩散状况。他们将研究成果出版成书——《改变世界的机器》，这个书名非常精准地浓缩了汽车产品对人类社会进步产生的重大影响。

由于汽车产业链长、社会涉及面广、全球化程度高，实现了工业化的大国往往也是汽车工业大国，完成了工业化的强国往往也是汽车强国。在全球化的影响下，很多发达国家放弃或转移了很多失去比较优势的产业，但是汽车产业是少有的例外。美国通用汽车公司第二任 CEO 查尔斯·欧文·威尔逊留下了一句名言："多年以来，我始终认为，有利于美国的事情肯定也有利于通用汽车，反之亦然。"这句话真是耐人寻味。毋庸置疑，任何一国汽车行业在全球市场所处的地位，都是衡量该国工业化水平的关键指标。

也是在 20 世纪 80 年代，美国未来学家阿尔文·托夫勒的《第三次浪潮》风靡世界，书中详细阐述了由科学技术发展引起的社会各方面的变化与趋势。在他看来，人类迄今为止已经经历了农业革命和工业革命两次浪潮文明的洗礼，第二次浪潮中，工业文明渗透进了社会生活的方方面面；然而，一股崭新的浪潮正冲击着人类社会的各个领域，这就是信息革命浪潮。

托夫勒极富前瞻性的预判传入中国，启发国人探寻一条新的追赶和超越之路，信息化浪潮与中国改革开放的基本国策实现了历史性交汇。"当第三次浪潮来临的时候，无论发达国家还是发展中国家，都处在同一条起跑线上，谁抓住第三次浪潮，谁就能占领未来竞争的制高点。"这样的理念，大大激发了我国乘改革开放东风、加快推进工业化和信息化进程的信心与勇气。时至今日，互联网、大数据、人工智能、云计算等技术的应用已经在各个行业随处可见，信息化技术也极大地影响着经济、政治、社会、文化的方方面面，这种影响还在持续进行中。

我国汽车工业是在新中国成立之后，在"一穷二白"的基础上建立起来的。经过几代人的艰苦奋斗，中国已经成为名副其实的汽车大国。在中国汽车大市场的基础上，能否快速找到让中国汽车产业由大变强的新契机？如何实现从汽车大国到汽车强国的历史性跨越？这是摆在中国汽车行业从业者面前迫切且重要的问题。

在信息化大潮的冲击和影响下，全球汽车产业正经历着百年未有之大变局，我们也面临着百年一遇的"换道赛车"的历史机遇。

党的十八大以来，习近平总书记多次对我国汽车工业的发展问题做出重要指示。2014 年，他在视察上汽集团时明确指出："发展新能源汽车是我国从汽车大国迈向汽车强国的必由之路。"这为我国汽车工业产业结构调整指明了方向，我国的新能源汽车发展由此驶入了快车道。

我们在工作实践中充分体会到，只有在差异化发展上寻找机会，换道赛车，我国汽车行业才有可能实现后来居上。电动化、智能化是汽车产业百年一遇之大变局的方向，它们分别代表换道竞赛"上半场"和"下半场"，而智能化"下半场"又是以电动化"上半场"为基础和前提的。我们正与强大的竞争对手同场竞技，丝毫不能懈怠，从上场的第一分钟起就必须全力以赴，争取"上半场"的主动。

在社会各界的共同努力下，经过不断探索、试错和总结，我们走出了一条发展新能源汽车的中国道路，终于在新能源汽车赛道上后来居上，实现了汽车产业的转型发展。自 2015 年超过美国成为全球最大的新能源汽车市场起，我国在新能源汽车领域一直保持良好的发展势头，近几年每年的产销量和累计保有量都占全球的一半左右，2021 年和 2022 年更是实现产销量逆势"井喷式"增长。发展新能源汽车是汽车强国建设的一条必由之路、正确之路，业已成为全行业的共识。

从 1953 年 7 月 15 日一汽奠基那天算起，到 2023 年，中国汽车工业走过了足足 70 年的风雨历程。作为这段历程中后 40 年的见证者，我目睹了我国汽车行业翻天覆地的巨大变化，我为自己生活在这样一个时代，并且有机会投身到这个行业的建设中而深感荣幸和自豪。事实上，我一直把自己看作一个"汽车人"，我的求学专业、职业生涯和个人兴趣都与汽车密不可分。

2020 年，我从工业和信息化部部长位置上退下来转到全国政协后，从繁忙的行业管理工作中脱身出来，有了更充裕的调研、交流、思考和写作时间，于是考虑把自己多年来关于汽车产业发展的所见所闻、所思所想记录下来，整理成书。这一方面是为我国汽车工业的发展"鼓"与"呼"；另一方面，在讲发展成绩的同时，也客观评述其中的不足和问题，透过种种现象和观点，探讨产业发展的基础逻辑，试图总结出某些带有规律性的认识，目的是让我国汽车产业发展更稳健、更健康、更有活力，争取早日实现我国的汽车强国梦。

经过三年多的写作和打磨，这本《换道赛车：新能源汽车的中国道路》终于摆在了各位读者的面前。

本书共九章，并穿插若干专题访谈，重点在于回答以下问题：汽车产业百年未有之大变局究竟意味着什么？推动中国新能源汽车产业发展的主要因素有哪些？中国汽车行业管理部门和新老汽车企业在这场大变革中做了怎样的努力，克服了什么样的困难？有哪些经验教训值得总结？未来有哪些需要特别关注的问题？进而讨论如下话题：中国作为拥有 14 亿多人口的泱泱大国，为什么把出行革命的载体首先落到了新能源汽车上？新能源汽车与其他选择相比有什么优势？在全球视野中，我国做出的这一选择将产生怎样的影响？国内外汽车企业的发展历程和经验教训带给我们怎样的思考？我国新能源汽车为什么能够实现突破从而领先世界？如何衡量和评价这一突破的意义？我国新能源汽车产业未来提升的最大瓶颈和障碍是什么？希望这样的探讨对读者有所启发。

本书基于我的亲身经历与思考，试图梳理中国新能源汽车这 20 余年发展历程的脉络，介绍相关产业政策的出台过程与落实结果，总结汽车企业竞争力升降的经验教训，探索我国汽车强国建设的基本路径，并探讨全球汽车产业未来的发展趋势。

当然，新能源汽车技术还处在演进过程中，远远没有达到完美的程度。我们的汽车产业政策也必须与时俱进，不断完善。汽车产业的智能化竞赛刚刚起步，反过来对新能源汽车发展的诸要素提出了更严苛的要求，各国新能源汽车企业的全面竞争将更加白热化。我国汽车业界同人面临着比先前更为复杂的局面，要在今后的发展中保持住既有的领先地位，发挥优势，补齐短板，容不得我们有丝毫的懈怠。

不过我相信，只要保持历史耐心和战略定力，形成统一的认识和行动，利用好各方面资源，我们完全能够百尺竿头，更进一步，实现引领全球汽车产业发展的宏伟目标。

目录

第一章 汽车产业大变局

　　汽车是"四个轮子加上计算机"，而且加上的还是随时随地联网的"计算机"。汽车成了大型智能移动终端，汽车产品及其技术的内涵和外延正在发生颠覆性的变化。

从 1886 年世界上第一辆汽车正式诞生算起，汽车作为一种重要的交通工具已经存在近 140 年了。在这 100 多年里，汽车产品的技术进步是巨大的，汽车工业的生产方式更是带动了全球工业化的进程。

21 世纪以来，互联网技术广泛普及，新工业革命风起云涌，当今世界正经历一场百年未有之大变局。在这场加速演进的大变局中，汽车行业也发生了根本性的改变。改变的主要标志是电动化和智能化，其对持续存在一个多世纪的从汽车设计、生产制造到销售服务的整个产业链，甚至对用户使用都产生了巨大冲击。对全球汽车行业而言，面对这场变局，探索破解之道，既是严峻的挑战，更是难得的机遇。

1.1 | 车轮上的巨变

在新一轮科技革命和产业变革的推动下，制造业各个行业都面临着变革，汽车行业也不例外。变化首先发生在动力系统方面，汽车的发动机由内燃机转变为电动机；其次，汽车的功能从由硬件决定转变为由软件决定；最后，汽车的供应链体系从垂直一体化体系转变为跨界融合后的网状体系。

1.1.1 新工业革命如火如荼

21 世纪前后，全球范围内发生了第三次工业革命，德国将它称作"工业4.0"。那么，历次工业革命和"工业几点 0"是什么关系呢？

图 1-1 展示了从工业 1.0 到工业 4.0 的发展历程。德国所谓的"工业1.0""工业 2.0"和第一次、第二次工业革命没有什么区别，只是表述方式不同。第一次工业革命以锅炉和蒸汽机的发明与使用为标志，德国工业 1.0 指

的是机械化。第二次工业革命以电力和内燃机的使用为标志,德国工业 2.0
指的是电气化。第三次工业革命以互联网技术的发明和互联网在工业各行业
的应用为标志,而德国把第三次工业革命细分为两个阶段:工业 3.0 阶段,
指的是信息化;工业 4.0 阶段,指的是网络化、智能化。其实这两个阶段都
在进行中,直到现在还在不断发展,而且后期的发展和应用所带来的成效必
定会远远超出前期已经取得的成效。把德国所称的工业 3.0 和工业 4.0 合在
一起,就是统称的第三次工业革命,其标志是智能制造,包括智能化的产品、
智能制造的生产过程等,简言之,就是机器取代人类去做一些更适合机器做
的工作。

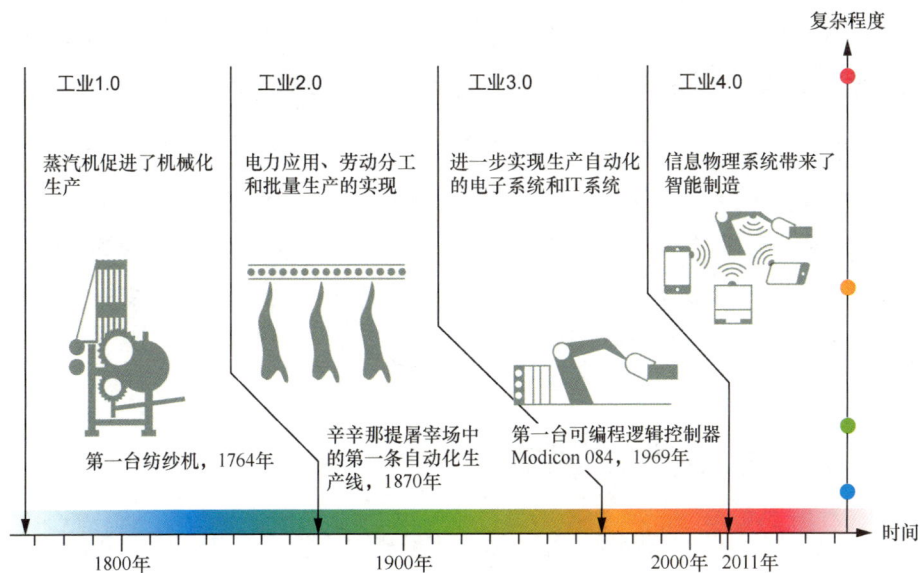

图 1-1 从工业 1.0 到工业 4.0 [来源:德国人工智能研究中心(DFKI),2011 年]

催生第三次工业革命最主要的动力,是计算机、互联网技术的进步和通
信技术应用领域的扩大。由于二进制运算要比十进制运算容易许多,计算机
的出现催生了数字技术在各行各业的应用。由于有了互联网,人们的生产方
式和生活方式发生了巨大变化,数据成为像资本、土地、劳动力等一样的生

产要素，而且取之不尽、用之不竭。无线通信技术的发展，不仅促进了互联网的普及，还推动了大数据、云计算、人工智能、区块链、虚拟现实等数字产业的发展。

数字经济发展是第三次工业革命的标志，数字产业化可以"无中生有"地催生如上所述的许多新兴产业，产业数字化又能使传统产业极大地提高效率、降低成本。制造业正沿着数字化、网络化、智能化的发展路径不断演进。

而汽车产业发展至今，也经历了这三次工业革命，每一次的大变革都对汽车产业产生了深远影响，历次工业革命的成果都在汽车产品上充分体现了出来。第一次工业革命奠定了汽车产品的机械性能基础，基于蒸汽机发展起来的热力学理论为研发内燃机指明了方向。在第二次工业革命中，内燃机和电气技术结合，卡尔·本茨成功发明了汽车，亨利·福特有机会在电力驱动的流水线上快速批量地生产汽车。全球范围内发生的第三次工业革命，对汽车产业的影响之深之远，大大超过了前两次工业革命：汽车动力系统的电动化蔚然成风，汽车智能化成为发展的必然趋势，传统汽车企业面临巨大的转型发展压力，汽车产业进入了前所未有的深刻变革期。

1.1.2　传统车企转型风暴

与约 140 年前的古典汽车相比较，现在的汽车产品发生了巨大变化。非常突出的一点是，从车灯、雨刮器、点火线圈和火花塞等必不可少的电气产品上车，到收音机、电子门锁、空调器等电子产品的应用，再到发动机电控燃油喷射系统、防抱制动系统、主动悬架系统等电控部件的配置，电子电气产品越来越多地应用到整车上，促使汽车产品拥有了很多电子控制的新功能，而每个新功能都要依靠一个电子控制单元（Electronic Control Unit，ECU）来操作实现。据统计，现在一辆车上使用的 ECU 可以多达几十个甚至超过一百个。

传统汽车的分散控制方式带来了一系列问题，不说别的，整车的线束就是不可克服的障碍。汽车从分散控制走向集中控制是必然趋势。把功能相近的多个 ECU 集中到一个算力和资源强大的控制器里，这就是域控制器。域控制器具有多个 ECU 的功能，每个 ECU 对应域控制器里的一个或多个应用程序，而控制执行器的底层驱动由域控制器统一管理。现在整车域控制器不再只是讨论的话题了，事实上动力总成域控制器、车身域控制器、底盘域控制器、辅助驾驶域控制器等已经陆续在一些新推出的车型中实现。过去，吉利集团的李书福说汽车不过是"四个轮子加上沙发"，借用这句话，现在我们可以说汽车是"四个轮子加上计算机"，而且加上的还是随时随地联网的"计算机"。汽车成了大型智能移动终端，汽车产品及其技术的内涵和外延正在发生颠覆性的变化。

在新能源汽车的基础上，实现整车的智能化是下一步发展的必然趋势。在新能源汽车上实现上述智能化新技术的应用比在传统汽车上要容易许多，有些智能化技术甚至只能在新能源汽车上实现。这种新能源汽车不是在燃油汽车平台上仅仅通过换装动力系统的产品（"油改电"）就能造出来的，而是出自全新设计开发的新能源汽车平台的产品。

仅就汽车产品本身而言，我认为有三个方面的根本性改变已经或者正在发生。一是动力系统的变革，一百多年来汽车使用的内燃机动力系统将转变为电动机。二是电子电气架构从分散控制转变为集中的域控制，最后实现整车计算平台集中控制，相应地，整车的软件也将从分散的嵌入式软件转变为全栈式软件。软件代替硬件定义汽车是发展的大趋势。三是产业分工正由行业自成体系向跨行业的开放合作演进，汽车行业原有的整车和零部件的垂直一体化链式供应体系被强力打破，专业化分工体系正在重塑，网状生态产业链、供应链体系正在加速构建。这意味着汽车产业技术的发展方向正在发生革命性的变化，汽车的价值、产业竞争力源泉以及参与者的角色关系都将发生天翻地覆的变化。可以说，我们正处在汽车产业发展百年一遇的历史拐点上。

1.1.3 汽车产业"新四化"

引起汽车产业这场大变革的，正是深入而广泛席卷社会生产和生活的数字革命。之所以有那么多 IT 和互联网企业跨界进入汽车产业领域，是因为它们瞄准了数字化将给汽车产业带来的潜在巨大价值。

以太网发明人之一、3Com 公司创始人罗伯特·梅特卡夫提出"梅特卡夫定律"：一个网络的价值等于该网络内节点数的平方，而且该网络的价值与联网的用户数的平方成正比。推而广之，可以预测，联网后的汽车将形成可以与计算机网络、智能手机网络相匹敌的超大规模网络，其潜在价值若能挖掘出来，将具有惊人的能量。

汽车产业的未来价值将取决于数据量，万物互联的物联网将把汽车联通起来，打造出"数据宝库"，因此网联化是这场汽车大变革的趋势之一。

电动化和智能化也是这场汽车大变革的趋势。以前，汽车行业着力研究动力总成、造型设计和底盘系统，如今，业界不断探索的是电动动力总成、智能座舱和自动驾驶。从"老三件"到"新三件"，汽车电动化、智能化的浪潮汹涌，不可阻挡。

展望未来，以无人驾驶为标志的自动驾驶功能一旦得到普及，共享化将成为汽车使用的一场革命，促进"出行即服务"的实现，这是这场汽车大变革的第四个趋势。

图 1-2 展示了这四个趋势，也即"新四化"。

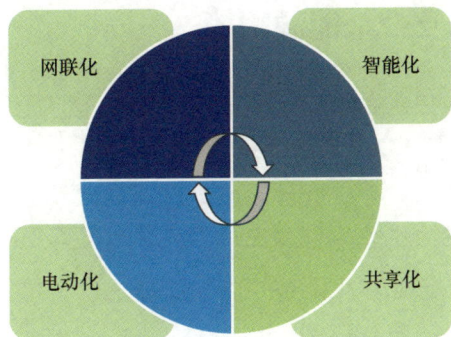

图1-2　汽车大变革的趋势："新四化"

将来的汽车不再是孤零零的"信息孤岛"，而是连接网络的终端，智能化的汽车最终将会把驾驶者从单调的驾驶行为和驾驶风险中解放出来。汽车的动力源将从造成大气污染、气候变暖且不断减少的石油资源转变为绿色能源，那时，社会不会再有尾气排放造成大气污染、气候变暖的烦恼。汽车产业终将回归出行服务的本性，共享化将产生更大的价值。

以上这四大趋势不是独立存在的，而是彼此融合，使得汽车的价值发生根本性的改变。

1.2 ｜ 动力革命迫在眉睫

在世界汽车发展初期，蒸汽机、电动机、煤气发生炉等都曾用作汽车动力系统。不过后来人们在使用过程中发现这些动力系统各自存在一些难以克服的障碍，比如，电动机要使用蓄电池作为电源，而蓄电池的能量密度不足，造成电池的体积大、质量大和车辆续驶里程短的棘手问题（直到今天，类似的问题还经常被提起）。与此相反，内燃机技术及相关产品获得了长足进步，于是人们很快转向选择内燃机作为汽车动力系统。结果内燃机汽车"一统江湖"，占据了绝对主力地位。这一地位坚如磐石，延续了一百多年，一直到近些年才逐渐被动摇、削弱。

1.2.1　汽车普及带来能源困境

以汽油、柴油为主要燃料的汽车在全球的广泛普及，带来了大量石油消耗的能源问题。

亨利·福特发明流水线大批量生产方式后，汽车的价格大幅度下降，T型车获得了巨大的市场成功。福特的创新让美国成为"车轮上的国度"，大批汽车制造工厂在底特律建立起来，汽车产业成为美国最大的产业之一，这是美国 20 世纪工业迅猛发展的象征。底特律雄厚的制造能力帮助美国取得了第二次世界大战的胜利，也打下了美国在战后占据全球经济霸主地位的基础。美国的汽车年产销量在 1965 年就突破了 1000 万辆，当年汽车保有量达到9100 万辆，到 1970 年其汽车保有量更是首次超过 1 亿辆。在这一时期，欧洲、日本以及很多新兴经济体都在快速发展汽车产业。改革开放以来，我国经济飞速发展，国民生活水平不断提高，在 21 世纪之后，轿车开始进入普通家庭。

全球汽车保有量的增长，使得人类对石油的需求不断上升，依靠大量消耗石油的"车轮上的世界"难以为继。

美国自身就是石油生产大国，早在 1920 年，其石油产量就占了全球石油产量的近三分之二。但是由于汽车的大量普及，美国从 20 世纪 50 年代后期开始，就需要进口一部分石油以满足本国急剧增长的需求。

在第二次世界大战之后，由于中东地区石油的开采，全球石油供给充足，价格长期低迷。据统计，1950 年到 1973 年期间，原油价格保持在平均每桶（约为 159 升）1.8 美元上下，这个价格仅为同期煤炭价格的一半左右，甚至比很多地区的水还便宜。直到 1973 年 1 月，石油输出国组织（欧佩克）倾力将原油价格推升到了 2.95 美元 / 桶。也正是在这一年，埃及和叙利亚发动了对以色列的进攻，而后美国向以色列提供武器，这惹恼了欧佩克阿拉伯国家代表团，它们决定对加拿大、美国、英国、日本、荷兰五国实施石油禁运，同时逐月减少原油产量。美国等被禁运的国家虽然可以通过从非欧佩克国家进口原油来弥补从中东国家进口原油量的减少，但是中东地区原油减产使得全球原油价格大幅度上涨，仅仅两个月，石油价格就涨到近 12 美元 / 桶，这引发了 1973 年到 1974 年的第一次石油危机，原油价格飙升也让美国及其盟国的国际收支赤字扩大，对其经济产生了巨大冲击，这一时期美国不变价GDP 同比增速从 5.60% 大幅降为 -0.50%。

1979 年伊朗爆发革命，推翻了巴列维政权，这使得该国原油生产陷入停顿，尽管其他欧佩克成员国努力增加产量，但仍然无法阻止原油价格的上涨。雪上加霜的是，一年后，两伊战争爆发，原油产量进一步减少，国际油价超过 30 美元 / 桶。这就是现在经常提及的第二次石油危机。

美国既是全球最大的汽车市场，又是全球最大的石油生产和进口国，两次石油危机之前，其国内的汽油价格一直处于全球最低水平。而在石油禁运前后，美国零售汽油的价格从 1973 年 5 月的每加仑（近 3.785 升）38.5美分上涨到 1974 年 6 月的每加仑 55.1 美分，短短一年多的时间里涨幅居然超过 40%。全美各个加油站外等待加油的汽车排起了长队，一些州还实施了汽车分单双号加油的规定。为了减少石油消耗，美国发布了《紧急公路节能方案》。1974 年，全美公路汽车限速为每小时 55 英里（约每小时 88.5公里）。

由于此前汽油价格低廉，美国的汽车用户大多喜欢大尺寸、大排量、大功率的汽车。我国在改革开放之初进口了一些美国汽车，大家称它们"大平正方"，这形象地描述了当时美国汽车的造型。在使用这些车的过程中，我国司机对其"油老虎"的称号深有体会。

与美国汽车形成鲜明对照的是日本汽车。由于日本的一次能源几乎全部靠进口，其汽油的市场价格一直比美国高得多，因而日本汽车以小尺寸、小排量、省油著称。在两次石油危机之后，省油也成了美国一般消费者的重要偏好，日本品牌的汽车借此机会大举进入美国市场。经过多年发展，在美国汽车销售市场，日本品牌汽车现在已经占据了将近 40% 的份额，此升彼降，美国品牌汽车在本土市场的份额仅剩不到 30% 了。

2009 年，全球汽车保有量首次超过 10 亿辆，而到 2021 年底，仅我国汽车保有量就超过了 3 亿辆。在巨大需求的拉动下，全球原油价格呈现出总体上涨、大幅波动的趋势。2008 年 7 月，WTI 原油创下每桶超过 145 美元的历史纪录，之后受国际金融危机的影响，当年年底又大幅下降到 40 美元以下，涨涨跌跌，直到现在，油价在大部分时间还维持在每桶超过 80 美元的水平。图 1-3 展示了 2000 年 1 月—2022 年 1 月的国际原油（WTI 原油）价格走势。

图 1-3　2000 年 1 月—2022 年 1 月的国际原油（WTI 原油）价格走势

如今全球每年大约消耗 50 亿吨（约合 350 亿桶）原油，成品油中汽油和柴油两项总和的占比超过 50%。事实上，石油供应量的变化，往往与世界经济形势、地缘冲突甚至战争的爆发息息相关。

全球汽车保有量仍在不断增长，对石油的需求量仍在不断增加，但是原油供给量却跟不上需求量的增长。据相关统计，2018 年，全球石油储量约为

1.651 万亿桶（约合 0.23 万亿吨），按每年消耗 50 亿吨计算，还可以使用 46 年。当然，由于人类还会不断勘探发现新油田，原油的储采比也会随着科技的进步不断提高，石油的实际使用年限应该会比 46 年长。但是，对有着几千年历史的人类文明来说，百年时间几乎可以说稍纵即逝，即使再延续很多年，人类终究还是会面临无油可用的局面，必须从根本上研究解决能源资源问题。

1.2.2 尾气排放污染警钟长鸣

随着汽车工业的发展和汽车的普及，汽车尾气排放带来了大气污染的问题。1943 年洛杉矶发生的光化学烟雾污染事件，最早给汽车社会敲响了警钟。

洛杉矶地处美国西海岸，三面环山，一面临海，是一个气候温暖、景色宜人的地方。但是在这种地理环境下，空气不易流动，人们发现每年夏季到秋季，在气温高、湿度低的晴天中午前后，城市上空总是弥漫着浅蓝色的烟雾，整座城市变得浑浊不清，能见度极低，让人眼睛发红、咽喉肿痛、呼吸困难、头昏头疼。这就是人们所说的光化学烟雾污染。1943 年后，这种情况不断恶化，甚至连远离城市 100 公里以外、海拔 2000 米的高山上都出现了大片松林枯死的现象。后来该市又发生了两次光化学烟雾污染事件：1955年，因呼吸系统衰竭而死亡的 65 岁以上老人超过 400 人；1970 年，有 75% 以上的市民患上了红眼病。

科学家对这类事件进行认真研究后得出结论，烟雾是由汽车尾气和工业废气排放造成的，汽车尾气排放的烯烃类碳氢化合物和二氧化氮是罪魁祸首。未完全燃烧的烯烃、氮氧化物被排放到大气中，在强烈的紫外线照射下，吸收了阳光的能量，由此变得不稳定，产生剧毒光化学烟雾。洛杉矶当时拥有 250 万辆汽车，每天大约消耗 1100 吨汽油，排放 1000 多吨碳氢化合物、

300 多吨氮氧化物和 700 多吨一氧化碳。除此之外，该市炼油厂、加油站等其他设施产生的废气排放也难逃干系。

从那时候起，美国率先关注起汽车尾气排放问题，随后该问题成为全球关注的重要议题。

1.2.3 变革之道：电动化蔚然成风

在不断加大对燃油汽车尾气排放限制的同时，人们还在研究有没有完全不排放尾气的汽车。于是，用电作为能源、用电动机作为动力系统驱动汽车前行的解决方案又重新回到业界视野中。事实上，电动机作为动力系统在汽车上的应用始于 19 世纪 30 年代，比内燃机早了半个多世纪。1828 年，匈牙利发明家耶德利克·阿纽什发明了直流电机。1834 年，美国人托马斯·达文波特制造出世界上第一辆直流电机驱动的电动汽车，他还因此在 3 年后获得了美国电机行业史上第一项专利。但是受限于工艺和成本，这些发明并没有转变为适合汽车的动力。1832—1838 年，苏格兰发明家罗伯特·安德森发明了搭载一次电池（不可充电）的电动马车。

世界公认的现代意义上的第一辆汽车是 1886 年面世的奔驰汽车，它采用内燃机作为动力系统，易挥发的汽油这才找到了用武之地。之后很长一段时间，欧洲各国对采用电动机还是内燃机作为汽车动力系统的争论十分激烈。电动汽车的百米加速时间比内燃机汽车短，不少人坚持认为电动汽车是内燃机汽车强有力的竞争对手。1900 年，在巴黎世界博览会上，费迪南德 - 保时捷公司展出了由轮毂电机驱动的四轮电动汽车，但究竟是用内燃机还是用电动机作为汽车动力并无定论。

为世人熟知的发明大王爱迪生也曾经研究过电动汽车，他开发了可充电电池，但是可以想见，他曾面临着电池容量不够、续驶里程短的问题。而且由于电池能量密度不够，为了增加续驶里程，他不得不给汽车装载更多电池，造成车辆自重大幅度增加。一直在爱迪生身边研究内燃机的亨利·福特开发出福特 T 型车，一举成功，横扫市场。由于汽车的大批量生产带来成本的大幅度下降，内燃机相比电动机作为汽车动力系统的优势进一步显现。另外，炼油技术的改进使得汽油产量大幅增加，价格相对低廉。于是，内燃机成为汽车的主要动力，电动汽车的身影则逐渐在市场上消失了。

20 世纪 70 年代初，石油危机在中东爆发，并迅速蔓延到全球。各国政府和科研机构开始寻找新的能源以及相应的载体。电动汽车重新进入了行业视野。然而，到 20 世纪 80 年代，能源危机和石油短缺的问题得到了缓解，于是电动汽车的商业化又失去了动力，当然内在的原因是蓄电池技术没有大的突破，电动汽车的发展再次受阻。

从 20 世纪 90 年代开始，在能源和环境的双重压力下，电动汽车的研发又一次进入了新的活跃期，各大汽车公司纷纷推出各自的电动汽车产品。我记得大约在 1994 年，通用汽车公司将其开发的 Impact 电动汽车运到北京做过现场演示。为了显示这款车的绿色环保，主办方给所有参加现场演示活动的观众发了一件绿色风衣外披和一顶印有通用汽车公司标志的绿色棒球帽。那天天气有点凉，我环顾左右，发现大多数人都把风衣披上了，却几乎没谁把那顶"绿帽子"戴在自己头上。

Impact 是一款概念车（如图 1-4 所示），也是最近 30 多年来开发成功的第一款电动汽车。1990 年，这辆车在洛杉矶车展上一亮相就引起了轰动。该车总重仅 1.3 吨，其中电池只占了 382 千克，可见这是一辆整车轻量化做得非常好的汽车。Impact 从 0 到 96 公里 / 时的加速时间只有 7.9 秒，在高速公路上最高车速可以达到 88 公里 / 时，充满电可以续驶 200 公里。通用汽车公司以 Impact 的核心技术开发出一款商用轿车——EV1，之后又开发出增程式混合动力电动汽车 Volt，开创了一种不同于以往纯电驱动的新模式。

图 1-4　Impact 概念车（通用汽车中国公司供图）

　　记得在 2002 年，东风汽车公司的老领导黄正夏曾将《参考消息》上刊登的一条消息剪报交给我，那上面介绍了通用汽车公司在电动汽车的基础上，采用完整平坦的底盘"滑板式"汽车平台的做法，给我留下了深刻印象。这样的创新发展至今，当年的设想已经具备产业化的条件了。

　　不过很遗憾，通用汽车公司推出的上述车型都只是昙花一现，最终没有在市场上取得成功。

　　进入 21 世纪后，动力电池技术有了新进展，特别是能量密度比较高的锂电池的面世，使得发展电动汽车真正成为可行的一条道路。2006 年，特斯拉与英国莲花汽车共同打造并推出了 Roadster 电动跑车，从 0 到 100 公里 / 时的加速时间只有 3.7 秒。也是在这一年，比亚迪公司推出了 F3e 纯电动汽车。此后，各大汽车公司推出了各种各样的新能源汽车，使用电动机取代内燃机作为汽车动力蔚然成风。

　　如上所述，用电动机驱动汽车比用内燃机驱动汽车更早，电动机结构简单，运行可靠，调速相对容易，之所以一直被市场冷落，主要还是因为受到动力电池的制约。直到今天，在同样的续驶里程条件下，汽车油箱的体积和加满一箱油后的质量都远远小于电池系统。尽管如此，比照当年通用汽车公司研发电动汽车时，动力电池还是取得了巨大进步，已经达到了基本可用的程度，其提升潜力和发展空间相当大。综上所述，可以说汽车动力系统的改变是汽车产业百年未有之大变局中的第一大变化，这一变化不论在我国还是在其他国家都在发生着，差别只是时间上有先有后而已。

1.2.4　釜底抽薪：解决我国石油供需矛盾

我国的资源禀赋是多煤少油缺（天然）气，人均石油资源水平只有世界平均水平的六分之一，石油资源短缺问题尤为严重。1949 年中华人民共和国成立时，我国的原油年产量仅 12 万吨。从 1950 年开始，我国从苏联进口原油以保障国内供给。之后很长一段时间里，为了省下汽油、柴油供更急需用油的机具使用，一些城市运营的公交车只能使用煤气作为燃料（如图 1-5 所示）。这些公交车早期曾使用过煤气发生炉，公交车后面要牵引一辆挂车，挂车上有煤气发生炉，通过填加煤炭生产的煤气供汽车作为燃料，后期将煤气制备改在工厂内完成，将煤气送到公交车停车场供汽车使用。这些公交车车顶装有一个大气袋，出发之前充满气，可以跑一个来回，气袋瘪了就得再充气。

图 1-5　大庆油田历史陈列馆陈列的煤气驱动公交车模型

1959 年，王进喜来到北京参加新中国成立 10 周年大庆，目睹北京的公交车车顶都装着一个大大的煤气包，深受刺激。那段时间，他正参加位于黑龙江萨尔图的油田（后来被命名为"大庆油田"）开发会战，他下定决心，"宁可少活二十年，拼命也要拿下大油田"，"把'贫油'的帽子甩进太平洋"。

正是大庆油田的成功发现和开发，以及以王进喜为代表的这一代中国石油拓荒者的奋发图强，彻底改变了中国缺油、依靠进口的局面，中国汽车再也不用"背"着煤气包运行了。王进喜率领大庆石油钻井队员人拉肩扛运送钻机（如图 1-6 所示）的一幕幕场景，成为一代中国人的共同记忆。

图 1-6　大庆"铁人"王进喜率领钻井队员用人拉肩扛的方法把 60 多吨重的
钻井设备运往工地

"大庆"成为全国工业战线学习的榜样，而石油工业的代表"铁人"王进喜身上体现出来的"革命加拼命"精神，成了大庆精神的核心特征。从 1959 年至 2023 年 3 月 26 日，60 多年来，大庆油田一共生产原油逾 25 亿吨，超过我国同期原油总产量的三分之一。其中，从 1976 年到 2002 年这 27 年里，大庆油田持续每年高产稳产在 5000 万吨以上，创造了世界同类油田开发史上的奇迹，也为我国在相当长一段时间内的石油供给保障做出了很大贡献。

但是，随着时代的发展和社会的进步，特别是随着汽车普及带来的保有量持续迅速增加，从 1993 年开始，我国由石油净出口国转变为净进口国，2020 年进口原油5.4 亿吨[1]，比上一年增长7.3%，进口量占全球石油消费总

① 本书中，我国的统计数据不含港澳台地区的数据。

量的 13%，原油对外依存度曾超过 73%，成为全球最大的石油进口国。从近年我国原油进口情况（如图 1-7 所示）可以看出，我国原油对外依存度已超过 70%，对外依存度偏高成为我国能源革命面临的重要挑战。2021 年，受新能源汽车保有量增长和新冠疫情的影响，我国原油进口量出现收缩，为 5.1 亿吨，同比略有下降；2022 年继续微幅减少，同比再降 0.89%。

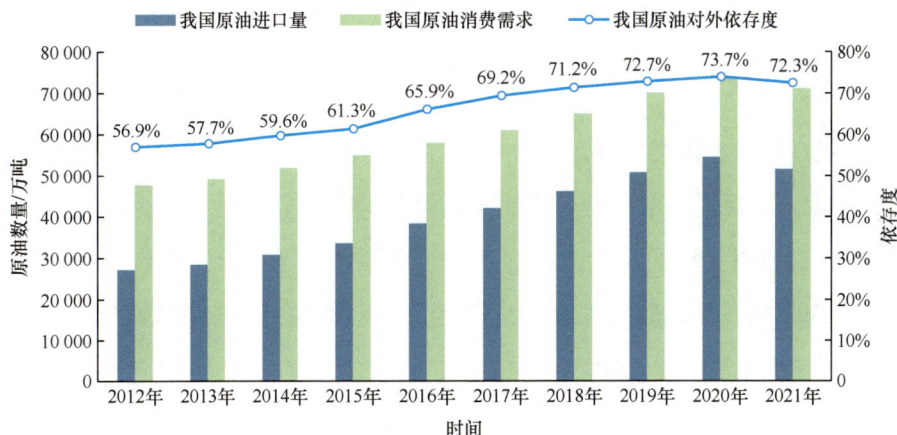

图 1-7　近年我国原油进口情况

近年，我国每年约三分之二的石油来自国外，这些石油经过加工以后，一部分提供给汽车使用，一部分提供给其他的用油机具使用，还有一部分转化为石油化工产品，例如塑料、化纤、人造橡胶等。

石油大量依赖进口给我国的能源安全带来了潜在风险。作为世界上第一大能源消费国，国际石油市场的动荡有可能会给我国的经济社会发展造成相当程度的冲击。尤其值得注意的是，我国所处的地理位置，加之内在的能源形势，有可能会加剧这种冲击，造成更大的负面影响。

当前，国际地缘政治冲突不断，第二次世界大战后形成的国际经济贸易规则也面临着重塑局面。未来，世界和局部地区的局势存在非常大的不稳定性。我国石油进口来源和海上石油运输安全的保障面临严峻挑战。

汽车动力从内燃机向电动机转变的大变革，将釜底抽薪，对解决我国石油供需矛盾起到关键性作用，大大有利于保障国家能源安全。

1.2.5 尾气减排：不断加严排放标准

认识到大气污染的危害之后，世界各国政府纷纷行动起来，制定限制汽车尾气排放的技术法规，分阶段不断地加严汽车尾气排放标准。

全球汽车尾气排放标准大体上分为美国标准、欧洲标准和日本标准三大体系。

1966 年，美国加利福尼亚州出台了世界上第一项有关汽车尾气排放的限制法规，之后其排放标准一直比美国联邦的排放标准更严。美国 1970 年成立了国家环境保护局，并制定了第一项联邦汽车尾气排放标准，开始在全美范围内限制一氧化碳的排放；1973 年又针对氮氧化物的排放进行了限制，1976 年进而限制碳氢化合物的排放。

1990 年，加利福尼亚州制订了零排放汽车计划，要求从 1998 年开始，在加利福尼亚州销售的汽车中必须至少有 2% 是零排放汽车。也是从这一年开始，美国执行排放标准 Tier 0，之后每 4 ～ 5 年加严一次。到目前为止，美国仍是世界上排放控制标准种类最多、要求最严的国家。

联合国欧洲经济委员会从 1974 年开始实施欧洲综合法规 ECE15，由此统一了欧洲各国汽车尾气排放限值。欧 I 排放标准从 1992 年开始实施，之后每隔 4 ～ 5 年加严一次。欧 VI 排放标准从 2014 年开始实施，该法规的实施分为两个阶段，从 2014 年开始第一阶段的实施，从 2017 年开始第二阶段的实施。与此相当的美国排放标准 Tier 3 也是从 2017 年开始实施的，实施过程中给予企业一段时间的过渡期。

比较欧洲排放标准和美国排放标准，二者在测试方法上有很大不同。欧洲采用的是稳态工况法，乘用车分为 15 个工况、商用车分为 9 个工况，在测试台上，车辆按照规定的工况稳定地运行，加载也保持固定值。这个测试方法简单易行，但是与实际使用情况相去甚远，而且在熟悉检测方法之后，设计人员可以在软件上做文章，通过控制软件，使得整车在每一个检测点上的排放都能够达标，即便其在实际使用工况中大幅度超标。这就是2015年德国大众汽车集团"造假门"暴露出来的漏洞。而美国采用的是瞬态工况法，该方法对底盘测功机等检测设备的精度要求较高，能够精确地检测每辆车在模拟行驶过程中每公里排放了多少污染物。

世界各国政府这样做的根本目的，是在让汽车方便人们出行的同时，减少汽车尾气排放对大气环境的污染。这种诉求在我国又有其特殊的现实意义。前些年，伴随着我国工业化进程，我国的环境污染特别是大气污染问题日益突出，很多城市出现雾霾天气。北京市曾对雾霾形成的原因进行过分析，最后提出的报告结论让人触目惊心——汽车尾气排放占北京大气污染排放总量的30%左右，这说明控制汽车尾气排放对减少雾霾天气发生、保护大气环境起着至关重要的作用。

由于改革开放后我国汽车产业更多的是引进欧洲技术的产品，所以包括汽车尾气排放标准在内的国家汽车类产品的技术标准大多是参照欧洲标准。2000年，我国在全国范围内开始实施《汽车排放污染物限值及测试方法》（GB 14761—1999），先在汽油车上实施国家排放标准。2001年4月，国家环境保护总局公布了《车用压燃式发动机排气污染物排放限值及测量方法》（GB 17691—2001），从这一年的7月1日开始在柴油车上实施排放标准，这标志着我国对汽车尾气排放全面实施强制性国家标准，也就是我们常说的国Ⅰ排放标准。之后，我国在2004年7月1日、2007年7月1日、2011年7月1日和2017年1月1日先后在全国范围内实施了国Ⅱ～国Ⅴ排放标准。

从国Ⅵ排放标准开始，我国将一直使用的新欧洲驾驶循环（New European Driving Cycle，NEDC）工况改为全球统一轻型车辆测试循环

（Worldwide Harmonized Light Vehicles Test Cycle，WLTC）工况，测试条件与实际使用情况更加接近。WLTC 工况测试体系原定 2021 年 1 月 1 日起在全国范围内实施，后来考虑到新冠疫情的影响，推迟到 2023 年 7 月 1 日起实施。

图 1-8 展示了我国汽车尾气排放标准的演进过程。国Ⅰ～国Ⅵ排放标准的主要限值可参见表 1-1。

图 1-8　我国汽车尾气排放标准从国Ⅰ到国Ⅵ的演进过程

表 1-1　国Ⅰ～国Ⅵ排放标准的主要限值

标准	限值 /（克·公里 $^{-1}$）							PN/（个·公里 $^{-1}$）
	CO	THC	NMHC	NO$_x$	THC+NO$_x$	N$_2$O	PM	
国Ⅰ	2.72	—	—	—	0.970	—	0.1400	—
国Ⅱ	2.20	—	—	—	0.500	—	0.0800	—
国Ⅲ	2.30	0.200	—	0.150	0.350	—	0.0500	—
国Ⅳ	1.00	0.100	—	0.080	0.180	—	0.0250	—
国Ⅴ	1.00	0.100	0.068	0.060	0.160	—	0.0045	6.0×10^{11}
国Ⅵ a	0.70	0.100	0.068	0.060	0.160	0.020	0.0045	6.0×10^{11}
国Ⅵ b	0.50	0.050	0.035	0.035	0.085	0.020	0.0030	6.0×10^{11}

注：本表对比最大总质量不超过 2.5 吨的轻型汽车的污染物排放限值，PM 在国Ⅰ、国Ⅱ中取非直喷压燃式发动机限值，国Ⅲ～国Ⅴ中取压燃式发动机限值，其他指标在国Ⅰ～国Ⅴ中取点燃式发动机限值，国Ⅵ中不作区分；CO 为一氧化碳，THC 为总碳氢化合物，NMHC 为非甲烷碳氢化合物，NO$_x$ 为氮氧化物，PM 为颗粒物，PN 为粒子数量。

欧洲从 1992 年开始正式实施欧Ⅰ排放标准，到 2014 年开始实施欧Ⅵ排放标准，历时 20 余年。我国则从 2001 年 7 月 1 日起开始实施国Ⅰ排放标准，到 2020 年 7 月 1 日开始实施国Ⅵ a 排放标准，历时 20 年，从进程上看比欧洲晚了 9 年。

在实施国Ⅳ排放标准之前，我国要求的排放限值大体与欧洲相应各阶段要求的排放限值相同，不同的是，从国Ⅲ排放标准开始，我国要求新车三元催化转化器的进口端和出口端必须安装氧传感器，配置车载尾气自诊断系统。这样做的目的是保证车辆能及时地对尾气进行检测，如果尾气排放没有达标，该系统就会自动报警，转而进入系统默认模式，发动机将不能正常工作，车辆只能进入特约维修站进行检查和维护。

目前我国的国Ⅵ排放标准分为两个阶段实施：从 2020 年 7 月 1 日起实施国Ⅵ a 排放标准，从 2023 年 7 月 1 日起实施国Ⅵ b 排放标准。国Ⅵ a 排放标准的排放限值与欧Ⅵ排放标准的排放限值相当，但其要求比美国第 3 阶段排放标准宽松。国Ⅵ b 排放标准的排放限值基本相当于美国第 3 阶段排放标准中规定的 2020 年的平均限值，高于欧Ⅵ排放标准的排放限值。考虑到测试方法的不同，可以说国Ⅵ b 排放标准是目前世界上最严格的排放标准之一。

国Ⅵ与国Ⅴ排放标准相比，一氧化碳（CO）、总碳氢化合物（THC）、氮氧化物（NO_x）、颗粒物（PM）的排放标准都进一步加严。对比国Ⅵ a 与国Ⅰ排放标准的排放限值可以看出，20 年间，汽车尾气排放污染物限值的下降趋势还是非常明显的。

欧Ⅰ排放标准拉开了催化设备和无铅汽油使用的序幕。欧Ⅱ排放标准将 4 种主要的排放物限值降低到了可接受的范围。欧Ⅲ排放标准对发动机排放的碳氢化合物和氮氧化物引入了独立的检测要求。欧Ⅳ排放标准强制减少了柴油发动机排放的颗粒物和氮氧化物的排放量，同时引入了柴油颗粒过滤器（Diesel Particulate Filter，DPF），DPF 能够捕获 99% 的排放颗粒物。欧Ⅴ排放标准强制所有于 2013 年 1 月 1 日及之后生产的柴油车辆必须使用 DPF，同时对缸内直喷汽油发动机也做出了颗粒物排放的限制。欧Ⅵ排放标准强制规定了对柴油发动机所产生的氮氧化物减排 67% 的目标，同时对汽油发动机的颗粒物排放量做出了限制，允许所有汽车生产厂家使用两种技术手段来适应严格的柴油车辆排放限制：其一，液态催化剂，它可将氮氧化物转化成水分子；其二，尾气回收装置，以此减少氮氧化物的形成。

表 1-2 比较了欧Ⅰ~欧Ⅵ排放标准。表 1-3 则比较了欧Ⅵ排放标准和国Ⅵ排放标准排放主要限值。

表 1-2　欧Ⅰ~欧Ⅵ排放标准的比较　　单位：克/公里

排放标准	开始实施时间	汽油车			柴油车			
		CO	HC	NO_x	CO	HC	NO_x	PM
欧Ⅰ	1992 年 7 月	2.72	0.97		2.72	0.97		0.14
欧Ⅱ	1996 年 1 月	2.20	0.50		1.00	0.70		0.08
欧Ⅲ	2000 年 1 月	2.30	0.20	0.15	0.64	0.56	0.50	0.05
欧Ⅳ	2005 年 1 月	1.00	0.10	0.08	0.50	0.30	0.25	0.025
欧Ⅴ	2009 年 9 月，2011 年 9 月	1.00	0.10	0.06	0.50	0.23	0.18	0.005
欧Ⅵ	2014 年 9 月	1.00	0.10	0.06	0.50	0.17	0.08	0.005

注：对于汽油车，欧ⅤA、欧ⅤB 排放标准分别于 2009 年 9 月和 2011 年 9 月开始实施；对于柴油车，欧Ⅴ排放标准于 2009 年 9 月开始实施。欧Ⅵ排放标准于 2014 年正式实施，但从 2013 年 1 月起，曾针对新型公交车和重型卡车先行实施。

表 1-3　欧Ⅵ排放标准和国Ⅵ排放标准排放主要限值比较　　单位：毫克/公里

排放标准	CO		THC		NMHC		NO_x		N_2O		THC+NO_x		PM	
	点燃式	压燃式	点燃式	压燃式	点燃式	压燃式	点燃式	压燃式	点燃式	压燃式	点燃式	压燃式	点燃式	压燃式
欧Ⅵ	1000	500	100	—	68	—	60	80	—	—	—	170	4.5	
国Ⅵa	700		100		68		60		20		160		4.5	
国Ⅵb	500		50		35		35		20		85		3.0	

注：欧Ⅵ排放标准采用 M 类车限值，国Ⅵ排放标准采用第一类车限值。

在不断加严的汽车尾气排放标准中，电子控制燃油喷射代替了传统的汽油机化油器和柴油机喷油泵。它除了可以精确控制燃油的使用量外，还为车辆建立闭环控制奠定了基础。随着标准的加严，超稀薄燃烧技术、发动机缸内直喷燃油技术、尾气颗粒物捕捉技术等大量应用于汽车上，对减少因汽车普及带来的大气污染问题也起了积极作用。

前面提到的汽车尾气中含有的几种主要排放物，并不是汽车尾气排放的全部，一般把有排放限值要求的排放物称为常规排放物。无论汽油车还是柴油车，其排放的尾气当中还会有一些非常规排放物，包括烯烃类的物质，也包括甲醛等有害气体。迄今为止，包括我国在内，世界各国对非常规排放物都还没有提出限值要求。

1.2.6 环境友好：着眼全生命周期碳减排

汽车是碳排放量比较大的工业产品之一，汽车保有量庞大，且还在不断增长，因而汽车是我们努力实现碳减排目标时必须认真对待和研究的一个领域。

汽车产品在生产和使用过程中都会排放二氧化碳，国际上一般都要计算汽车全生命周期的排放情况。

在生产环节，汽车行业虽然不属于高碳排放行业，但是在减少排放方面还是有潜力可挖的。比如，在生产中往往要使用蒸汽，过去通常是利用燃煤锅炉来得到蒸汽。燃煤过程中会产生大量二氧化碳，工业锅炉一般燃烧 1 吨煤要排放 2.6 吨二氧化碳，而火力发电厂的锅炉燃烧 1 吨煤只排放 2.36 吨二氧化碳，即如果能够使用城市火力发电厂热电联供的蒸汽，就可以减少约 0.24 吨的二氧化碳排放。又比如，在一些地区，可以利用车间厂房的屋顶铺设太阳能光伏电池，采用分布式清洁能源发电，其虽然不能全部替代外来电力供应，但是作为补充，也能有效减少碳排放。再比如，如果工厂内的物流运输尽可能使用电动汽车、电动叉车，也可以达到减少碳排放的目的。总而言之，从一点一滴做起，因地制宜，还是有很多减排工作可以做的。

早在2009年，欧洲、美国、日本等国家和地区就陆续开始对乘用车的二氧化碳排放提出限值目标。其中，以欧洲的要求最为严格，所有在欧洲国家销售的乘用车2015年的二氧化碳排放要达到130克/公里以下，2020年要达到95克/公里以下，2025年要达到81克/公里以下。95克/公里的限值换算成百公里油耗，相当于汽油机的4.2升、柴油机的3.8升；81克/公里的限值换算成百公里油耗，则相当于汽油机的3.6升、柴油机的3.2升。届时，达不到限值要求的公司将被处以罚款。

2017年，我国正式推出传统燃油乘用车燃料消耗量限值和新能源乘用车占比的"双积分"办法，尽管其与国外的二氧化碳排放限值目标和实施方法不尽相同，却是具有中国特色的乘用车节能降耗的有效手段。

电动汽车无疑是没有尾气排放的，既没有非常规排放，也没有二氧化碳排放。那为什么还有人质疑电动汽车的环保性呢？质疑者的论据有两点：一是我国电力以煤电为主，在电力生产过程中仍然有二氧化碳排放；二是在动力电池生产过程中相比在内燃机系统生产过程中有更多的二氧化碳排放。从油井到"车轮"，究竟是燃油汽车排放量大还是电动汽车排放量大，尚无定论。

事实上，就拿我国来说，随着这几年电力行业大力发展清洁能源的成效日益显现，质疑电动汽车电能来源环保性的声音变得越来越小。据清华大学赵福全团队的研究，以我国70%的煤电占比计算，纯电动汽车仍可比燃油汽车减碳30%。只要我们继续努力，不断提高水力、风力、太阳能光伏等发电的清洁能源占比，电动汽车的全生命周期排放情况一定会比燃油汽车更为理想。将来，随着新能源汽车保有量的不断增长，还可以发展从电动汽车到电网之间存储能源的功效，届时每一台新能源汽车就是一个储能器，可以把储存在车上的能源再回馈给电网，车主能够以此获得一定的收益，国家电网公司由此也可以减少过去建设抽水蓄能电站带来的一系列问题。

加快发展新能源汽车，是推动能源转型和实现绿色低碳的重要战略方向。

1.3 ｜软件驱动新跨越

这场汽车产业大变革的第二个大变化，体现在汽车控制方式方面。具体说来，一方面，汽车产品的电子电气架构正从分散控制走向集中控制。过去，汽车使用的每一项自动化功能都是靠一个 ECU 实现的。电子电气架构从分散控制转变为集中的域控制，最后实现整车计算平台集中控制，这是一个大趋势。现在一些新能源汽车的新车型已经实现了域控制，下一步还将实现整车中央计算平台集中控制。

另一方面，与集中控制相匹配的是整车的软件也从分散的嵌入式软件转变为集中全栈式软件。这里的核心是整车的操作系统，它在集中的前提下实现了"双解耦"。一是将硬件和软件解耦，一个操作系统可以通过板卡驱动包驱动各种不同的异构芯片，硬件可以类似于个人计算机使用的外围设备，实现"即插即用"，所有硬件的驱动程序全部都来自操作系统软件。最新的发展是，通过虚拟分区监控器来协同各种芯片的算力，以最大限度利用"有限"的算力资源。二是将基础软件与应用软件解耦，各种各样的应用软件不需要从底层的代码写起，通过软件"中间件"，各种应用软件只要"适配"操作系统这一基础软件，就可以供用户选用。

这里需要特别说明一点，汽车功能软件归类于应用软件，但不同于 App 软件。功能软件决定了汽车的功能，它的装载、升级都是由汽车企业负责。用户一旦选择，就不能随意卸载。功能软件漏洞修补和升级也是由汽车企业完成的。当然，自动驾驶功能软件一旦出现重大漏洞，造成交通事故，承担责任的也是提供该软件的汽车企业。由于功能软件要与系统软件结合才能够发挥作用，汽车企业必须结合操作系统的内核、中间件一同考虑，整体谋划。有人错误地认为自动驾驶功能软件可以由系统方案供应商提供整体解决方案，在 L2 及以下级别的辅助驾驶技术应用上这么做还可以接受，但是到了 L3 及以上级别时，这样做就越来越困难。且不说费用高昂，就考虑将来在使用中出现问题都由汽车企业担责这一点，汽车企业也不应该采用"交钥匙"工程的方式，将功能软件的所有工作放手交给第三方承担。

早期的新能源汽车一般都是在燃油汽车平台的基础上，通过更换动力系统制造的，大多没有改变传统的分散控制方式，整车由电池管理系统、电机控制系统、转向系统、制动系统、车身仪表系统等多个系统分别控制，系统与系统之间只有简单的连接，做不到协同控制。

从整车平台角度观察，新能源汽车动力系统与传统的发动机动力系统布置完全不同。利用燃油汽车平台换装动力系统，而不是开发一个全新平台，仅是一种权宜之计。"油改电"算不上一个全优解决方案。后来出现了一批全新开发的新能源汽车整车平台，这些平台从一开始就使用集中域控制的操作系统平台，除了解决过去存在的上述种种问题，还为满足用户不同需要的个性化定制创造了条件。

从一定意义上说，软件定义汽车正成为现实。具有辅助驾驶功能的汽车通过软硬件协作控制汽车的"行驶、转弯、停车"操作和其他功能。说现代汽车是计算机、机器人、移动智能终端，未尝不可。

1.4 | 供应链重塑

"供应链"与"产业链"这两个经济学概念密不可分。前者强调了产业链上各企业之间以及企业内各部门之间的供应关系所组成的链条，可以是链状的上下游关系，也可以是网状的供应网络关系。后者则可理解为生产各类产品或提供各类服务的企业通过分工和交易所构成的相互关联的体系。相比之下，供应链往往更突出企业内或者企业间的产品供应管理的内容。

最早的汽车企业都采用"大而全"的供应链体系，后来这种体系被因专业化分工形成的供应链体系取代。传统汽车产业的供应链是以整车企业为龙头、层级分工明确的金字塔形稳定配套体系，如图 1-9 所示。一般而言，汽车的车身、发动机涉及产品形象和核心性能，必须掌握在整车企业手中，其他总成和零部件基本上都外包给一级供应商（Tier 1），一级供应商再按照类似思路继续外包形成二级供应商（Tier 2）体系，以此类推。像芯片、嵌入式软件等，往往都是由二级甚至三级供应商（Tier 3）选配的。

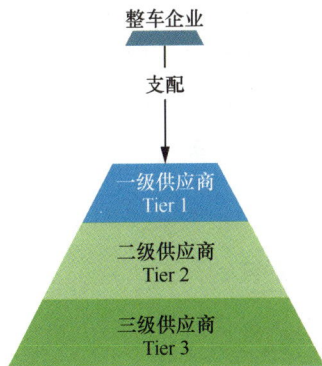

整车企业

支配

一级供应商
Tier 1

二级供应商
Tier 2

三级供应商
Tier 3

图 1-9　传统汽车产业金字塔形稳定配套体系

近年来，技术进步使得总成的开发又出现了新变化，比如，虽然发动机仍然掌握在整车企业手中，但是发动机的燃油喷射系统等却大多由系统供应商提供。有实力的供应商一般同时为多家整车企业提供配套，一个系统可以适配多个车型，同时一个车型又需要由多家供应商来供货。汽车零部件企业各自在细分领域不断投入研发经费，围绕节能、减排、安全形成了一系列新技术、新工艺，有实力的企业甚至形成了全球汽车零部件的标准，推出系列化产品，并与整车企业构建起了相对稳定的合作关系。

新能源汽车的发展进一步改变了原有的供应链体系。首先，动力系统从过去的内部配套转变为外部配套。整车企业所使用的电池、电机基本上都是从供应商处采购的。跨界融合为汽车供应链体系重构带来新的机遇，进而自动驾驶汽车的研发又进一步加大了重构的范围和力度，一大批造车新势力应运而生。它们没有传统汽车企业多年形成的现实经营的"拖累"，轻装上阵，直接从全新的架构做起。传统的整车企业反而都在担心：有朝一日会不会沦为造车新势力的供应商？

新的零部件供应体系彻底改变了传统的金字塔形结构，形成了跨行业融合的网状结构，以及新型网状生态的供应链分工体系，如图1-10所示。电池企业、电机企业过去都不是汽车行业供应商，现在一跃成为新能源汽车的核心技术拥有者，这势必倒逼整车企业开放门户，开展跨行业的合作。说到底，电池管理系统、电机减速控制系统属于电子信息类产品，是融硬件和软件于一体的复杂系统，需要整车企业、电池或电机企业、电子信息行业企业携手合作；就这一点来说，电池、电机、操作系统等其实处在与整车同等重要的位置，在设计整车平台时，必须由整车企业牵头、三方面的研发人员共同努力，才能完成整车动力系统的开发。到了自动驾驶汽车发展阶段，软件的作用进一步突出，而这恰恰是传统汽车企业的短板，需要尽快补齐。整车企业特别要加快补充软件人才，尤其是负责架构设计的人才，建设团队，补上这方面的"短板"。在研发流程上，要从软硬件一体化的开发流程向软硬件分离、软件敏捷迭代方向转变。虽然汽车企业离不开外力的帮助，但绝不能都靠系统供应商。

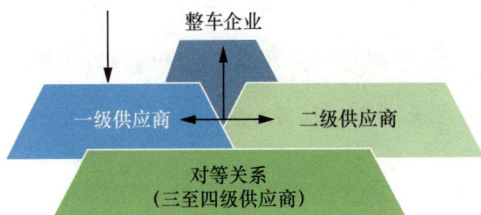

图 1-10 新型网状生态的供应链分工体系

此外，过去整车企业一般不直接过问芯片供应问题。近两年，汽车行业遇到"芯片荒"，这迫使整车企业老总都不得不到处打躬作揖，费心费力，想尽办法来解决芯片供应的问题。就集成电路行业而言，汽车芯片的要求比消费级芯片、工业级芯片都高，但是汽车行业所使用的芯片数量仅占全球芯片产量的 12% 左右，且要求高、品种多、批量小，因而集成电路行业并没有像对待消费类电子产品那样将其作为重点保障对象。虽然现在车规级芯片的紧张带来了价格上涨，引起了一些芯片企业的重视，但是关注是一回事，成为其供应商是另一回事。车规级芯片有其自身的标准和达标认证程序，如果不是采用垂直一体化的集成设备制造商（Integrated Device Manufacturer，IDM）模式，则还要经过芯片设计、流片、封装测试等环节，少则 2 ~ 3 年，多则 4 ~ 5 年，才有机会成为汽车企业的供应商。到了自动驾驶汽车阶段，又增加了人工智能芯片，从通用的图形处理器（Graphics Processing Unit，GPU）、现场可编程门阵列（Field Programmable Gate Array，FPGA），到专用人工智能芯片，促使全球芯片行业大调整，传统的车规级芯片生产企业也不得不面对英伟达、高通、英特尔等一批车规级芯片新势力咄咄逼人的竞争。还有，随着软件定义汽车的发展，操作系统厂商开始与整车企业合作，形成开源开放的车用操作系统，进而形成整车的计算平台和产业生态，进一步延展了现代汽车供应链体系的触角。

最后，自动驾驶汽车的发展还会进一步扩大包括感知、决策、控制等在内的供应商范围。在感知方面，带动摄像头、毫米波雷达、激光雷达的发展；

在决策方面，带动人工智能芯片发展；在控制系统方面，需要线控转向、线控制动等新的部件，因为到 L5 阶段时，会取消转向盘、加速踏板和制动踏板，这势必会带动底盘执行单元技术的进步。

需要业界高度重视的是，汽车产业供应链重塑将构建起新型产业生态，其核心诉求就是这些自动驾驶的功能安全、可靠，整车企业如果不能在这些核心领域有所作为，必然会丧失发展主动权。

第二章 | 久久为功风雨路

　　汽车业百年未有之大变局，给我国汽车产业提供了换道赛车的新机遇。我们不失时机地切入新能源汽车赛道，以应用为牵引，以市场为导向，以企业为主体，建立产学研用的创新体系，并在20多年的新能源汽车发展过程中一以贯之，久久为功，终见成效。

我国汽车行业在由大到强的发展过程中，抓住了换道竞赛、发展新能源汽车的历史性机遇，踏上了转变发展方式、调整产业结构的风雨征程。经过20多年的持续努力，不断探索、实验、试错和推广，从初期的技术研发到随后的试点示范，从制定中长期发展规划到建立全球领先的产业体系，我国新能源汽车产业走出了一条具有中国特色的发展道路，取得了世界瞩目的成绩。

2.1 | 技术研发先行先试

我国新能源汽车产业发轫于 21 世纪初。2001 年，新能源汽车研究项目被列入国家"十五"期间的"国家高技术研究发展计划"（863 计划）。

2.1.1 "863 计划"和钱学森的预言

我国是一个发展中国家，人口多、基础差、底子薄，面对国际上的新技术革命浪潮，必须在科学技术领域先行一步，为我国的国防和经济社会发展提供保障。基于这样的考虑，1986 年 3 月，光学家王大珩、核物理学家王淦昌、空间自动控制学家杨嘉墀、无线电电子学家陈芳允这四位科学家向中央报送了"关于跟踪世界战略性高技术发展的建议"。

几天后，他们的这份建议报告就得到了邓小平同志的批示。由此开始，国家通过财政资金支持高新技术开发的机制建立了起来。由于该批示是在1986 年 3 月做出的，后来习惯性地把这一计划称作"863 计划"。

1992 年，钱学森曾致信时任国务院副总理邹家华（信件底稿如图 2-1

所示），提出要充分考虑燃油汽车对环境的影响问题，建议国家直接开展对新能源汽车的研究与制造。信中对未来形势的预判让今人十分佩服："我国汽车工业应跳过用汽油柴油阶段，直接进入减少环境污染的新能源阶段""到下个世纪 20 年代 30 年代估计将达 1000 万辆，保护环境将是十分重要问题""中国有能力跳过一个台阶，直接进入汽车的新时代"。钱学森同志不愧为科学泰斗，他对我国新能源汽车的发展认识得早，看得长远，很早就从战略上预见了我们的汽车产业发展路径将会与国外的路线不同。

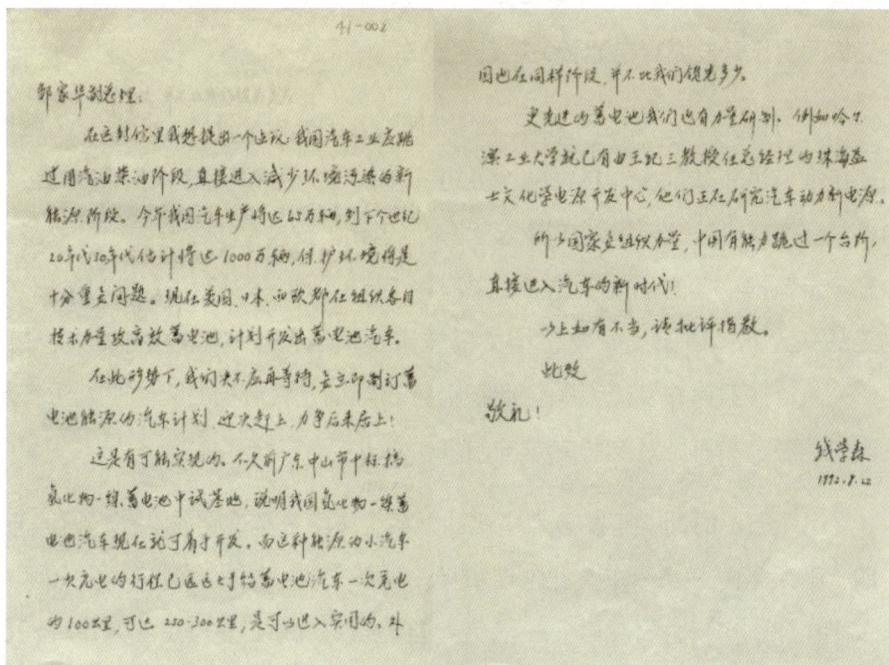

图 2-1　钱学森留存的 1992 年 8 月 22 日致信时任国务院副总理邹家华的底稿，信中探讨了发展新能源汽车的问题（摘自《科学与忠诚：钱学森的人生答卷》）

科技部在"八五""九五"期间开始研究电动汽车的发展和技术突破问题。2001 年开始的"十五"计划将电动汽车列入了"863 计划"，"863 计划"首次确定了"三纵三横"的技术研发布局。所谓"三纵"，是指纯电动汽车、混合动力汽车、燃料电池汽车；所谓"三横"，是指电池及其管理系统、电机及其控制系统、多能源动力总成控制系统。这是当时世界上可以看到产业化前景的各种技术路线的总和，今天回过头看，仍然是具有前瞻性的总体布局，为我国新能源汽车的技术创新和产业发展奠定了基础。

2.1.2 从实验室走向市场

"十五"期间，国家财政一共投入资金 8.8 亿元，支持一汽、东风汽车、长安汽车、奇瑞汽车等公司研发混合动力汽车，支持上汽和同济大学合作开发燃料电池动力系统，支持清华大学、北京理工大学、福田汽车公司和北京公交集团合作开发燃料电池和纯电动公交车。

"十一五"期间，电动汽车研发继续被列入国家科技计划，资金投入强度和项目规模进一步加大，参加的企业进一步增加，形成了产学研用多方合作的机制。国家科技计划投入支持资金 11.6 亿元，安排了技术开发、公共基础设施、示范推广等方面的课题 200 多项，带动了地方政府和企业的投资 75 亿元。一大批科研人员参与了相关科技研发项目，取得了一批技术突破成果。一汽、东风汽车、上汽等企业积极行动起来，联合相关大学一起进行攻关。新能源汽车开始从实验室走向市场。

在"十五"时期，研发重点是在动力系统技术上实现突破；在"十一五"时期，则采用由 3 家汽车企业各自承担一种整车的方法，来验证这些技术在整车上应用的可行性。其中，一汽负责混合动力汽车研发，东风汽车公司负责纯电动轿车和混合动力公交车研发，上汽负责燃料电池汽车研发，所有这些研究课题要最终拿出可以实际使用的整车产品后才能验收。

我记得东风汽车公司当时承担的国家项目是全新设计一台两厢半的轿车，动力系统采用纯电驱动的方式。这台车的车身委托意大利的一家设计公司开发，电池、电机采购的都是当时国内最好的产品。在承担国家科研计划的同时，东风汽车公司内部也启动了混合动力公交车的研发和产业化项目。2003

年，东风汽车公司开发的 5 辆混合动力公交车正式上线，与武汉市传统燃油公交车混合编队运营。经过一年时间的检验，这几辆混合动力公交车运营 15 万公里，运送乘客 25 万人次，节油率达到 32%。

为了争取国家科技创新项目，2000 年底，我向时任科技部副部长徐冠华汇报了东风汽车公司关于电动汽车发展的总体设想。那时候东风汽车公司正在为实现三年扭亏做最后冲刺，希望能够承担国家科技创新项目，获得资金投入。我一直在思考东风汽车要用怎样一种新体制、新机制来解决面临的问题。我向徐部长表示，想建一个专门研发电动车的公司，把承担国家科技项目的事交给这个公司，研发成果必须产业化，考核指标是新车在市场上的销售数量和取得的收入，保证把科技部投入的钱全部用在电动车研发上，研发人员的费用等要通过经营的方式让他们去挣回来。公司在取得回报后，还可以把国家投入的钱还给科技部，让这些钱能够不断地滚动去投入新的项目。徐部长表示如果能把这个设想实现，科技部会全力支持。

从科技部回来之后，经过集体研究，我们决定新组建一家电动车公司。东风汽车公司出资 1000 万元，湖北省高新技术发展促进中心、华中科技大学产业集团、武汉经济开发区投资公司等 7 家股东出资 1470 万元，共同组建了东风电动车辆股份有限公司（以下简称东风电动车辆公司）。为了选拔经营管理者，我们在东风汽车内部进行了公开招聘，一批年轻人应聘，经过笔试面试，有 5 名同志脱颖而出。这 5 名胜出者还要进行陈述和最终答辩，答辩会通过东风汽车电视台向公司几大基地现场直播。他们陈述和答辩的重点是讲清如何做好电动车国家科技创新项目的攻关工作，如何推进公司的研发和产业化工作，如何把公司经营管理好。电视台组织职工评价（线上）、几方股东组成评审团队（线下）共同打分，最终确定由黄兆勤担任东风电动车辆公司第一任总经理。

东风电动车辆公司开发出来的第一款产品是电动场地车（电瓶车），销售到全国 13 个省（自治区、直辖市），成为许多风景旅游区、社区、商业街的交通工具。那时，黄兆勤告诉我，这样一辆车的售价甚至高于夏利轿车，一年能卖几百台，效益不错。这一批年轻人从一开始就要考虑公司的生存和发展问题，不躺在科研经费上度日，艰苦奋斗，开局很好。他们建起了国家电动汽车开发实验室，投资 3 亿元建成了国家级电动汽车工程中心，彻底改变了过去高科技企业在创业初期主要靠"烧"股东的钱的传统做法。该公司成立后的两年间，就获得国家、湖北省、武汉市支持的 1 亿元经费。公司成立当年实现了盈利，第二年盈利达到 100 万元。

2008 年，东风电动车辆公司向北京奥运会提供了 15 辆混合动力电动客车用于奥运赛事服务，如图 2-2 所示。2009 年，东风汽车"混合动力城市客车节能减排关键技术"成果获得国家科学技术进步奖二等奖。也是在这一年，东风电动车辆公司与武汉公交集团签订了 400 辆混合动力公交车的采购合同。

图 2-2　东风电动车辆公司向北京奥运会提供的混合动力电动客车
（东风电动车辆公司供图）

2006 年，一汽承担了国家电动汽车项目中混合动力平台和客车整车的研发及产业化任务，先后开发了 10 米、11 米、12 米长的混合动力客车产品，整车采用双电机与专用自动变速箱的技术。在北京奥运会期间，一汽还提供了 12 辆混合动力客车和 5 辆奔腾混合动力轿车服务赛会。

上汽以混合动力乘用车为突破口，成立了新能源事业部，负责新能源汽车的研发和产业化的总体规划；与大连新源公司合资成立上海新源动力股份有限公司，专注于燃料电池系统的研发和产业化；投资 20 亿元，成立了上海捷能汽车技术有限公司，专注于混合动力和电动汽车动力系统、控制系统的集成开发；与美国 A123 系统公司合资成立了上海捷新动力电池系统有限公司，负责电动汽车动力电池的生产。2008 年，在国家电动汽车科技项目下，上汽负责制造的燃料电池轿车样车服务于北京奥运会。2010 年，荣威 750 中度混合动力轿车投放市场。

北京奥运会成为褪褓中的我国新能源汽车产品的展示台和测试场。奥运会历史上第一次在我国举办，而且我国是在第一次争取举办权失败之后再次争取才申办成功的，国人都憋着一股劲儿，一定要办成史上最好的一届奥运会。为了达到保护环境的目的，北京奥组委决定采用一批新能源汽车作为赛会用车。这对汽车业界是一次极好的机会，新能源汽车第一次登上舞台，接受各国（地区）运动员的考验，面向全世界展现新技术的成熟度，呈现我们在汽车产品上的进步，这是一次千金难买的宣传机会。其间，大约有 590 多辆新能源汽车投入奥运会服务（如图 2-3 所示），受到全社会的广泛关注，也让汽车企业看到了希望，坚定了发展新能源汽车的信心。

国家"十五""十一五"电动汽车科技重大项目取得了阶段性成果。仅"十一五"期间，节能与新能源汽车领域共申请专利 2011 项（其中发明专利 1015 项），发布国家标准 30 项、行业标准 32 项，初步形成了我国在新能源汽车方面的标准体系。

图 2-3　2008 年北京奥运会期间提供服务的新能源公交车

在 2008 年北京奥运会期间，新能源汽车累计运行 370 多万公里，运送乘客 440 多万人次，实现了当时奥运史上最大规模的新能源汽车示范运行。新能源汽车良好的形象展示之势，在 2010 年上海举办的世界博览会期间再展风采。当时，投入运营的新能源汽车累计运送乘客超 1.25 亿人次，安全行驶 2900 多万公里。新能源汽车在这些重大活动中集体亮相，得到了很好的社会评价，也验证了科技成果产业化的可行性。

2.2 | 试点示范各显神通

在北京奥运会取得初步成功的基础上，为了推广应用，我国的新能源汽车还需要在更大的范围内进行试点，以获取经验、查找问题，促进产品成熟，同时探索推动充电桩等基础设施建设的投资和运营模式。

2.2.1 国家战略明确方向

通用汽车公司开发 EV1 纯电动汽车，最早使用的是铅酸电池，1999 年又用镍氢电池取代了铅酸电池。而丰田公司开发的混合动力汽车从一开始使用的就是镍氢电池。一时之间，镍氢电池成为业界的追捧对象。对比铅酸电池，镍氢电池的能量密度确实有了很大的提升，低温性能好，耐过充过放，循环寿命长，无污染；最大的问题是充电效率低，当充电超过 80% 后，副反应效应迅速扩大，能量密度大大缩减，与后来流行的锂电池相去甚远。不过当时锂电池还刚刚用于笔记本电脑，几乎没人看好它在汽车上的应用前景。

2008 年，美国次贷危机引发了国际金融危机，中国也深受影响。为了提振经济，国务院研究出台了十大产业调整和振兴规划，汽车产业被列入其中。2009 年 3 月发布的《汽车产业调整和振兴规划》第一次把发展新能源汽车作为我国的国家战略，提出产业调整和振兴的主要任务之一是实施新能源汽车战略，"推动纯电动汽车、充电式混合动力汽车及其关键零部件的产业化。掌握新能源汽车的专用发动机和动力模块（电机、电池及管理系统等）的优化设计技术、规模生产工艺和成本控制技术""发展普通型混合动力汽车和新能源汽车专用部件"。该规划还第一次明确了新能源汽车的规划目标，即"电动汽车产销形成规模。改造现有生产能力，形成 50 万辆纯电动、充电式混合动力和普通型混合动力等新能源汽车产能，新能源汽车销量占乘用车销售总量的 5% 左右"。后来这一销量目标并未如期实现，其中很重要的一个原因在于对基础设施建设的难度估计不足。不过瑕不掩瑜，我们毕竟确定了新能源汽车的产业化方向，随着纯电动汽车和插电式混合动力汽车技术的进步，其发展格局逐渐清晰起来。

在 2010 年 10 月发布的《国务院关于加快培育和发展战略性新兴产业的决定》中，新能源汽车被列为七大战略性新兴产业之一。这时，我们对新能源汽车的发展规律有了进一步的认识，为其后的市场化明确了努力方向。

2.2.2 "十城千辆"试点示范

2009 年 1 月，财政部、科技部、国家发展改革委、工业和信息化部联合启动了"十城千辆"的试点示范项目，即每年选择 10 个城市，每个城市推广约 1000 辆新能源汽车，计划从 2010 年开始，在 3 年时间内总共推广 3 万辆左右的新能源汽车。

同月，财政部、科技部发布《关于开展节能与新能源汽车示范推广试点工作的通知》，地方政府积极响应，北京、上海、重庆、长春、大连、杭州、济南、武汉、深圳、合肥、长沙、昆明、南昌等 13 个城市被列入第一批试点城市名单。该通知鼓励试点城市在公交、出租、公务、环卫和邮政等公共服务领域率先推广使用节能与新能源汽车。一些试点城市的地方政府也制订了雄心勃勃的推广计划，目标定得最高的当数深圳市，计划推广 9000 辆新能源汽车，北京市计划推广 5000 辆，上海市计划推广 4150 辆，如此不等。

现在回头看，当时无论是地方政府还是中央政府，都低估了新能源汽车应用推广的难度。当然，换个角度看问题，也可以说通过试点暴露出新能源汽车实际应用中的一系列问题，这为后来的产品改进和质量提高指明了方向。

2010 年，更多地方政府积极争取进入"十城千辆"试点城市行列。考虑到上一年第一批试点城市已超过 10 个，第二批试点一开始只确定了 7 个城市，即天津、海口、郑州、厦门、苏州、唐山和广州。然而，不少未入围城市的地方政府仍然提出各种理由，拼命想"挤"进来，经过多方权衡之后，又有沈阳、呼和浩特、成都、南通和襄樊（现襄阳）5 个城市加入进来，然后宣布"关门"。这样，试点城市一共达到了 25 个。

之所以要控制数量，首先还是担心试点的城市太多，会失去试点的意义。第一批试点城市一年的实践表明，无论是汽车产品还是基础设施建设，都存在很多问题，需要在实践中逐步解决。其次，还有财政补助资金的总量控制问题，每年的财政资金都有预算安排，不可能敞开口子支出。第一批 13 个城市申报的新能源汽车数量就超过 2 万辆，按这个规模算，如果扩大试点范围到 30 个城市，申报数量就有可能是 5 万~6 万辆，那样一来就超出预算一倍左右了。这也是到 2010 年试点城市数量达到 25 个时就"刹车"的重要原因之一。

由于当时新能源汽车的价格远高于传统燃油汽车，《关于开展节能与新能源汽车示范推广试点工作的通知》明确，根据推广使用的车型不同，国家财政给予一定的补助。对公共服务用乘用车和轻型商用车，采用混合动力的车型，根据混合动力系统的混合深度和燃油经济性，分为五档，每辆车最高补助 5 万元。采用纯电动为动力的车型，每辆车补助 6 万元。采用燃料电池为动力的车型，每辆车补助 25 万元。对长度在 10 米以上的城市公交车、采用混合动力的客车，每辆车补助 5 万~42 万元。对纯电动或燃料电池客车，每辆车分别补助 50 万元或 60 万元。

在试点示范过程中，一些地方政府还在中央政府补助的基础上附加了补助，补助额度从 6 万元到 40 万元不等。与此同时，一些实行摇号或牌照拍卖政策的城市不仅对购买新能源汽车给予特别优惠，还对新能源汽车的限行规定、充电电价、停车场使用等给予特别优惠，这些都极大地刺激了用户采购新能源汽车的积极性，同时也引发了社会对充电桩建设的关注。

由于大多数城市关注的产品主要是公交车和市政用车，对个人购买新能源汽车的关注度不够，2010 年 5 月，财政部、科技部、工业和信息化部、国家发展改革委等四部委又发布了《私人购买新能源汽车试点财政补助资金管理暂行办法》，选择了 25 个试点城市中的上海、长春、深圳、杭州、合肥开展私人购买新能源汽车补助试点工作。

补助的车型主要是插电式混合动力乘用车和纯电动乘用车。补助对象为在试点城市直接销售给私人用户或租赁公司的新能源汽车生产企业，在试点城市向私人用户提供电池维护、保养、更换等服务的电池租赁企业。补助方式是生产企业将新能源汽车按照扣除补助后的价格销售，中央财政部门核实汽车生产企业销售数量后采用后补助方式给予一次性补助，地方财政资金重点支持公共充电桩等配套基础设施的建设。试点城市政府是实施主体和责任主体，必须满足编制试点实施方案、承诺推广数量规模、建设基础设施等条件后才能够实施。汽车生产企业及其新能源汽车产品必须在《节能与新能源汽车示范推广应用工程推荐车型目录》中。根据动力电池组能量确定的各车型的补助基准、递增额度和补助上限，基本和"十城千辆"示范城市的补助标准相一致。这个文件第一次明确了财政补助采取退坡机制。试点期内每家企业销售的插电式混合动力和纯电动乘用车分别达到 5 万辆的规模后，中央财政将适当降低补助标准。

2.2.3　复盘回头看

到 2012 年底，25 个试点城市在公共服务领域和私人领域共推广了 2.74 万辆各类节能与新能源汽车。虽然各个城市没有达成自己制定的雄心勃勃的预期目标，但是平均每个城市推广 1000 辆的目标还是达成了。

说老实话，在试点开始时，新能源汽车的市场还没有形成，很多汽车企业是奔着拿补助来的。大多数汽车企业拿出的都是"油改电"的产品，当时企业考虑最多的是如何能够用最低的研发成本、最快的研发速度推出一款新能源汽车车型来抢占市场。采用"油改电"平台仅仅是发展新能源汽车的一种方法，而不是方向，这种平台并没有太多的技术拓展空间，汽车的许多功能配置也只能跟随原型燃油汽车平台走，受限于燃油汽车平台的设计，一旦达到布局极限，研发就走到头了。尽管如此，"油改电"平台还是调动了传统汽车企业研发生产新能源汽车的积极性，实现了新能源汽车发展起步阶段产品的市场需求和研发投入间的匹配，起到了推动新能源汽车快速进入市场的作用。

像东风汽车公司研发的纯电动两厢半轿车，由于是全新开发的平台，我们知道问题还很多，对这款车型在激烈的市场竞争中能够站住脚跟信心不足，所以没有继续走下去。

在这一轮试点中，在乘用车领域受益最大的有比亚迪、北汽、上汽等自主品牌汽车企业，在客车领域则有郑州宇通、厦门金龙、苏州金龙等汽车企业。通过财政补助政策推动新能源汽车走向市场，依靠政策推动汽车企业加大对新能源汽车的投入，对以探索战略引领、创新驱动、产业化为目标的新能源汽车发展起到了"四两拨千斤"的重要作用。试点也让我们看清了私人购买新能源汽车的市场潜力，这又极大地激发了企业开发新能源汽车的积极性。

当然，试点运营过程也暴露出新能源汽车产品在使用当中存在的一些问题。举个例子，我曾经去看过北京公交集团 90 路公交车的示范运行线路。当时这条路线采用的是换电模式，换电站位于北京北土城的 90 路公交车终点站。这路公交车一个来回是 30 多公里，开始使用新电池时不换电池可以跑 3 个来回，到我去看的时候，跑一个来回就得换电池。电池组非常沉重，换电池用的是机器人。并且，一组电池只能用 3 年多，而更换一组电池大约需要 80 万元。可见当时的电池与我们后来使用的电池完全不可同日而语。

在产品方面，当时电池的能量密度和功率密度还比较低，电池寿命短，而更换一组电池的价格又相当高，这些问题使得用户在使用中也存在"里程焦虑"，因此混合动力汽车反而比纯电动汽车更受欢迎。对比武汉市的公交车采用混合动力与北京市的公交车采用纯电动这两种不同的动力形式，混合动力公交车的表现明显优于纯电动公交车。试点城市的运营结果也说明了这一点，混合动力汽车平均故障间隔里程为 3496 公里，而纯电动汽车平均故障间隔里程只有 825 公里。为了增加续驶里程，纯电动汽车需要多装电池，这除了带来采购价格进一步上升的问题外，还造成整车自重的增加，一辆纯电动公交车仅电池就重达 2.5 吨，相当于每辆车要减少 33 名乘员，这对公交车的运营很不利。后来北京市也不再局限于纯电动汽车，而是采购了 800 多辆混合动力公交车上线运营。

2013 年 5 月 30 日，时任科技部部长万钢在"2013 上海国际电动汽车示范城市与产业发展论坛"上发表讲话，总结了新能源汽车"十城千辆"的推广情况。截至 2012 年底，25 个试点城市共推广各类节能与新能源汽车约 2.74 万辆，其中纯电动轿车 9834 辆，纯电动客车 2513 辆，纯电动特种车 1218 辆；混合动力轿车 3305 辆，混合动力客车 10 495 辆，燃料电池汽车 50 多辆。在试点示范过程中，我们坚持"公交优先"的基本原则，推进和扩大公共领域中的新能源汽车商业化示范；车辆技术趋向成熟，零部件的质量在提高，整车价格不断降低，向市场化靠近，特别是我们探索了分工合理、利益均沾、科技和金融有效结合、产业和市场紧密结合的电动汽车市场价值链体系。以 2010 年为基准，3 年来，动力电池的能量密度和寿命都增加了一倍，而价格则降低了 50%。一批重要的整车和关键零部件企业成长了起来。

可以说，"十城千辆"试点示范运营是成功的，我们通过试点获得了经验，坚定了发展新能源汽车的信心和决心。试点中暴露出来的问题，也让企业获得了市场反馈的第一手信息，对改进产品有极其重要的价值。更为重要的是，试点示范运营探索了从实验室产品到产业化的路径。这一时期可以看作我国新能源汽车的导入期，此后，我国新能源汽车的发展就正式进入了成长期。

2.3 | 规划描摹产业化蓝图

"十城千辆"试点示范运营取得了阶段性成果，如何进一步推动产业化，就成了汽车行业管理部门要考虑的重要问题。应该有一个中长期发展规划，接续"十城千辆"示范工程，兼顾传统燃油汽车的节能减排和新能源汽车的推进发展。于是在试点示范的中后期，工业和信息化部决定启动《节能与新能源汽车产业发展规划（2012—2020 年）》（以下简称《规划》）

的编制工作。

工业和信息化部牵头编制的这一规划，历时近一年，于 2012 年 6 月以国务院文件的形式印发实施。

2.3.1 《规划》确定战略取向

《规划》确定了坚持产业转型与技术进步相结合、坚持自主创新与开放合作相结合、坚持政府引导与市场驱动相结合、坚持培育产业与加强配套相结合的 4 条基本原则。第一次明确了以纯电驱动为新能源汽车发展和汽车工业转型的主要战略取向，包括纯电动汽车、插电式混合动力汽车和燃料电池汽车。确定把采用油电混合驱动的混合动力汽车纳入节能汽车范围，不再纳入新能源汽车范围。

之所以做这样的选择，原因有三。其一，油电混合动力汽车还是以内燃机作为汽车的主动力，电动机只是在全速全负荷时给予一些动力的补充，这与插电式混合动力汽车以电动机为主是截然不同的。其二，公共充电基础设施建设恰恰是可以发挥中国制度优势的地方，我们可以在统一认识的前提下，大家一起动手来建设公共充电桩，而这在其他一些国家是很难做得到、做得好的。从这一点来说，国外一些企业采用不外接充电的形式开发油电混合动力汽车，有对充电基础设施建设不足的顾虑，其实也是一种无奈的妥协。其三，在深度油电混合动力汽车方面，我国企业在技术上与国际先进水平差距较大，国外汽车企业设立了严格的专利保护，如果要使用这些技术，是否能够获得相关的专利使用许可呢？即便获得许可，可以预见，不得不支付的专利使用费用将是一笔不菲的支出。

那为什么制定中长期发展规划时，要把节能汽车和新能源汽车放到一起呢？当时主要考虑是在可以预见的未来，尽管发展新能源汽车是汽车行业产品结构调整的方向，必须坚定不移地向前推进，但是传统燃油汽车仍会占据整车销售的"大头",抓好传统汽车的节能减排有很大的现实意义,潜力也很大,而且一部分节能减排技术并不局限于燃油汽车,也可用于新能源汽车。做规划必须兼顾两个方面——一方面是处于培育期的新能源汽车,另一方面是仍居市场主导地位的传统燃油汽车,既要促进新能源汽车发展,又要实现传统燃油汽车的节能降耗,不能单打一,更不能顾此失彼。

在此之前,2009 年初,为了推动工业回暖,国家密集推出了汽车、钢铁、纺织、装备制造等十大产业的调整和振兴规划,涵盖了我国所有重要工业行业。其中,《汽车产业调整和振兴规划》提出"推广使用节能和新能源汽车",与该规划相配套的政策措施事实上明确了节能型乘用车主要指排量在 1.6 升及以下的乘用车。为了鼓励使用节能型乘用车,当时中央政府决定自 2009 年 1 月 20 日至 12 月 31 日(后来又延长了时间),对 1.6 升及以下小排量乘用车减按 5% 征收车辆购置税。

《规划》确定了两个阶段目标。第一阶段是到 2015 年,纯电动汽车和插电式混合动力汽车累计产销量力争达到 50 万辆,当年生产的乘用车平均燃料消耗量降至 6.9 升 / 百公里以下,节能型乘用车燃料消耗量降至 5.9 升 / 百公里以下。第二阶段是到 2020 年,纯电动汽车和插电式混合动力汽车生产能力达 200 万辆、累计产销量超过 500 万辆,燃料电池汽车、车用氢能源产业与国际同步发展,当年生产的乘用车平均燃料消耗量降至 5.0 升 / 百公里,节能型乘用车燃料消耗量降至 4.5 升 / 百公里以下,商用车新车燃料消耗量接近国际先进水平。

《规划》还确定了 5 个方面 13 项任务以及 6 个方面的保障措施。为了保障规划的实施,建立了由工业和信息化部牵头,国家发展改革委、科技部、财政部等部门参加的部际协调机制,以加强组织领导和统筹协调,形成工作合力,加快推进节能与新能源汽车产业的发展。

《规划》的发布,对我国节能和新能源汽车的发展起到了积极的促进作用。《规划》对产品分类、产品要达到的目标都提出了明确要求，便于企业根据自身情况选择新产品的方向。《规划》与"十城千辆"的试点示范运营衔接了起来，不仅是时间上衔接，更是总结了试点示范运营中的经验和暴露出来的问题。《规划》排除了诸如发展低速电动车、以铅酸电池作为动力电池等一些似是而非的发展方向。《规划》还对其后一段时间汽车产业如何转型发展描绘了蓝图，对各级政府如何发挥作用也提出明确要求。

2.3.2 调研出台《指导意见》

2012 年是"十城千辆"试点示范运营的收官之年，2013 年要对试点情况进行总结，特别是对财政补助的情况和效果进行总结。虽然《规划》已经明确了政府对节能和新能源汽车进行财税方面的支持，但是因为财政预算必须在上一年编制，针对是否继续对新能源汽车给予财政补助，出现了两种意见，分歧很大，结果是在 2013 年出现了近一年的政策"空窗期"。

2013 年，新一届政府组成后，国务院决定由分管工业和信息化部的国务院领导同志负责抓新能源汽车的发展工作。

分管工业和信息化部的国务院领导同志带领几个相关部门的负责人，专门赴广东、浙江、上海、陕西、江苏等地，进行了多次深入细致的专题调研。调研活动按照产业链从上游、中游到下游企业逐一进行。例如，为了掌握动力电池产业的发展现状，他带队调研了包括阳极材料、阴极材料、隔膜、电解液、模组等在内的各类生产企业，既了解最新的发展动向，也关心存在的问题。通过调研，相关部门的负责人充分了解了新能源汽车的实际发展状况和存在的问题，原先持不同意见的同志也改变了观点，大家的思想逐步取得了统一。

经过几个月深入细致的调查研究和紧锣密鼓的沟通、协调，相关部门终于在 2013 年底之前明确了对节能型乘用车继续给予税收优惠支持，对新能源汽车继续给予财政补助。补助标准基本上沿用"十城千辆"试点时的标准，但是要采用"退坡"形式逐年降低，直到 2020 年底完全取消。同时，为了鼓励公共充电基础设施建设，财政部还专门针对这方面增加了资金进行补助。此外，不再限制推广新能源汽车的城市数量，在全国范围内开展推广工作，对地方政府提出了支持新能源汽车推广的明确要求。以 2013 年为转折点，新能源汽车从产品的导入期进入成长期。

2014 年，《国务院办公厅关于加快新能源汽车推广应用的指导意见》（以下简称《指导意见》）发布，除了进一步明确发展纯电动汽车、插电式（含增程式）混合动力汽车和燃料电池汽车一系列政策之外，第一次把充电设施建设提高到与新能源汽车发展同等重要的位置。《指导意见》提出 4 条基本原则：创新驱动，产学研用结合；政府引导，市场竞争拉动；双管齐下，公共服务带动；因地制宜，明确责任主体。《指导意见》还对加快充电设施建设、积极引导企业创新商业模式、推动公共服务领域率先推广应用、进一步完善政策体系、坚决破除地方保护、加强技术创新和产品质量监管、进一步加强组织领导等方面规定了 30 条具体政策措施。

这些具体措施都是在调查研究的基础上，根据实际情况提出来的。

比如，在商业模式创新方面，《指导意见》鼓励和支持社会资本进入整车租赁、电池租赁和回收等服务领域，在个人使用领域探索分时租赁、车辆共享、整车租赁等模式。这些都不是坐在办公室里能想出来的，而是来源于在地方调研期间的发现，是对地方首创做法的总结。

比如，在动力电池回收利用方面，《指导意见》要求探索利用基金、押金、强制回收等方式促进废旧动力电池的回收。这说明当时就已经预见到：未来电池的处理问题会是决定新能源汽车可持续发展的一个大问题。

《指导意见》除了明确对购买新能源汽车的消费者继续给予补助外，还明确对新能源汽车推广应用规模较大和配套基础设施建设较好的城市或企业给予奖励，奖励资金主要用于充电设施建设等方面。同时决定对新能源汽车免征车辆购置税和减免车船税，并且对制定实施基于汽车企业平均燃料消耗量的积分交易和奖惩办法提出了明确要求。

《指导意见》以 2014 年到 2017 年为一个时间段，支持政策首先要在这个时间段实行，这既是有助于说服各有关部门同意出台支持政策的一种方法，当然也确实需要在实施过程中看一看这些政策落地后的力度和实效。企业反映政策实施应该有一个相对长远的预期，否则容易带来大起大落的影响。针对这样的意见，2015 年又进一步明确，新能源汽车的补助政策将会延续到 2020 年，但是将采用逐年退坡的方式，到 2020 年底，财政补助资金全部退出。

《指导意见》提出建立长期稳定的发展新能源汽车的资金来源，重点支持新能源汽车技术研发、检验测试和推广应用。经过多次调研和讨论，主管部门最终决定提高燃油税比例。这一做法被总结为"取自于汽车，用之于新能源汽车，多用车多排放多交税"。此决策一举解决了新能源汽车推广补助资金的来源问题，而且没有增加与汽车无关的公众一般税收。

2.3.3 产业曲折成长

任何事物的发展都不会是一帆风顺的，前途是光明的，道路却是曲折的。2016 年，新能源汽车"骗补"事件暴露出来，一些不法企业钻政策的空子，骗取国家财政补助资金。这对刚刚进入快车道的新能源汽车发展来说堪称致命的打击。一时之间，全社会对"骗补"行为口诛笔伐，对用财政补助推广新能源汽车的政策也存有颇多质疑。补助政策还能不能继续坚持下去？

好在国务院领导同志态度十分坚定，认为有什么问题就解决什么问题，不要泼洗澡水的同时把孩子也泼出去了。

在查实违法企业的基础上，管理部门一方面严令其退回补助款并予以罚款；另一方面，进一步加大了核查力度，调整补助办法，包括运营车辆必须运行 2 万公里后才能申请补助等后补助的办法。此后，各级政府管理部门切实负起责任来，修订了补助政策，减少了漏洞，管理水平比最初时大大提高，不法企业再想"骗补"几乎是不可能的。

尽管经历了各种各样的波折，我国新能源汽车产品在成长期还是呈现出勃勃生机。2013 年我国新能源汽车销量只有 1.8 万辆，到 2015 年就增加到 33.1 万辆，企业发展新能源汽车的积极性被极大地调动起来，在基础材料、基础工艺、动力电池、电机、电控以及整车方面都取得了很大的进步。也是在 2015 年，中国第一次超过美国，成为新能源汽车产销量第一的国家。

2.4 ｜发展驶入"高速路"

在以习近平同志为核心的党中央坚强领导下，在各方面的共同努力下，我国新能源汽车发展驶入快车道。经过持之以恒的努力，在广大汽车企业的积极参与和社会各界的大力支持下，我国汽车行业在新能源汽车发展方面终于走在了世界前列。

2.4.1 建立"双积分"办法

《节能与新能源汽车产业发展规划（2012—2020 年）》确定了 2015 年和 2020 年新能源汽车要达到的产销量目标和传统燃油汽车要达到的平均燃料消耗量目标。为了促进企业尽快达标，从 2014 年开始，工业和信息化部就着手研究如何奖优罚劣，同时考虑新能源汽车方面在中央财政补助退出之后如何接续推出支持企业发展的新政策。

经过数年的深入研究，2017 年，我国正式推出了乘用车企业平均燃料消耗量与新能源汽车积分并行管理的"双积分"办法。

起初，我们想到能否利用现有的地方政府建立的碳交易市场来实现我们的初衷。在深入考察之后发现，虽然全国有 7 个试点的碳交易市场，但是在国际金融危机之后，碳交易并不活跃，而且还有区域限制，当时全国性碳交易市场尚未建立起来。而我们正在谋划的燃料消耗量限值也好，新能源汽车产销量占比的规定也好，与碳交易本身的要求并不完全一致。仔细研究后，我们认为还是要先自己建立积分交易市场，等条件具备了，再转换进入全国性碳交易市场。

新政策借鉴了美国公司平均燃料经济性的做法。

经过反复讨论、广泛听取国内外企业的意见，最终形成了《乘用车企业平均燃料消耗量与新能源汽车积分并行管理办法》，以工业和信息化部、财政部、商务部、海关总署、质检总局五部门令的方式于 2017 年 9 月 27 日公布，这就是我们通常所说的"双积分"办法。

"双积分"办法确定了 2018 年到 2020 年这 3 年新能源汽车分别达到全部汽车销量 8%、9%、10% 的目标，从 2019 年开始进行考核，达到以及超过这一比率的汽车生产企业可以得到正积分，达不到的企业得到负积分；燃油汽车按 2015 年和 2020 年油耗标准进行考核，达到标准的得到正积分，达不到标准的得到负积分。燃油汽车的负积分可以通过结转、关联企业之间转让或用新能源汽车的正积分抵扣的方式满足要求，而新能源汽车的负积分只能通过向其他企业购买正积分的方式满足要求。这里我们把进口汽车整车也包括在内，只要是生产量或进口量达到 3 万辆以上的企业，都纳入考核范围。

2020 年 6 月 15 日，工业和信息化部等五部门发布《关于修改〈乘用车企业平均燃料消耗量与新能源汽车积分并行管理办法〉的决定》，自 2021 年 1 月 1 日起施行。该决定进一步明确了从 2019 年度到 2023 年度的新能源汽车积分比例要求分别为 10%、12%、14%、16%、18% 的分年度目标，这是在统筹考虑正负积分基本平衡、满足第五阶段燃料消耗量限值标准和实现既定发展目标后综合测算得出的。通过"双积分"办法引导，按照积分要求，基本上能够保障实现 2025 年乘用车新车平均燃料消耗量达到 4.0 升/百公里、新能源汽车产销量占比达到 20% 的规划目标。

在进行集团内部核算之后，2021 年油耗积分转让规模达 314.5 万分，同比增长 49%；新能源汽车积分交易总额达 109.4 亿元，同比增长 322%，交易规模达 524 万分，订单价格高开高走，均价 2088 元/分，同比增长 73%。在积分结余方面，2019—2020 年新能源汽车正积分使用率超 90%，结余 22.6 万分。

从 2019 年、2020 年、2021 年的实施结果看，总体上"双积分"办法已经为业界所接受，客观上起到了推动传统燃油汽车节能降耗和促进新能源汽车发展的作用，也为财政补助全部退出后，继续支持企业产品结构调整做好了衔接准备。我们还发现，在实施过程中，积分总体上呈现供大于求的状况，致使积分价格偏低，对新能源汽车发展的引导效力不够。针对这些问题，这一管理办法后来做了相应修订。

2.4.2 财政补助退坡

2019 年，在讨论财政补助政策退坡幅度时，我们面临两种选择：一种是少退，这样做最大的顾虑是在 2020 年底退坡的幅度会更大；另一种是多退，这样可以使 2020 年好过一些，防止在 2020 年底全部退出时因为政策改变引起产销量大起大落。平衡各方面的意见之后，最后我们确定采取大约退 50% 这样一个幅度，以便留下一年多的时间，让市场适应政策的变化。

尽管如此，在 2019 年下半年正式开始实施的退坡政策还是影响了那半年的全国新能源汽车销量：退坡之前各企业奋力销售以便享受最后的"美餐"，用户也"慷慨"解囊享受补助之"好处"，消费被提前到退坡之前；在政策变动之后几个月内，新能源汽车销量直线下滑。现实比人强，这也是必须接受的市场反应。

与此同时，新能源汽车的补助标准得到了进一步完善，主要是提高了续驶里程的标准。这是用户最关心的热点，随着技术进步，这个标准理应提高。不过有人却将这一做法与新能源汽车的自燃事件联系了起来，其实它们是完全不相干的两件事，本书后文在介绍新能源汽车安全问题时会做专门说明。

另外，客车按照长度分档过细的问题得到解决，客车长度分档有效简化。因为随着电池技术的进步，客车使用的电池能量密度大大提高，达到同样的续驶里程可以少装电池，电池价格也大幅度下降。

政策还规定全部取消地方政府对购买整车用户的补助，改为补助充电基础设施，目的在于打破地方保护主义。

2020 年新冠疫情席卷全球，世界经济受到严重影响，我国也深受其害，汽车市场在这一年的上半年出现了多年未有的下滑。国务院出台了一系列恢复经济的政策，其中包括把新能源汽车的补助政策延续执行到 2022 年底，并且提前公布了每年补助标准分别在上一年基础上退坡 10%、20% 和 30%，为企业发展新能源汽车的决策提供了一个预期，企业可以据此提前做好准备。通过不断实践并总结政策实施过程中的经验教训，我们在政策运用上显得越来越自如了。

2.4.3　放开外资股比限制

按照我国政府公布的进一步扩大对外开放的时间表，2020 年，我们开始放开新能源汽车外资进入我国的股比限制，外资股比不再被限定在 50%（含）

以下，而是可以控股直至独资。这标志着从改革开放以来，对汽车行业外资准入的限制被逐步取消。

2022 年伊始，我国还正式放开了燃油乘用车外资股比限制，同时取消了一家外国汽车公司最多只能在我国建立两家中外合资企业的规定。这无疑对现有的中外合资汽车企业的中方股东提出了挑战。能够坚持到现在的合资企业，说明其运行正常。伴随着我国汽车市场的快速扩大，这些合资企业都获得了很好的回报，中方股东也分享了经营绩效，很多合资企业成了中方股东重要的甚至是唯一的利润来源。大部分外国汽车公司在我国建立了两家合资企业，在实践中，两家不同的中方股东不可避免地存在着一些矛盾和冲突，外国公司有时"善加利用"这些矛盾，从而获取最大化利益。

放开股比和合资企业数量限制之后，旧的平衡将被打破，中方股东应该早做准备，迎接新的挑战。

机会总是留给有准备的人，而对我国汽车企业来说，最好的准备还是把自主品牌做好。因此，我国汽车企业把放开对外资股比的限制看作做好自主品牌的新契机。在激烈的市场竞争中得到充分锻炼的自主品牌，完全有能力与世界最高水平的国外汽车企业同场竞技，在差异化发展上寻找机会。

在乘用车领域，多年来外国品牌乘用车的市场占有率在 60% 左右，中高端市场则主要由国外品牌占据。随着近两年新能源汽车的发展，中国品牌新能源乘用车市场占有率大幅提高，以造车新势力为代表的一批中国品牌新能源汽车已经开始与入门级的 BBA（奔驰、宝马、奥迪英文名的首字母）直接竞争，定价在 30 万元以上的新能源乘用车大多是中国品牌。中国新能源汽车市场的爆发，使得自主品牌乘用车于 2022 年首次达到近 50% 的市场份额（49.9%，如图 2-4 所示），这是自主品牌攻城略地、市场份额不断提升的令人欣喜的标志性业绩。

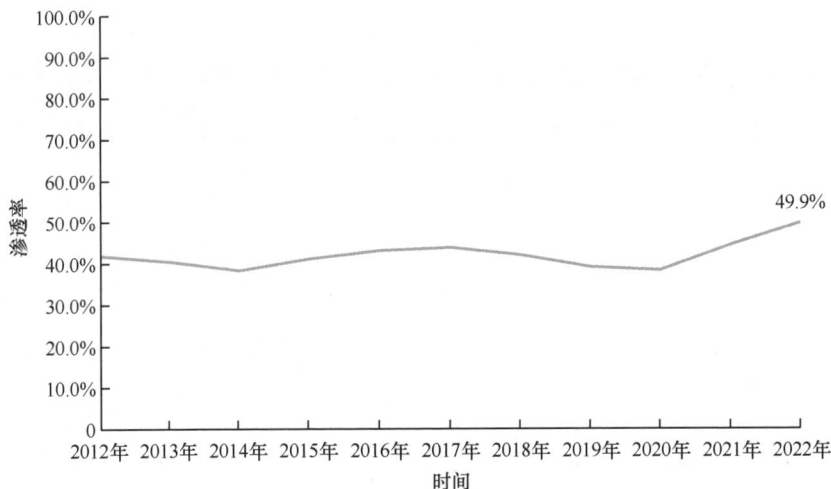

图 2-4　2012—2022 年自主品牌乘用车渗透率的变化

2.4.4　按下发展"快进键"

随着市场的快速扩大，汽车企业看到了希望，坚定了信心，积极行动起来，在发展新能源汽车方面取得了显著成效。

传统燃油乘用车的生产企业新开发的新能源汽车产品，整车结构更加合理，一系列新材料、新工艺开始在整车上使用，整车能耗、续驶里程、产品质量都有了很大改善。

一批造车新势力涌入新能源汽车领域，对汽车工业的传统发展模式也带来了正向影响。例如，代工模式的出现，既利用了传统汽车企业的经验，也减少了建设工厂的一次性巨额投资，有些新势力还利用传统汽车企业富余的生产能力，实现了双赢。

当然，代工模式也是一些没有取得造车资质，但有造车雄心的新势力迫不得已的选择。蔚来汽车原本计划在上海投资建厂，后来上海要引入特斯拉，难免让蔚来汽车感觉被"冷落"了，这时合肥主动向蔚来汽车伸出"橄榄枝"，于是双方达成了采用江淮汽车代工的合作模式。

又如，造车新势力往往是利用风险投资去开发产品，最终到资本市场上实现前期投资的快速回报，改变了过去只能量入为出的筹融资方式，以及只能通过市场销售并且赢利才能取得回报的老办法。这些新鲜的做法，对传统汽车企业创新投融资模式是一种促进。这些做法也适用于政府产业引导基金，多年来合肥产业投资基金的运营就可圈可点。合肥在政府投资方式上不断创新、不断尝试，其基金平台先后投资京东方，接盘科大讯飞，引入蔚来、大众等。政府充当风险投资人，直接投资具有战略价值的产业，由此吸引和带动更多项目落地，不仅保证了就业和税收，还直接分享了项目成功带来的分配红利，这大大提升了政府对项目再投资的回转能力。2019 年，合肥投资蔚来汽车的 100 亿元，如今账面回报已逾千亿元，投资效率相当可观。

再比如，造车新势力摒弃了传统汽车靠建设 4S 店销售汽车的营销模式，一般采用体验店加线上订购的方式销售新能源汽车，减少了流通费用，还得以直接面对消费者。相对来说，传统汽车厂商往往会在 4S 店模式和新营销模式、主推燃油汽车还是新能源汽车的选择上摇摆不定。有一个知名汽车品牌力图采用营销新模式，但又不能完全摆脱 4S 店。后来在两年实践中发现，因为传统燃油汽车是采用经销的方式，4S 店销售人员在推销产品时总是优先推荐燃油汽车，只有在消费者坚决选择新能源汽车时才做具体介绍。现实的利益导向造成的结果可想而知，2022 年底其不得不下决心"另起炉灶"销售新能源汽车。

"百花齐放春满园"，我国新能源汽车在 2018 年突破 100 万辆产销量大关后，2020 年产销量均超过 136 万辆，销量占全部汽车销量的 5.4%，其中纯电动汽车产销量均超过 110 万辆，插电式混合动力汽车产销量分别达到 26 万辆和 25.1 万辆。

截至 2020 年底，全国新能源汽车累计保有量达到 492 万辆，占汽车总保有量的 1.75%。虽然与 500 万辆的目标有一定距离，但是如果考虑到

2013 年政策"空窗期"、2019 年补助大幅度退坡 50% 以上的这些情况，特别是 2020 年突发新冠疫情带来的影响，应该说结果还是令人满意的。

更加令人欣喜的是，2021—2022 年我国新能源汽车呈现出飞跃式发展态势，2022 年销量高达 689 万辆，同比增长超过 90%，占全部汽车销量的 25.6%（如图 2-5 所示）。其中，纯电动车型销量占据新能源汽车 77.9% 的份额。我国新能源汽车销量在全球销量中占比达到 63.6%，已超半壁江山。截至 2022 年底，我国新能源汽车保有量迅速攀升至 1310 万辆，占汽车总保有量的 4.1%。对比 2022 年全国汽车销量增长 2.1% 的速度，新能源汽车销量的增长速度呈现碾压态势，说明在总量保持小幅增长的市场环境下，新能源汽车取代了很多燃油汽车，也说明越来越多的用户开始接受新能源汽车产品。

图 2-5　2012—2022 年我国新能源汽车销量与渗透率

我国紧紧抓住新能源汽车产业的发展机遇不放，在全球范围内率先把发展新能源汽车纳入国家战略，针对不同阶段的现实问题，采取综合措施，坚持不懈地推动产业创新发展。从涓涓细流到奔腾江河，作为战略性新兴产业，新能源汽车已经在国民经济发展中占据了一席之地。当前，在新一轮科技革命和产业变革加速演进的背景下，推动新能源汽车在新时期的高质量发展、实现与智能网联汽车的完美融合，增强产品全球竞争力，真正实现换道超车，仍是需要我国汽车行业不懈努力的奋斗目标。

兵马未动，粮草先行。在汽车领域，是"路等车"还是"车等路"？争论一直不休。从实践中，我们得到的深切体会是，基础设施建设必须适度超前，宁可"路"等车，也不让车等"路"。

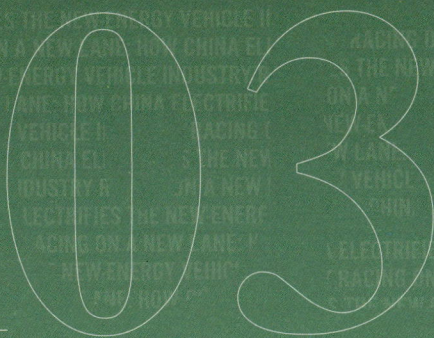

第三章

宁可『路』等车，不让车等『路』

　　新能源汽车的发展离不开充电桩等基础设施的建设，不过，在发展早期，由于新能源汽车数量有限，建设充电桩是一件费力不讨好的事情。我们的破局之术，是政府先出面，组织国家电网等国有企业进行投资建设。试点城市政府不仅在鼓励支持甚至是直接投资建设充电桩上主动作为，还对充电桩建好之后的运行、维护费用支出给予一定补助，直到新能源汽车保有量上来之后，充电桩公司通过自身经营可以维持可持续发展之时，再行退出。这之后再发动全社会力量，共同努力建设充电桩，推进多样化的补电模式。现阶段又助力加氢站建设，为重型商用车使用氢能代替柴油作为燃料而继续努力。超前谋划推进新能源汽车基础设施建设，是我国新能源汽车发展最终实现超越的关键举措之一。

3.1 | 充电桩：因地制宜布局运营

　　我国第一个新能源汽车充电站，是 2006 年由比亚迪公司在其深圳总部建设的，如图 3-1 所示。比亚迪公司之所以能够在激烈的市场竞争中脱颖而出，与其发展新能源汽车的前瞻眼光、坚定决心和铁一般的意志是分不开的。

图 3-1　2006 年比亚迪公司在深圳总部建设的第一个充电站（比亚迪公司供图）

2008 年，为了服务奥运会，北京市在海淀区专门建设了一座为电动公交车充电的集中式充电站，可以为 50 辆公交车换下来的电池组充电。2009 年，上海市建设了漕溪充电站，这是第一座向社会车辆提供充电服务的商业化运营充电站。

2009 年 1 月，国家启动"十城千辆"试点示范工程，中央政府对参与试点示范的地方政府提出了建设充电桩的要求。在这一时期，新能源汽车产品主要面向公交车、市政用车、出租车等公共领域用车需求，很少有个人购买新能源汽车，面向社会提供服务的公共充电桩非常有限。

2012 年，国家发布《节能与新能源汽车产业发展规划（2012—2020年）》，部署了未来充电桩建设。之后又陆续发布《电动汽车充电基础设施发展指南（2015—2020 年）》、新修订的电动汽车充电接口及通信协议等 5 项国家标准等，对交流慢充、直流快充的充电形式予以规范，对车桩接口等在标准层面上进行了统一，这些措施的见效使得用户利用公共充电桩进行充电成为可能。

3.1.1 因势利导建设充电桩

随着新能源汽车从单纯进入公共服务领域到逐渐进入家庭，在居民社区内建设充电桩的需求提上了议事日程。不过，由此也产生了一系列问题，如有些老旧小区连私人固定停车位都没有，建设充电桩根本无从谈起，有的社区停车场无法引入动力电源、电力增容困难，这些都是难以跨越的"拦路虎"。其中，最大的问题在于社区物业公司缺乏积极性，干这种事不仅没有收益，反而要承担一系列安全风险，这样的"傻事"谁愿意干呢？直到 2020 年底，新能源汽车个人用户中大约只有 30% 的车主拥有私人充电桩。

我认为，要调动社区物业公司的积极性，首先要考虑让物业公司有明确收入，可以在现有的物业收费项目上增加充电基础设施的收费，使其成为合法的收费项目。对于物业公司自建自管充电桩，允许物业公司在居民用电价格的基础上适当加价，对加价率要确定最高限度。借助峰谷电价差，促使更多个人用户利用夜间谷电进行充电。更进一步地，还可以建设智能供配电系统，在社区内利用新能源汽车集中进行夜间充电，白天峰电时间放电，通过峰谷的电价差来获得收益，以此弥补建设和运营费用。在工作地点建设充电桩，则是针对工薪阶层需求的另一个解决途径。车主上班期间，利用单位的充电桩为私家车充电，可行性更高。如何调动工作地点物业公司的积极性，同样是个重要问题。不过，只要提供应用服务的主体自身产生了主动性和积极性，办法总比困难多。对于一些具备开放条件的单位，还可以鼓励它们对外向社会提供充电服务。

而在城市内的公共停车场和公路沿线建设公共充电桩，则主要是依靠地方政府。首先，要把充电基础设施建设纳入城市建设发展规划，对于今后要在城区建设多少充电桩和充换电站，及其区域分布、电力容量的扩充等情况，要做好统一规划，做到心中有数。其次，充电桩建设要与停车场的建设和改造匹配。对具备条件的现有停车场进行改造，使其具有充电功能。对新建停车场则要进行一体化规划，不要留下"后遗症"。再次，地方政府应为充电桩的建设和运营提供政府财政补助，使其在起步阶段顺利度过困难时期。最后，务必严格管理，要防止乱收费，特别要加强充电安全管理，防止发生安全事故。

经过一段时间的发展，截至 2022 年底，我国累计建设充电基础设施共 520 万台，2022 年一年的数量就比上一年增长了近一倍，其中公共充电基础设施累计数量约 180 万台，私人充电基础设施累计数量超过 340 万台，如图 3-2 所示。对应当时的 1310 万辆新能源汽车保有量，车桩比约为 2.5∶1。

经过多年的努力，现在充电桩密度最大的地区是广东、江苏、北京、上海、浙江等，沿海经济发达地区和中部一些省份的充电桩数量占全国的 70% 以上，这也与新能源汽车保有量的分布基本一致。

很多地方政府希望在"十四五"期间发展新能源汽车，吸引新能源汽车企业到当地投资，并且对准备进入的企业给予一系列优惠措施。不过，在我看来，如果当地新能源汽车市场没有启动，只是简单地引进投资，所生产的新能源汽车再返回沿海经济发达地区销售，这种不符合经济规律的做法很难成功。此外，企业也不会因为一个地方短期的优惠政策贸然开辟新的项目，投入巨资建设新工厂。

图 3-2 2015—2022 年我国充电基础设施保有量

近年来，也有一些企业，本来就不是真心想投资搞新能源汽车，而是为了其他目的，拿新能源汽车项目说事，甚至有些项目本身就是精心布置的骗局。这样的项目不但不能促进地方经济发展，还有可能因为"烂尾"而给地方政府留下难以收拾的烂摊子。地方政府务必吸取这方面的教训。

若下定决心发展新能源汽车，地方政府应该"先筑巢、后引凤"，通过建设充电基础设施，扩大当地市场，通过更换出租车、市政用车等，为企业产品进入当地新能源汽车市场培育和创造条件。这些都是经过十多年实践检验并证明行之有效的经验，完全可以复制推广。

3.1.2 运营企业实践探索

建设充电基础设施的主体，既包括传统的供电企业，也包括新进入的企业。我国充电市场呈现出多元化发展态势，截至 2022 年底，各类充电桩运营企业已达 3000 余家，其中公共桩保有量超过 1 万台的企业有 17 家，头部企业聚集效应明显。电动汽车充电量持续保持较快增长，2022 年全年充电量超过 400 亿千瓦时，同比增长超过 85%。

青岛特来电充电设备技术服务有限公司（以下简称特来电）是一家民营企业，我曾经去这家企业进行过调研。2014 年，该公司成立伊始，就提出群管群控为主的技术路线，即在一个社区内建设分布式充电桩（如图 3-3 所示），对充电桩的运营实现统一管理、统一调度，将其建设为一个小电网，可以实现车联网、能源网、数据网合一。这样做最大的好处是可以积少成多，增大话语权，实现对峰谷电的调控和利用，减少对电网的冲击。

图 3-3　车主使用特来电充电桩给新能源汽车充电

这家公司根据社区用电的规律，削峰填谷，受到供电部门的欢迎，也从中取得了经营效益，不仅市场占有率和充电量不断实现突破，每天还产生丰富的充电数据信息。目前，这家公司已经发展成为一家"独角兽"企业，据其 2019 年年报，它当年已经跨过了盈亏平衡点。

星星充电是常州万帮数字能源股份有限公司（以下简称万帮）的品牌，

也诞生于 2014 年，利用互联网模式发展出"星星充电模式"。这是一种利用众筹模式建设充电桩的探索：拥有 5 个以上停车位并且具有电源和电力容量的业主可以提出申请，经星星充电具体考察，由星星充电负责建设、运营和维护具备建设条件的停车位，建设资金来自社会，信息公开，投资、运营、利润分配比例均提前设计好，参与者皆能获得明确的相应回报。图 3-4 展示了星星充电桩的实景。

图 3-4　星星充电桩

这种模式一经推出，在常州就收到 3000 份申请，仅仅用了 3 个月时间，常州就建设了 1180 台充电桩。万帮是全国头部充电桩生产企业，该公司的总裁是做汽车销售起家的，她敏锐地捕捉到新能源汽车这一未来发展的方向，开辟了这一商业模式，具有首创意义。

当时有媒体披露常州市的一家民营企业采用众筹模式建设公共充电设施。看到报道后，我派相关司局的同志专门去常州考察了解其运营模式，在实地核实其做法后，我向分管工业和信息化部的国务院领导同志做了专题汇报。

他当即决定召开现场会，亲赴企业调研并在现场会上讲话，要求所有试点城市都充分利用社会上的充沛资金建设充电设施，并且要求在早期新能源汽车较少的时候对充电设施运营给予财政补助。

乘各地加大充电桩建设力度之机，万帮也开始从常州走向全国。截至2022年底，星星充电运营充电桩近34.3万台，市场占有率第二，如图3-5所示。

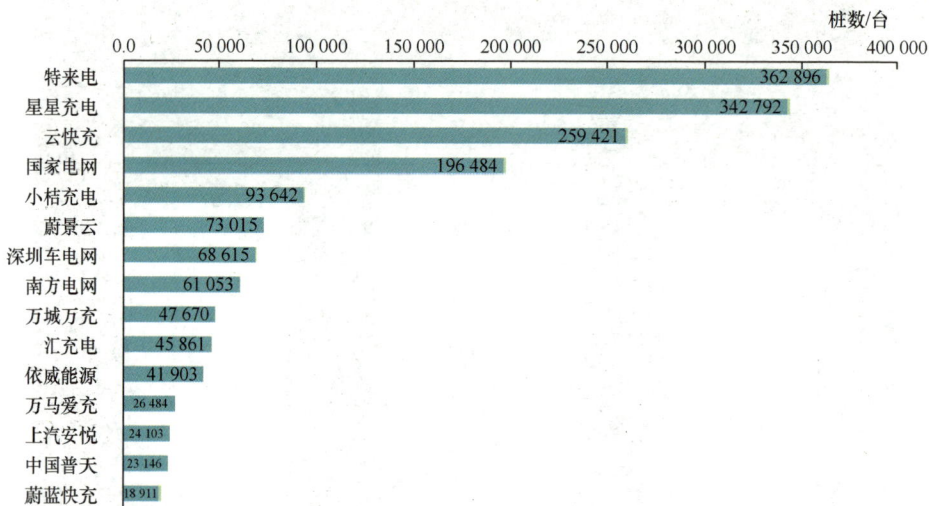

桩数/台

运营商	桩数
特来电	362 896
星星充电	342 792
云快充	259 421
国家电网	196 484
小桔充电	93 642
蔚景云	73 015
深圳车电网	68 615
南方电网	61 053
万城万充	47 670
汇充电	45 861
依威能源	41 903
万马爱充	26 484
上汽安悦	24 103
中国普天	23 146
蔚蓝快充	18 911

图 3-5　截至 2022 年底我国公共充电桩运营商按桩数排行

一直以来，国家电网公司都是推进充电桩建设的主要力量。该公司发挥中央企业示范带头和引领带动作用，坚决贯彻落实国家新能源汽车发展战略。国家电网公司以充换电设施和服务平台建设为着力点，建成"十纵十横两环"高速公路快充网络，全力服务电动汽车产业发展。对于社会上建设充电桩的业务申请，国家电网公司提供了省时、省力、省钱的"三省"服务，开辟绿色通道，提供契约式服务，限时办结。同时，该公司还建设充电桩平台，积极构建全国一张网，持续提升平台的开放性和公共服务能力，推动充电桩运营企业互联互通，形成产业生态。国家电网公司不仅优化了城市充电桩的布局，还配合新能源汽车下乡，在农村地区建设充电桩，并且充分发挥技术、人才等优势，加快大功率充电、有序充电、车网互动关键技术研究和标准化推广，促进智慧能源与智能交通的融合发展。

2021 年 2 月发布的《国务院关于加快建立健全绿色低碳循环发展经济体系的指导意见》，提出加强新能源汽车充换电、加氢等配套基础设施建设。各级政府陆续出台支持新基础设施建设的具体政策，如今，进一步调动社会力量建设充换电设施，比过去任何时候都更有市场，也更加必要。

3.2 | 快充：模式推广与标准化

相比燃油汽车，纯电动汽车除了充电难之外，还存在一个问题就是电池的充电时间过长，在慢充模式下，充满电需要 6 ～ 8 小时。若要加快充电速度，就得提高充电桩的功率，一般只在公共充电桩上才能实现快充功能，要是处理不好，快充会对电网产生冲击，还可能极大地损伤电池，影响其使用寿命。

2015 年以前，社会上的公共充电桩很少，为数不多的充电桩基本上都是交流慢充桩。充电桩实际上就是一个 380 伏的交流电源，每辆车的充电器都置于车内，交流电通过充电器整流变成直流电，再通过变压调整到与电池组相匹配的电压。充电桩与充电器之间有通信联系，可以记录下充电时的电池容量、充满情况、所使用的电量等，充电结束后据此与用户进行结算，大部分采用控制器局域网（Controller Area Network，CAN）总线协议。家用充电桩与公共充电桩差别不大，只是家庭用的充电桩一般使用 220 伏单相交流电，充电电流为 16 安或 32 安，功率为 3.5 千瓦或 7 千瓦；公共充电桩使用的是三相交流电，增加了计量、显示、结算等功能，以适应不同车型的充电需要。

从 2016 年起，随着私家新能源汽车用户数量的增长，公共快速充电基础设施的建设开始加速，图 3-6 给出了 2016—2022 年新增公共充电桩（含交流充电桩和直流充电桩）平均功率。快充桩采用直流方式供电，将电网380伏交流电整流后提供给车辆使用，不再经过车内的充电器。2020年，公共充电桩平均充电功率达到约132千瓦，根据最新的报道，采用液冷的直流快充桩最大输出功率已经达到600千瓦。而业界的快充技术还处在不断进步的过程中，随着充电桩功率和车用动力电池组电压的提升，可以做到充电5分钟续驶200公里。

图 3-6　2016—2022 年新增公共充电桩（含交流充电桩和直流充电桩）平均功率

业界还在不断深入研究快速充电技术，包括提升锂电池性能，促使快速充电技术得到长足发展和广泛应用。如今，我们既可以通过使用大电流实现快速充电，也可以通过使用高电压实现快速充电。

不过，大电流会带来电池温度升高的问题，需要精确感知单体电池的温度升高情况并采取相应措施，以保护电池不被损坏。特斯拉是大电流快充技术的典型代表，它的快充桩最大功率可以达到250千瓦，在额定电压为360伏的条件下，其充电电流可达690安，这大大超出了国标规定的250安的限额。只是由于特斯拉的通信协议是自研的，自成体系，其充电桩只能给特斯拉车型充电，不兼容其他品牌车型。2021年6月，特斯拉表示计划2022年9月前开放自己的充电桩为其他车型服务。2021年11月1日，特斯拉

CEO 埃隆·马斯克在其社交平台上宣布，已经（在荷兰）开始试点向其他品牌的电动汽车开放特斯拉超级充电桩。

将充电电压从现在的 400 伏提高到 800 伏，以进一步缩短补电时间，已经成为行业共识。目前，投放市场的一些新车型已经开始采用 800 伏电压的电池组。

在衡量快充速度时，通常会用到充电倍率（C）这个指标。以动力电池用最大电流将储存的电量放光作为衡量标准，假使用同样的电流进行充电，倍率就是 1C。现在一般的快充桩最大充电电流可以达到 1C，广汽埃安、小鹏汽车等已有 2C、3C 甚至 4C 的快充车型小批量投放市场，相应的大功率快充桩也在陆续建设中。有部分专家和企业认为，2C 快充不增加成本，可以明显提升用户充电体验和充电运营设施的效率，应该迅速推广，替代目前的 1C 快充模式。

在充电时，不同阶段的充电方式对电池寿命的影响是不同的，一般建议在电池还有 30% 的电量时就进行充电，充电时最好不要充满，而是以充到 80% 的电量为限。在电池充到 80% 的电量时，一般就停止充电了，如果一定要充满（比如有的车型会选择远郊出行模式），也会大幅度减小电流，转为采用"涓流"充电模式。这一切都是为了在实现快速充电的同时，保护好电池，避免发生热失控，同时尽可能延长电池寿命。好在锂电池没有记忆效应，不需要充满、放空，在 30% ~ 80% 的电量区间内随时进行补电最为理想。

这里多说一句，很多企业经常宣传的所谓"充电 10 分钟跑几百公里"，其实指的是补电的速度，既不是充电到 80% 的时间，更不是充满电的时间，有故意含糊其词、广告炒作的嫌疑。

尽管采取了这么多措施，为了延长电池寿命，在没有特殊需求时，还是采用在家庭交流慢充为好，这是迄今为止最可取的充电方式，在经济上也最合算。

2011 年，我们首次制定了新能源汽车充电接口、通信协议国家标准，初步解决了充电接口统一的问题，这在世界范围内都处于领先地位。2015 年，我国质检总局和国家标准化管理委员会联合国家能源局、工业和信息化部、科技部等部门，修订并发布了新能源汽车充电接口和通信协议等 5 项国家标准。

在安全性方面，新标准增加了充电接口温度监控、电子锁、绝缘监测和泄放电路等功能，细化了直流充电车端接口安全防护措施，明确禁止不安全的充电模式应用，只要严格执行标准要求，就能够有效避免发生人员触电、设备燃烧等事故，保证充电时电动汽车及使用者的安全。

在兼容性方面，交直流充电接口形式及结构与 2011 年的标准兼容，新标准修改了部分触头和机械锁尺寸，但新旧插头插座能够相互兼容，直流充电接口增加了电子锁止装置，这样并不影响新旧产品间的电气连接，用户仅需更新通信协议版本，即可保障新供电设备和电动汽车的基本充电功能。

充电接口统一后，社会上建设的充电基础设施完全可以适应不同车型的充电需要，用户再也不用为寻找特定车型专用充电桩而费神了。

2014 年 7 月，在德国总理默克尔访华期间，中德双方启动了电动汽车充电标准的合作项目。这一合作意在通过统一的充电接口标准和通信协议，统一中德两国未来充电设施建设标准，为将来申请国际标准打下基础。但是很遗憾，欧洲在标准制定的过程中，据说是为了防止雨水进入充电枪，改变了充电接口路端和车端的方向，且这一改变并未与我国业界及时对接，最终统一中德相关标准的设想没有实现。

为了满足大功率快充需求，经过充分调研，目前工业和信息化部等有关部门主导了 2015 版充电标准的升级（2015+）工作，2022 年已在国家标准化管理委员会立项，全国汽车标准化技术委员会正在组织标准修订和实证试验。2015+ 的电压平台可从 800 伏覆盖到 1250 伏，相关接口电压可满足 1500 伏的需求。与标准修订工作同步，由中国汽车动力电池产业创新联盟、中汽研新能源汽车检验中心（天津）有限公司、广州巨湾技研有限公司等共同发起设立的电动汽车产业极速充电生态联盟，正在根据整车企业需求，积极推动快充电池、整车高电压平台、极速充电桩的相关团体标准的制定工作，并配合全国汽车标准化技术委员会推进 2015+ 标准的实证试验。

2018 年 8 月，国家电网公司与日本 CHAdeMO 协会签署协议，推动中日两国在充电标准方面的合作。2022 年 3 月，日本 CHAdeMO 协会在年中大会上展示了 CHAdeMO 和中国电力企业联合会联合开发的下一代快速充电连接器和快充接口的样机。全新的快充接口可适用于 900 千瓦的直流快充桩。这一新的标准也考虑到与中国已有充电标准和日本 CHAdeMO 老标准的衔接，兼容已有的标准化产品。

现在，世界上存在 4 个主要充电标准，分别是：欧洲和美国的 COMBO 标准，由通用汽车、德国大众等 8 家企业发布的 CCS，中国的 GB/T，日本的 CHAdeMO。按照法律规定，所有进入中国的新能源汽车必须按照中国的国家标准开发产品，这也是各国通行惯例。

3.3 ｜ 换电：独树一帜的快速补电模式

新能源汽车的动力电池换电模式最早是在"十城千辆"北京试点示范中出现的，应用场景是纯电动公交车。那时的电池能量密度小、充电时间长，而纯电动公交车又不能停驶过长时间等待充电，这一特殊需求催生了换电模式。

3.3.1 拓荒换电业务

换电的纯电动公交车是由北京理工大学开发的。据牵头人孙逢春院士介绍，当年在动力电池与整车的连接上，他们团队费了好大劲，因为公交车在运行中始终处于振动状态，连接处的电流又很大，确保其在运行中接触良好是一大难题。此外，换电还需要经常性插拔，有可能出现过热甚至起火的情况，这是绝对不允许发生的。他们团队为此专门攻关，终于满足了经常性插拔之后稳定工作的要求，这一技术后来也被用于采用其他换电模式的纯电动汽车。

最早研究社会车辆换电模式的是国家电网公司，早在 2010 年就研究出了标准换电箱技术，用众泰朗悦和海马普力马两款车型，在杭州进行了 500 辆出租车换电运营模式的试点。除了在技术上获得突破、形成标准之外，国家电网公司还首次提出"车电分离、按里程收费"的商业运营模式，成为发展换电模式的开拓者。

不幸的是，2011 年 4 月，一辆众泰朗悦纯电动出租车在杭州发生自燃，给刚刚起步的纯电动汽车换电模式兜头浇了一盆冷水，换电模式一度遭到质疑。国家电网公司也由此放慢了换电站建设的步伐，在 2014 年的工作会议上提出了"主导快充、兼顾慢充、引导换电、经济实用"的工作方针。

3.3.2 推广换电模式

一般而言，出租车公司都是批量购买汽车，为便于管理，一般车型单一，但是对续驶里程和充电时间的要求最高，每天投运的车辆运营时间很长，往往等不了长达数小时的充电时间，最好能在与燃油汽车加油差不多的时间内迅速解决"补电"问题。与私家车不同，出租车公司希望一次多充电，减少每天的充电次数，以提高运营效益，这种特殊要求给换电模式创造了市场需求。

北汽是最早推广换电模式的汽车生产企业，主要的服务对象就是城市出租车，这也与北汽新能源汽车发展的目标客户定位直接相关。北汽从新能源汽车车型开发时就针对出租车的市场需求进行研究，专门开发了适用车型，电池组要方便拆卸，卡扣要能够准确识别、精准定位，便于自动拆装。与车型配套的换电站也一并被开发了出来，换电站大约一个集装箱大小，可以快速安装，不需要大费周章。司机将车辆开进换电站，整个换电过程自动完成。

换下来的电池经检测后，在夜间利用谷电充电。专业化的电池维护有利于延长电池寿命。一旦发现有问题的电池，就及时进行维修或更换。还可对新旧电池分别计费，这对出租车来说非常重要。

北汽换电站起步是与奥动新能源汽车科技有限公司（以下简称奥动）合作，北汽提出换电电池的规格和技术条件，奥动负责换电站建设运营和提供备用电池。在换电的同时，还可以通过互联网进行记账结算，不需要人工收费，这进一步节省了时间。整个换电过程只需几分钟的时间，受到了出租车司机的欢迎。截至 2022 年底，北汽在北京市已经建成换电站超过 175 座，使用换电模式运营的出租车超过 3.2 万辆，北汽还陆续在厦门、杭州、兰州、广州等多个城市推广这种模式，开创了一种面向出租车市场的新营销模式。

最早在私家车领域开发可换电池产品的当数蔚来汽车，其第一款 ES8 产品就有可充、可换两种模式，之所以在产品推向市场时只向用户提供充电模式的产品，是因为此前一些企业不规范的做法致使蔚来汽车的换电模式生不逢时。

2016 年，新能源汽车市场上发生了"骗补"事件，一些企业为了骗取国家的财政补助，铤而走险，其中就有"有车无电池"的造假现象，造假企业遭到了严厉处罚。事情过去很长一段时间后，有关管理部门对此还是心有余悸，一听到"裸车"销售就想起了"骗补"，好像二者之间总有某种说不清道不明的关系，一直对调整相关规定犹豫不决。管理部门经过长时间的沟通，又在管理措施上想了很多办法，才让换电模式逐步得到理解和支持，从 2019 年 6 月开始，陆续有车电分离的车型进入了汽车公告。

蔚来汽车的研发是从车端和换电站端同时起步的，2018 年第一座换电站投入运营，大小大约相当于两个集装箱，占地大约相当于 3 个车位。第一代换电站为汽车换电时，司机将车开入换电站后必须下车，因为车辆要被举升起来才能卸装电池。第二代换电站改进为不需要举升车辆，用机械手从车底盘下面卸装电池，司机不用下车就能完成整个更换操作。

在营销方面，蔚来汽车对购买"裸车"的用户给予 7 万元左右的价差，与燃油竞争车型相比较，竞争力显然大增。

在商业模式方面，蔚来汽车开创了电池即服务（Battery as a Service，BaaS）——电池租赁和换电池服务，用户以每个月 980 元的租金租赁电池，每次换电还要支付换电费用，换电费用构成为（电费＋服务费）× 电池的储电度数，电费按所在地区的实际电价收取，服务费略高于周边快充桩的收费水平。供用户选择的方式灵活多样，可选电池容量分别为 70 千瓦时、84 千瓦时、100 千瓦时，对应从 415 公里到 580 公里的续驶里程，用户如果有长途行驶的需要，那么可以租用续驶里程长的电池，不同容量的电池在同一车型上可互换使用。如果用户长时间停驶汽车，可以停止租用服务，待到有需求时再重新续租。蔚来汽车换电站以及采用换电模式的蔚来电动汽车分别如图 3-7 和图 3-8 所示。

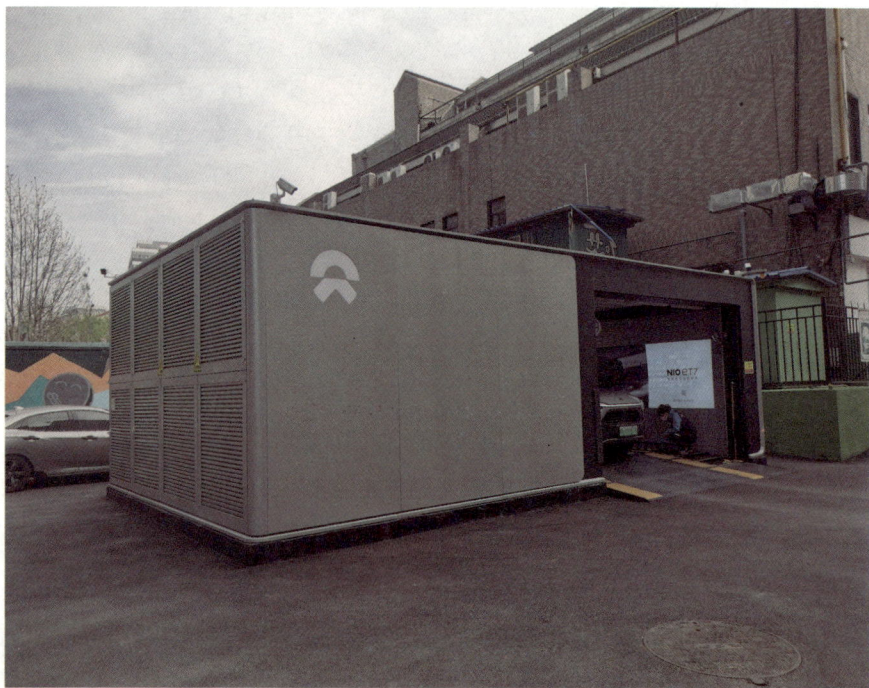

图 3-7　蔚来汽车换电站

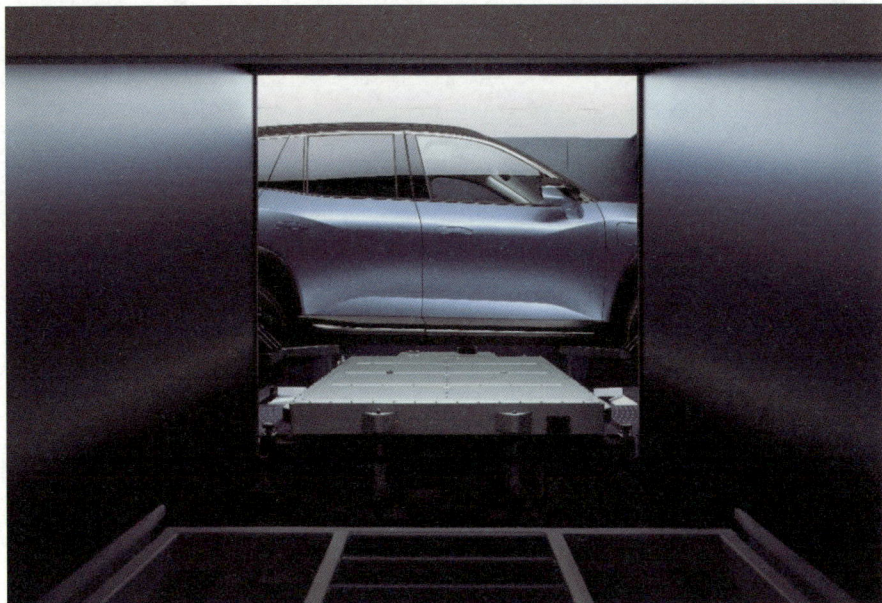

图 3-8　采用换电模式的蔚来电动汽车（蔚来汽车供图）

实际上，蔚来汽车也在各地建设了快充桩，同等条件下，快充桩的投资回收速度要快于换电站。不过，换电模式是蔚来获取用户信任、增加用户黏性的一种营销手段，是着眼于长远而不是眼前的一种战略性安排，如能长期坚持下去，一定会获得用户的信任和依赖。

与北汽不同，蔚来汽车是自己主导建设和运营换电站，虽然简化了关系，但投资大幅度上升。此前雷诺和特斯拉曾试水自建换电站，但都没有坚持下来，随后改用快充电方式。就公司而言，蔚来汽车于 2020 年二季度首次实现了毛利率由负转正，真正实现稳定的经营利润还需要时间，弥补以前的亏损更是任重而道远，为此我曾经问过蔚来汽车的李斌，能把这种大投资的建设模式坚持下去吗？李斌对此充满信心。好在蔚来汽车的现金流一直保持在净流入状态，只要产品价格不大降，销量保持稳定增长，企业就能够实现可持续发展。

蔚来汽车在换电方面已经获得了 1400 多项专利，在这一技术领域处于领先位置。到 2022 年底，蔚来汽车的换电站已经达到 1315 座，累计完成换电服务超过 1500 万次，现在已经达到每天新增一座换电站的建设速度。蔚来汽车宣布，到 2025 年底将累计建设换电站 4000 座，其中有 1000 座计划在国外建设，同时向行业开放 NIO Power 充换电体系及 BaaS，与蔚来汽车以外的电动汽车用户分享 NIO Power 建设成果，这等于对外展示了其长期坚守新能源汽车的决心和坚定意志。

3.3.3　换电模式大有可为

换电模式还有方便旧电池回收利用的好处。传统模式下，电池属于用户所有，厂家要从用户手里回购旧电池才能进行处理，而用户分散在四面八方，各个时期各种车型的电池都不一样，这给回收利用带来了很大的障碍。在换电模式下，这些问题全都迎刃而解，加上换电模式还具有规模优势，为电池的梯次利用和报废电池拆解提供了有利条件。

根据工业和信息化部发布的信息，截至 2022 年底，我国累计建成换电站共 1973 座。国家电投建成商用车换电站近 100 座。宁德时代也开始进入换电模式市场，新创立换电品牌 EVOGO，利用动力电池最大生产企业的优势，开发出了"巧克力电池"模式。这是一种取消电池模组，从单体电池直接集成为电池组（Cell To Pack，CTP）的技术，能量密度超过 160 瓦·时 / 千克，单块电池组储电 26.5 千瓦时，可以提供 200 公里左右的续驶里程，整个电池组的长度和宽度是统一的，高度是不同的，可以灵活选择装一块电池组还是装两块电池组。宁德时代的曾毓群告诉我，已经有近十家企业在新开发的 A 级车型中选择"巧克力电池"，可以利用标准化模组组成电池系统，首批 4 座换电站已经落地厦门。

2021 年 11 月，工业和信息化部启动新能源汽车换电模式应用试点工作，分综合应用类和重卡特色类开展试点，首批有北京、南京、武汉、三亚、重庆、长春、合肥、济南、宜宾、唐山、包头 11 个城市开展应用试点工作。

3.4 | 加氢站：理性推进，有序建设

3.4.1 政策重心适时调整

2020 年 9 月，财政部、工业和信息化部、科技部、国家发展改革委、国家能源局等五部门下发《关于开展燃料电池汽车示范应用的通知》，针对产业发展现状，五部门将对燃料电池汽车的购置补贴政策调整为燃料电池汽车示范应用支持政策，对符合条件的城市群开展燃料电池汽车关键核心技术产业化攻关和示范应用给予奖励，形成布局合理、各有侧重、协同推进的燃料电池汽车发展新模式。该通知进一步明确，示范期间，五部门将采用"以奖代补"方式，对入围示范的城市群按照其目标完成情况给予奖励。示范城市群采取地方自愿申报、专家评审方式确定，鼓励申报城市打破行政区域限制，强强联合，自愿组队，取长补短。但是每一个城市群应该明确一个牵头的城市。

在此之前，中央财政一直采用对用户购买燃料电池汽车给予补助的方式来支持燃料电池汽车的发展。然而，由于燃料电池汽车在技术上还有许多问题需要突破，加上加氢站数量有限，截至 2022 年，全国累计推广燃料电池汽车仅有 1.2 万辆，建成加氢站 300 座。需要总结以往经验，适时调整改变财政补助的方法，以促进燃料电池汽车的发展。

经过整整一年时间，北京市、上海市、佛山市牵头的 3 个城市群和河南、河北城市群终于获得批准，启动了示范工作。示范城市群的燃料电池汽车推广实行积分考核，考核合格后最多可以获得 18.7 亿元的积分财政奖励，积分从燃料电池汽车推广应用、关键零部件研发和产业化、氢能供应 3 个方面分别制定了详细方案。

对于燃料电池汽车的推广应用，要求不仅看推广的汽车数量，还要看其

运行里程，对每一辆车使用氢气作为能源运行的里程进行考核。这也是针对当年新能源汽车"骗补"时经常采用的手法——买车后闲置不运行，只是为了拿补助——而专门增加的考核指标。

对于关键零部件研发和产业化，要求考核零部件的最终使用情况，不能仅仅是实验室的产品。

对于氢能供应，增加了碳减排要求，并对使用绿氢供应提出了具体要求。

根据各家上报的方案，每一个牵头的地方政府都联系了一些城市，共同推广燃料电池汽车，每一个城市群都设定了2025年要达到的目标。

由北京市牵头的城市群包括北京市海淀区、昌平区等6个区以及天津市滨海新区，河北省保定市、唐山市，山东省滨州市、淄博市等12个城市（区）。这个城市群目前已经建成加氢站14座，推广燃料电池汽车超过700辆。北京市、天津市、河北省都发布了规划或行动计划，城市群拥有多家优势企业，也有大量的工业副产氢可供利用，河北省还具备绿氢生产能力，在张家口市利用风电作为能源、电解水制氢的项目已经开工建设。北京冬奥会更是极大带动了燃料电池汽车的推广应用。预计到2025年，该城市群推广应用燃料电池汽车约2万辆，氢能及燃料电池汽车产业链规模达到2000亿元。

上海市牵头的城市群包括江苏省苏州市、南通市，浙江省嘉兴市，山东省淄博市，宁夏回族自治区灵武市宁东区，内蒙古自治区鄂尔多斯市等城市（区）。这个城市群已经建成加氢站27座，推广燃料电池汽车2200辆以上，初步形成了产业链和资源供应体系。上海市发布了氢能和燃料电池汽车的发展规划，城市群具有一批优势企业，还将建设氢能长三角走廊。预计到2025年，该城市群推广燃料电池汽车约5.2万辆，氢能及燃料电池汽车产业链规模达到3000亿元。

佛山市牵头的城市群则包括广东省广州市、深圳市、珠海市、东莞市、中山市、阳江市、云浮市，福建省福州市，山东省淄博市，内蒙古自治区包头市，安徽省六安市，等等。这个城市群已经建成加氢站 41 座，推广燃料电池汽车 3200 辆以上。云浮市多年前已经在燃料电池汽车的推广应用上走在全国前列。预计到 2025 年，该城市群推广燃料电池汽车约 2 万辆，氢能及燃料电池汽车产业链规模达到 1500 亿元。

此次批准的示范城市群燃料电池汽车的推广规模超过 1000 辆，建成并投入运营的加氢站超过 15 座，取得产业化的关键零部件装车量达到 500 辆以上，氢气的终端销售价格不超过每千克 35 元。对比上报方案和批复要求，看似不是很难完成的目标，其实要同时满足这些要求并不容易。

3.4.2　燃料电池的用氢来源

从氢气的来源说，国际上分为灰氢、蓝氢和绿氢。

所谓灰氢就是用化石能源制氢，这是最传统的制氢方法，工艺成熟，成本最低，问题是高二氧化碳排放，根据使用化石能源的不同，每制 1 吨氢气要排放二氧化碳 11 ~ 19 吨。所谓蓝氢就是利用化石能源制氢加碳捕捉和封存方法制氢；使用天然气重整制氢气，每吨只排放二氧化碳 9 吨，如果加上碳捕捉，则可降低到 3 ~ 5 吨。然而这样做会大幅度提高成本，而且对捕捉的二氧化碳进行封存也只是权宜之计，长远看仍有泄漏风险。最清洁的氢气是电解水制氢，就是所谓的绿氢，但是与前两种方式相比，这是耗能最大、成本最高的一种制氢方法。

我国是制造业大国，2022 年氢气产量达到 3300 万吨，大部分还是以煤基制氢为主，占 62% 左右。现在业界讨论最多的还是工业副产氢的利用问题。在合成氨、氯碱工业、煤焦化、石油化工的丙烷脱氢等制造过程中，会有大量的氢气排出，每年有近 1000 万吨的产量。其中，只有氯碱工业和丙烷脱氢产生的氢气纯度较高，这两项每年的产氢量大约分别为 90 万吨和

80 万吨。遗憾的是，过去氯碱工业长期采用氢气排空处理，宝贵的氢资源并没有得到应用。不过，尽管这两项所产氢气纯度较高，但还是需要进一步提纯后才能使用，只是提纯成本相对较低而已。在合成氨的过程中，有一部分没有完全参与反应的氢气排出，问题在于如何将没有完全参与反应的氢气从氮气中分离出来。产量最大的是煤焦化过程中产出的焦炉煤气，焦炉煤气中含有 55% ~ 60% 的氢气，每年大约产氢 760 万吨，焦炉煤气中的氢气必须经过分离提纯后才能使用。

与工业用氢有所不同，燃料电池汽车用氢除了在纯度上要达到 99.99% 以上之外，还对氢气中的杂质有比工业使用更高的要求（参考 GB/T 37244—2018《质子交换膜燃料电池汽车用燃料　氢气》），特别是一氧化碳的含量要小于等于 0.2 μmol/mol，这是在提纯处理过程中最难达到的一项指标，处理难度很大。微量的一氧化碳气体会造成燃料电池催化剂中毒，损坏燃料电池。标准中对非氢气体总量和水、总烃（按甲烷计）、总氮、总卤化合物、最大颗粒物浓度等其他一些单类杂质的最大浓度都有具体规定。

我们期待示范城市群能够从当地实际出发，详细调查所在区域工业副产氢的企业分布、年产量、将来覆盖区域供应的需求量，不仅考虑到 2025 年，还要研究进一步可持续发展问题。对于分离提纯焦炉煤气和合成氨载氢、制氢问题，着手进行工程建设项目的前期论证，为更好地利用资源、减少排放，提出项目建设可行性研究报告。

3.4.3　氢气的安全储存与运输

在元素周期表里的所有元素中，氢属于最轻的元素，在标准大气压和常温情况下，氢气密度是水的万分之一，即使是在深度冷冻为液体的情况下，密度也只有水的十五分之一。另外，氢原子的半径非常小，它能够穿过很多材料，在高温高压下甚至能够穿透很厚的钢板，所以一般的储氢罐内胆都是用特殊的塑料而不是金属制作的。氢还是一种活跃元素，极易发生燃烧和爆炸，在浓度大于 4% 时就可能被点燃。对于这么轻的气体，安全储存是用氢过程中必须解决的首要问题。

现有的氢气储存主要有高压气态和低温液态两种。

高压气态方式分为 15 兆帕、35 兆帕、70 兆帕几种，我国目前主要采用 35 兆帕压力瓶，日本、韩国已推广使用 70 兆帕压力瓶，世界上还在研究 100 兆帕的氢气储存技术。

使用钢瓶加内胆的方式储存氢气，钢瓶质量占总质量的 99% 以上，而储存的氢气质量却不到总质量的 1%。近几年，国外普遍采用以铝合金为内胆、加树脂高强度碳纤维缠绕而成的储气瓶（Ⅲ型瓶），丰田公司等国外企业已经开始使用以工程塑料为内胆、加树脂高强度碳纤维缠绕而成的气瓶（Ⅳ型瓶），这样做的目的是使储气瓶质量进一步减轻，按 35 兆帕计算，储存的氢气质量可以达到总质量的 2% 以上。我国还需要抓紧研发 70 兆帕（Ⅳ型瓶）的储氢容器、高压压气机、运输长管和车载储氢气瓶，形成产业链各环节完整的高压容器产品。

采用低温液态方式储氢，必须先将氢气降到 -252.8℃ 以下的温度，这需要消耗大量能源，大约是采用高压气态方式储氢耗能的一倍，这自然会增加氢气的使用成本。目前，只有日本在船运进口时采用液化氢气的方式，作为车用燃料时，大多数国家还是采用高压气态的方式使用氢气。对于液态氢气，需要采用特制的绝热真空容器进行储存。

除了上述两种储氢方式之外，还有对各种固体、液体储氢的研究，它们最大的好处是没有爆炸的风险和长时间储存的损耗问题，但是迄今为止基本上还处于实验室研制阶段，近期尚无实际应用。

氢气输送方式主要有 3 种，一是长管拖车运输，运输效率较低，适合氢气小规模应用阶段；二是液氢槽罐运输，运输效率和成本相对较低；三是管道输氢，但前期投资成本较高，适合氢气大规模应用阶段。如果是站内电解水制氢，则可以彻底解决氢输送问题。

一般来说，一个加氢母站可以在几十公里的范围内为十几个子站供氢，范围大小取决于母站的氢气供应能力，还要考虑物流运输的成本。从母站到子站的短途运输大多用长管运输车，这种车由 8 ~ 9 个直径约为 0.6 米、长度为 10 ~ 11 米的圆柱形高压容器（长管）组成，压力为 20 兆帕左右。我国正在研究对 30 兆帕的长管运输车发放许可。一辆车运输的氢气约为 300 千克，根据压力的大小上下浮动。从加氢母站将氢气运到加氢子站后，竖立长管，再装入子站的井中，当有燃料电池汽车来加氢时，先将氢气的气压调节到与车辆的氢气罐相同，然后通过加氢机计量后加入汽车当中。

目前，大部分氢气压缩机和加氢机都是进口产品，国内产品还存在可靠性差、价格高等问题。随着整车氢气罐压力的提高，需要从全产业链的角度来规划适应 70 兆帕压力的容器和压缩机产品的开发以及产业化。当然，也有少量采用液氢的需求，这时就要用到低温绝热的液氢槽罐运输车。目前槽罐的容量约 65 立方米，可以容纳 4000 千克的氢气。由于运输的是氢气，整个过程都要求按照危险品的运输规定进行严格管理。

3.4.4　加氢站建设及其应用前景

加氢站外表看起来和加油站一样，车辆驶入固定位置之后，工作人员用加注枪将压缩氢气或者液氢加入车辆的氢气罐，加注只需几分钟时间，一次加注的氢气量为 10 ~ 20 千克，取决于车辆的大小，工作场景如图 3-9 所示。与加油站一样，加氢站要按照安全生产的防护距离建设。

在一个区域范围内，一般要一体化规划建设母站和子站，母站为制氢加氢一体站，同时还要为子站供应燃料氢气。一座日产 6000 千克的母站可以为 10 座子站提供氢气。现阶段大部分的氢气来源于工业副产氢，所以母站应该建设在工业副产氢的工厂内，以防止几装几卸。在这方面，必须根据各地不同的情况进行规划建设。加氢站投入运营后，还要研究运营补助问题，直到燃料电池汽车数量增加，氢气作为燃料，已经与燃油、电力具有同样的竞争优势为止。母站的选址也是一个大问题，如果没有地方政府的全力支持，只靠企业单打独斗是完全不具可行性的。

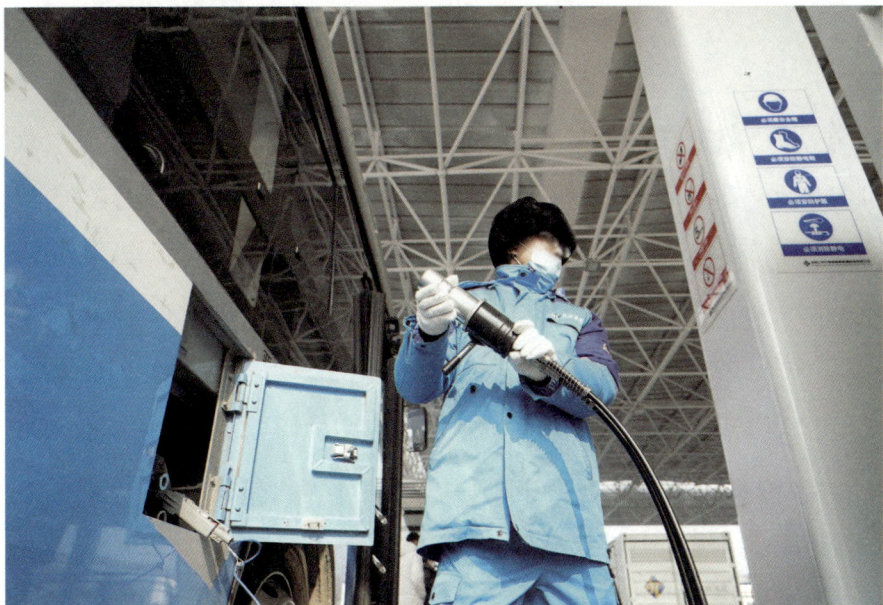

图 3-9　加氢站工作场景（2022 年 2 月 9 日，河北省张家口创坝加氢站的工作人员在为车辆加氢。冬奥会及冬残奥会期间，延庆赛区和崇礼赛区分别投入 212 台、515 台氢燃料电池汽车保障服务）

　　大部分示范城市应当首先考虑本地区的公交车等客车产品使用燃料电池的技术路线，这是唯一可以早期起步的产品，也只有通过这种方式，我们才能验证产品和全产业链的发展可行性。但是从长远来看，公交车等客车产品究竟是采用纯电动方案还是采用燃料电池方案，还需要做进一步的技术经济分析。乘用车、客车和货车的燃料电池系统峰值功率比较如图 3-10所示。

图 3-10　3 种汽车产品的燃料电池峰值功率比较

　　我认为，在乘用车甚至在客车上，可能还是纯电动方案更加可行。实际上燃料电池汽车是在汽车上加了一个小型"发电站"，只不过"发电站"的燃料是氢气，发出来的电也需要由电池储存，之后的驱动与纯电动汽车完全相同。但是，从能源效率上看，燃料电池汽车比纯电动汽车多了一个能源转换过程，这必然会降低能源效率；从经济性上看，客车因数量大大少于轿车等产品的数量，不可能实现类似轿车那样的规模效益。

　　采用燃料电池最大的好处在于氢能是绿色能源，前提是必须电解水制氢。如果采用灰氢、蓝氢，与纯电动汽车相比，到底哪一种技术路线更加"绿色"，还要从"油井"到车轮，进行产品全生命周期的测算，这有待对此感兴趣的专业机构进一步研究分析。

　　真正具有前景的应用场景，也是业界认识比较一致的，是重型商用车。因为在车辆总重不变的情况下，使用现有的动力电池会大大增加车辆的自重，从而减少载重，这对载重汽车而言，显然得不偿失。另外，电动汽车还存在充电时间长等问题，当然也有些汽车企业在研发用于线路固定、短途运输（往返行程一般在 300 公里左右）车辆的换电模式。重型商用车电池组比较容易统一规格，在此前提下利用中石油或中石化的加油站增加换电业务，也不失为一种可行方案。

如果跳出汽车产品燃料电池应用的角度，把视野放宽到人类社会能源利用的大局，还是非常需要将氢气作为一种二次能源。有专家提出，将来实现碳中和的社会，应该是 80% 的能源通过电来输送和应用，20% 的能源通过氢气来输送和应用的。因此，建立一个全新的氢能源供应系统是非常重要的。

如果全社会氢能源供应系统能够建立起来，车用燃料电池应用就便利多了。车用燃料电池和氢能源系统应该构成一种相互促进的关系，单纯依靠汽车使用燃料电池来促进氢能源系统的建设，难度显然要大得多。

另外，我国风能、光伏发电发展迅猛，但受自然因素影响，其不稳定性导致无法实现大规模并网消纳。通过风、光发电，就地就近用所发的电来电解水制氢，然后再合成氨进行储存，是风能和太阳能的上佳供能模式，这主要不是技术性的问题，而是经济性的问题，值得关注。

2022 年 3 月，国家发展改革委、国家能源局联合印发《氢能产业发展中长期规划（2021—2035 年）》，这是我国首个氢能产业的中长期规划，其中提出了 3 个 5 年跨度的氢能产业发展目标，提出到 2025 年，建立以工业副产氢和可再生能源制氢就近利用为主的氢能供应体系的目标。尤其强调工业副产氢短期内的积极作用，鼓励在焦化、氯碱、丙烷脱氢等行业聚集地区，优先使用工业副产氢。

目前，已有 20 多个省份和多个城市把氢能发展作为"十四五"时期和之后的发展方向，规划了许多氢能项目。要避免在这方面过度投资，有条件的地区短期内可以利用工业副产氢，对于大多数地区，应尽快发展可再生能源制氢。

我国是世界最大的氢能生产国，氢产量占全球的三分之一以上。全球的氢气 60% 来自天然气，19% 来自煤炭，21% 来自工业副产氢，电解水等低碳方式制氢的应用不到 1%。我国的氢能结构目前以煤制氢为主，占 62%，天然气制氢占 19%，工业副产氢占 18%，电解水制氢仅占 1%。

根据能源转型委员会的报告，2022 年，全球生产灰氢的成本为 0.7 ~ 2.2 美元 / 千克，在此基础上安装碳捕捉与封存装置制成蓝氢，成本还会增加。而最清洁环保的绿氢生产成本为 3 ~ 5 美元 / 千克。

根据《中国氢能源及燃料电池产业白皮书（2019 版）》公布的数据，工业副产氢的提纯成本为 0.3 ~ 0.6 元 / 千克，若考虑副产气体成本，综合制氢成本为 10 ~ 16 元 / 千克。工业副产氢属于灰氢，但与化石能源制氢相比，如果加以利用，可以在一定程度上减少大气污染，改善环境。该白皮书指出，中国焦炉煤气、甲醇及合成氨工业、丙烷脱氢等每年可以提供百万吨级的氢气供应。

据统计，2022 年上半年，共有 18 个制氢项目落地，其中副产氢项目 9 个，可再生能源制氢项目 9 个，在数量上持平。

目前，工业副产氢项目多在工厂附近建厂。以全国工业副产氢最多的山东省为例，2021 年省内首个加氢母站在泰山钢铁公司建成投产，加氢站辐射周边 150 公里范围内近百辆公交车需求，氢气来源于焦炉煤气。为了运输氢气，山东重工集团提供了 310 辆 49 吨氢燃料电动牵引车。

内蒙古乌海市把氯碱工厂的工业副产氢通过管道输送到加氢母站，再通过长管拖车运输至子站，为全市 50 辆氢燃料电池公交车提供氢气。乌海市周边地区总计有 8 万辆矿山用车和柴油货车，如能更新为燃料电池汽车，将为后者提供更为广阔的应用空间。

《中国氢能源及燃料电池产业白皮书（2019 版）》中的数据显示，不含土地费用，国内建设一座日加氢能力为 500 千克、加注压力为 35 兆帕的加氢站需要 1200 万元，约相当于传统加油站的 3 倍。除了建设成本，还面临设备维护、运营等费用。加氢站的运营与燃料电池汽车保有量密切相关，如果氢气成本能够压缩到 25 元 / 千克以下，氢能重型卡车就比加注柴油的传统重型卡车有更大的能源价格竞争优势。

　　未来，按照"双碳"目标的要求，焦炭行业、钢铁行业将面临巨大变化。比如"十四五"期间，河北焦炭企业将减少到 40 家左右，工业副产氢产量也将从 94 万吨 / 年降低到 45 万吨 / 年。好消息是可再生能源制氢成本近年来持续下降，根据能源转型委员会的报告，预计到 2030 年，绿氢成本将低于 2 美元 / 千克。

　　在发展新能源汽车的实践过程中，我国充换电等基础设施建设规模不断扩大，支持其运营的政策体系不断完善，形成了市场主导的充换电基础设施产业的多元化发展格局，为新能源汽车产业的爆发式增长奠定了不可或缺的良好基础。

04

第四章 做强关键零部件

按照客观的经济规律部署新能源汽车供应链，实现关键零部件的产业化突破，补链强链，对于我国新能源汽车产业的爆发式发展，发挥了不可或缺的关键作用。

新能源汽车的发展重构了汽车供应链体系，以发动机、变速箱为代表的内燃机动力系统变成了以电池、电机和电控为主的新能源汽车动力系统，持续一百多年形成的整车、一级供应商、二级供应商金字塔体系变成了跨行业融合的供应链体系，传统零部件体系遭遇解构重塑，新兴关键零部件的技术壁垒和体系屏障还处在形成过程中，大量新技术正处于研发阶段，这为我国关键零部件企业带来了历史性的机遇。

4.1 │ 动力电池突飞猛进

新能源汽车的核心是三电系统，即电池、电机和电控。动力电池是"三电"的核心，它的能量密度、充放电倍率和稳定性决定了新能源汽车的续驶里程、充放电效率以及安全性等性能。

现在谈到动力电池，我们首先想到的可能是一骑绝尘的宁德时代，不过我还是想先说一说比亚迪公司。在新能源汽车企业中，最早的、当时唯一一家既生产电池也生产整车的企业就是比亚迪公司，因为比亚迪公司在决定干汽车之前就是生产手机电池的企业，业绩最好的时候，其生产的手机电池市场占有率世界排行第二。也正是因为如此，比亚迪公司的产业供应链自主可控能力最强，是受全球车市供应链断链和新冠疫情影响最小的汽车企业。

下面简要回顾一下动力电池的发展历史。

4.1.1 锂电池唱主角

从19世纪后期到20世纪90年代前这100多年里，铅酸蓄电池一直用作汽车的蓄电池。这种电池最大的好处是安全稳定，价格比较低，但与其优势相对应，缺点也十分明显，即能量密度低、寿命短，并不是动力电池的理想选择，所以一直没有太大的发展。我国少数"专家"一度特别推荐使用铅酸蓄电池作为动力电池，认为新能源汽车发展不能总是跟在外国人后面亦步亦趋，甚至主张"铅酸电池 + 低速电动车"就是中国特色新能源汽车的发展道路。实际上这是把一个技术问题转变成了发展路径问题，不是科学探讨的态度，不值一驳。

磷酸铁锂电池最早被用来取代笔记本电脑中的镍铬电池，具有体积小、能量存储量大、没有记忆效应等优点，之后又被大量用作手机电源。中国、日本、韩国成为磷酸铁锂电池生产最为集中的 3 个国家。

以日本汽车企业为代表，早期在油电混合动力汽车上大量使用镍氢电池。混合动力系统的工作特点要求频繁地进行充放电，镍氢电池恰恰具有良好的快速充放电性能，而且循环寿命长，没有记忆效应。然而与锂电池相比，镍氢电池的功率密度高但能量密度低，这在有些混合动力汽车中用于大功率充放电是适合的，因为油电混合动力汽车的主要驱动力仍然是内燃机，电动机只是在高速全负荷时充当补充动力，续驶里程主要取决于油箱的大小而不是电池组的能量密度；但这在插电式混合动力汽车和纯电动汽车上却完全不同，动力电池能量密度会直接影响车辆的续驶里程。国内大部分镍氢电池企业生产的是镍氢圆柱形标准电池产品，其中科力远、春兰、中炬高新等几家企业在镍氢动力电池方面做得较好。

经过国内外各家电动汽车企业多年来的综合比较，产业界逐渐把目光集中到锂电池上，到现在几乎所有的电动汽车企业都采用锂电池作为动力电池。

锂电池使用锂合金金属氧化物作为正极材料，石墨作为负极材料，液体电解质作为介质，具有循环寿命长、比能量大、电压高（3.7 伏）等特点，被广泛用于以电动机提供驱动力的插电式混合动力汽车和纯电动汽车中。

表 4-1 展示了 3 种电池的主要应用场景及优劣势比较。

表 4-1　3 种电池的主要应用场景及优劣势比较

电池分类	主要应用场景	电池原理	安全性	环保性	最佳工作温度
锂电池	汽车	离子迁移	有一定隐患	环保	0℃～45℃
镍氢电池	电动玩具	氧化还原	安全	环保	-20℃～45℃
铅酸电池	电动自行车/备用电源	氧化还原	安全	铅污染	-40℃～70℃

按照正极材料来分类，大体上有钴酸锂、锰酸锂、磷酸铁锂和钛酸锂电池等。业界最早发现并使用的是钴酸锂电池，这种电池的能量密度还算可以，最大优势在于高倍数充放电性能好。锰酸锂电池的能量密度低于钴酸锂电池，但是安全性好于后者。三元锂电池的发明实际上是受钴酸锂电池和锰酸锂电池的启发，在正极材料中加入镍、钴、锰、铝等活泼金属，可以大幅度提高能量密度，但是其安全性会比磷酸铁锂电池差。磷酸铁锂电池安全性好、寿命较长、成本更低，但是低温时性能比三元锂电池下降得快，因而在冬季往往为用户所诟病。鱼和熊掌不可兼得，只能在二者之间取舍。

三元锂电池中加入镍是为了增加正极材料的整体能量密度，加入钴则是为了稳定材料层状结构，提高整体循环性能。由于钴在地球上储存量很少，价格很高，业内一直在想方设法减少钴的用量，从而降低成本。现在常说的"811 电池"就是指电池中 3 种金属元素的比例为镍 80%、钴 10% 和锰或铝 10%，大多使用镍、钴、铝而非镍、钴、锰是为了降低成本，这样一来，电池能量密度更高，但循环寿命更短，稳定性更差，对动力电池管理系统的要求就更高了。图 4-1 展示了 2016—2022 年不同材料体系电池系统的平均能量密度。

目前，特斯拉使用镍钴铝作为正极材料，欧洲的大众公司、戴姆勒公司和国内大部分三元锂电池生产企业使用镍钴锰三元锂电池。长城汽车公司创立的蜂巢电池已经实现了无钴化。

图 4-1　2016—2022 年不同材料体系电池系统的平均能量密度

　　日本、韩国企业最早热衷于使用三元锂电池，主要用在乘用车上，因为乘用车安装电池的空间有限，对电池的体积能量密度要求很高。由于乘用车一次出行的距离远高于大客车，对电池的能量密度要求更高，所以乘用车上使用三元锂电池较多。不过也有使用磷酸铁锂作为动力电池的，比亚迪公司就坚定不移地只使用磷酸铁锂电池。一段时间内，行业内甚至把磷酸铁锂电池作为落后技术看待，为追求降低乘用车车重和增加其续驶里程，三元锂电池在国内装车量曾高达 72.8%，磷酸铁锂电池仅占 25.19%。我国电池企业为适应客户要求，有一系列电池结构方面的创新成果，如比亚迪公司的刀片电池、宁德时代的麒麟电池、广汽埃安的弹匣电池等，磷酸铁锂电池重新占据优势地位。2023 年一季度，我国新能源汽车市场中，磷酸铁锂电池装车量占 68.2%，三元锂电池装车量占 31.7%。但是新能源大客车大多使用磷酸铁锂电池。提高电池能量密度、开发纯电动专用底盘从而赋予动力电池更大的体积空间、改进电池包技术，这 3 项技术综合使用、相互促进、共同作用，推动电动汽车续驶里程逐步达到使用要求。

　　相比燃油汽车的油箱，动力电池还是太大、太重了，再加上过去相当长时期社会上充电基础设施还不够多，用户对续驶里程的要求更高。从早期补助入门标准 150 公里的续驶里程提高到后来的 250 公里，发展到现在，商品车中五六百公里续驶里程的纯电动乘用车已经比比皆是，还有企业宣称即将推出续驶里程达 1000 公里的纯电动汽车，似乎谁先达到 1000 公里的指标，谁的产品水平就高。

我认为，在电池能量密度不能同步快速提高的情况下，增加续驶里程的办法就是多装电池，但这样做所增加的自重会带来整车动力性能下降和能耗提高，是一种得不偿失的做法。根据清华大学的研究结果，以 B 型车为例，续驶里程大于 500 公里的纯电动乘用车，从油井到车轮算总账，二氧化碳排放量是增加的。

当然，这里所说的续驶里程公里数都是按照 NEDC 标定的，用户在中国的实际使用工况还要高出 20% 左右。从 2019 年开始，我国已改为采用 WLTC，应该说这一标准更加接近实际使用状况。但是无论采用哪个标准，标定的续驶里程与实际的续驶里程仍有差距，只能作为参考。至于大型客车，因为安装空间大，使用钛酸锂、锰钴锂电池较多，或是考虑成本（因为使用寿命长而成本相对低），或是考虑可以快速大电流充放电，或是考虑电池的寿命，续驶里程反倒不是关注的重点了。

4.1.2 中国企业后来居上

2021 年 7 月，宁德时代发布了全球第一款钠离子电池。作为初代产品，这款电池的单体能量密度达到了 160 瓦·时／千克，虽说比现在的磷酸铁锂电池的能量密度还低，但是比照锂电池刚刚问世时的能量密度，已经有了很大的提升。该公司下一步的目标是将电池的单体能量密度提高到 200 瓦·时／千克。

在元素周期表中，钠与锂同属第一主族元素，工作原理相同，在低温环境下，钠离子电池还能保持比较好的工况，同时适合快速充电，这恰恰是锂电池所不具备的特性。而且钠资源储量丰富，价格更低廉，有利于为满足下

一步新能源汽车快速发展需求解决锂资源不足的问题。第一代钠离子电池
（图 4-2 所示为宁德时代发布的钠离子电池概念图）主要用于电力存储和电
动自行车等领域，目前正为成本敏感型车辆配用，并有可能替代铅酸电池成
为启动电池，产业链正处于形成过程中。第二代钠离子电池问世以后，有可
能大批量用在新能源汽车上。

图 4-2 宁德时代发布的钠离子电池概念图

宁德时代在发布会上宣布成功研发了钠锂结合的 AB 成组电池，可以取
长补短，发挥两种电池各自的优势，电池组能量密度能达到 200 瓦·时 / 千克，
完全可以用在新能源汽车上。使用这种电池需要对电池管理系统进行专门设
计，从而实现对不同电池模组的动态调整。最可喜的是，现有的锂电池生产
线只要经过改造，就可以用来生产这种电池。

这些年来，随着新能源汽车的发展，我国的动力电池产业也在不断进步。
2012 年国务院印发的《节能与新能源汽车产业发展规划（2012—2020 年）》
中提出，到 2020 年，动力电池模块比能量达到 300 瓦·时 / 千克以上，成本降
至 1.5 元 /（瓦·时）以下。《汽车产业中长期发展规划》进一步提出，到 2020 年，
动力电池系统比能量力争达到 260 瓦·时 / 千克，成本降至 1 元 /（瓦·时）
以下。经过电池企业的不懈努力，这些目标已经达到甚至超额完成了。

2016—2021 年，我国动力电池的能量密度提高了近一倍，成本下降了

50% 以上，现在每瓦时的价格已经低于 1 元。图 4-3 展示了 2016—2022 年纯电动乘用车与客车电池系统平均能量密度及成组效率。多家国际机构研究认为，到 2025 年，随着电池能量密度的进一步提高和电池成本的进一步下降（且二者是相互促进的关系），新能源乘用车售价有可能会与传统燃油乘用车相当。

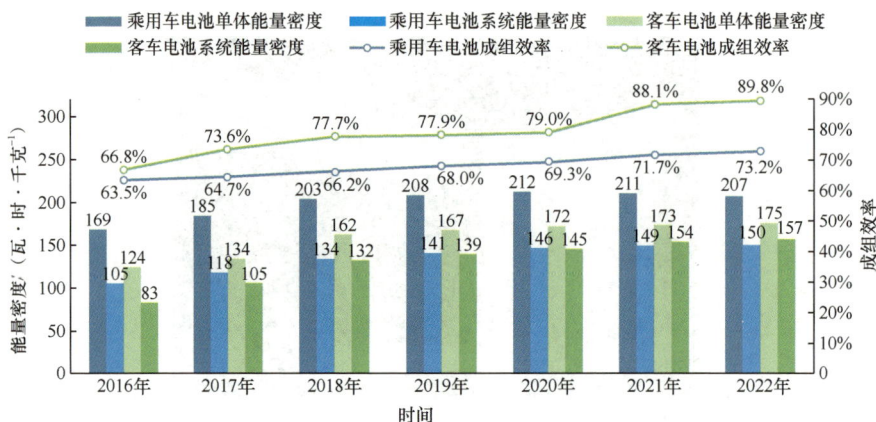

图 4-3　2016—2022 年纯电动乘用车与客车电池系统平均能量密度及成组效率

在新能源汽车市场快速增长的带动下，中国动力电池企业后来居上。按功率计算，2022 年全球出货量最多的 10 家电池企业中，中国企业就占了 6 家（如图 4-4 所示），仅宁德时代一家的市场份额就占全球动力电池的 37%。

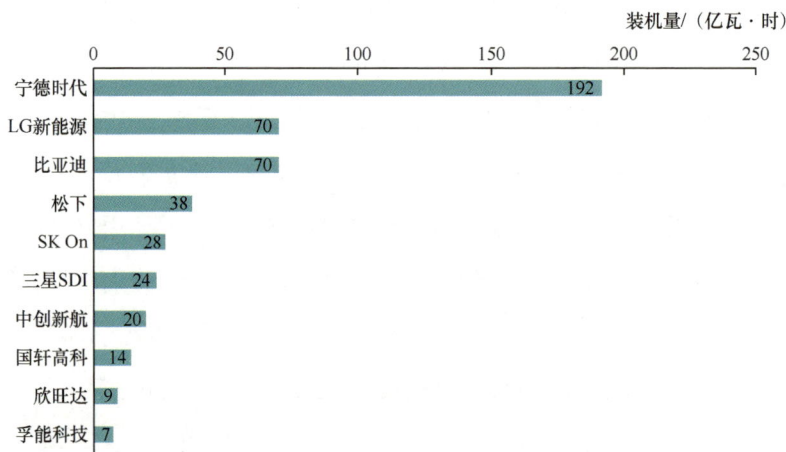

图 4-4　2022 年全球动力电池企业装机量分布

4.1.3 动力电池的规格与创新

按照形状分类，动力电池可以分为方形（包括方形硬壳、方形软包）和圆柱形两大类。目前，方形硬壳应用最多，方形软包在补助退坡后有减少的趋势（补助标准有达到一定能量密度的严格要求）。

圆柱形电池技术源自消费类电子产品，如笔记本电脑、手机等。圆柱形电池较为成熟，成本较低，以前用得最多的型号是 1865，后来又出现了 2170。圆柱形电池型号的前两位数字表示的是电池直径（毫米），第三、四位数字表示电池的高度（毫米）。

2020 年 9 月，特斯拉宣布计划生产更大尺寸的 4680 圆柱形电池（其概念图如图 4-5 所示）。4680 电池增加了电池尺寸，单体能量密度可以达到 300 瓦·时 / 千克。按马斯克本人的说法，新电池的能量密度可以提高 5 倍，输出功率提高 6 倍，续驶里程增加 16%。2022 年底，有报道说，由于这款电池使用了新工艺和新材料，量产进行得很不顺利，还影响到特斯拉新车型的发布。

图 4-5 特斯拉发布的 4680 圆柱形电池概念图

新型圆柱形电池的一个创新是取消了负极的"极耳"，也就是负极的接线板，这样可以使得正负极集流体与壳体直接连接，减小了电池的内阻，增加了电流传导面积，减少了发热，延长了电池寿命。

与圆柱形电池不同，方形电池的规格五花八门。业内不少人提出，应该统一方形电池的规格标准，像圆柱形电池一样有若干规格供企业选择。这是一个非常好的建议。

2017 年 7 月发布的《电动汽车用动力蓄电池产品规格尺寸》（GB/T 34013—2017）就规定了各种蓄电池规格尺寸，圆柱形电池有 6 种尺寸，方形电池有 125 种尺寸，软包电池有 14 种尺寸。总体上看，规格尺寸种类还是偏多，尤其是方形电池达 125 种，显然太多了。至于电池模组，一共有 12 种尺寸，表面上看并不算多，但是如果仔细地看，每一种尺寸中，电池厚度和电池高度却都不是具体尺寸，而是一个尺寸范围，而且不同的尺寸之间还有交叉，只有电池宽度是确定的。

事实上，这仅仅是对市场现有动力电池特别是电池模组规格的归并认可，只能说是向统一电池规格标准迈出了第一步。今后，应在统一各企业认识的基础上，向减少尺寸规格及每种尺寸唯一化的方向迈进。如果能够实现这一点的话，那么对进一步降低电池成本、推广换电模式，甚至对形成动力电池的国际标准等各方面都会产生巨大的推动作用。

在新能源汽车规模发展之后，市场出现了减少电池规格种类的呼声。除宁德时代推出"巧克力电池"的努力外，目前大客车用动力电池组规格已经归并为大、中、小 3 种尺寸。另外，德国汽车工业协会（Verband der Automobilindustrie，VDA）标准和大众汽车的模块化电驱动平台 MEB 也被众多电池和整车企业作为规格统一的跟随对象。上汽通用五菱则引领了超小型电动车电池规格统一的潮流。

当然，由于每家企业的车身和底盘不同，所使用的电池电压和功率各异，电池管理系统和通信协议又涉及企业的商业秘密，统一电池标准并不容易。但是相比其潜在效益来说，这些还都是可以克服的困难，统一也可以从货车、客车做起，毕竟这些车的容纳空间比乘用车要大得多。

4.2 | 电池管理系统蓄势待发

电池管理系统是做什么的？又是怎么工作的？下面我先尝试用通俗的语言来说明一下它的功能。

从功能来说，电池管理系统将电池组的电力分为低压和高压两个部分。

与传统燃油汽车一样，低压主要用于整车原有电子和电气系统的供电，包括灯光、电动摇窗机、收音机、电子制动系统等功能部件的供电，也包括所有ECU 的供电。高压则主要用于驱动电机。

众所周知，在大功率电动机上使用高压比使用大电流好处多，诸如导线更细、发热少、接点可靠性较高等。不过，这里所说的"高压"，一般在 200伏到 750 伏之间，多在 400 伏左右。近期也有一些新车型采用 800 伏电压供电，这样好处更多，特别有利于快速补电，可以用更短的时间给电池补充更多的电量。比照能源行业所说的"高压"，其实 800 伏电压还只是低压，就是与工业行业所用电器相比较，这也算不上什么高压。

电池管理系统最重要的功能就是管理好成百上千个单体电池，在充电时通过车载充电器给每一个单体电池充电，在充满电后及时关闭。这是普通家用充电桩慢充电的过程，相对比较简单。但是在公共充电桩上进行快速充电时，过程就比较复杂了。一旦充电枪插入汽车，必须及时启动管理系统，先对电池组进行检测，然后先进行大电流快速充电，当快要充满（如充到 80% 的电量）时，又要及时减小电流，避免对电池造成致命伤害，影响电池寿命。

由于单体电池存在个体差异，需要通过电池管理系统对性能较差的单体电池及时停止充放电。更进一步地，电池管理系统还可以释放性能较好的单体电池的能量，以达到各尽所能的效果。一般情况下，电池管理系统只能监测模组或某一个电池区域的温度状况，好的电池管理系统可以精确监测每一个单体电池的温度。

电池管理系统还有一项功能，就是预测电池剩余电量，有些车型可换算表示为剩余续驶里程。在传统燃油汽车上，油箱剩余油量很容易测量出来；但是在电动车上，电池还剩多少电量却难以测量，只能根据电池组充放电量大致计算出来，所以有一定的误差。比较好的电池管理系统可以将误差控制在 5% 以内。与此相关的还有电池健康情况监测，当电池组电量下降到初始状况的 80% 以下时，一般就要更新电池组了。现在国内的电池质保标准是 8 年或 12 万公里。

电池管理系统还有故障诊断功能，可以根据不同的故障，采用报警、限制使用、切断高压线路等处理办法。对新能源汽车来说，最严重的安全问题往往出现在电池模组的发热上，一旦热失控，会带来电池起火、爆炸等隐患，严重时可能造成车毁人亡的后果。所以电池管理系统承担着电池热失控管理的重要功能，一旦发现某个单体电池或者模组温度异常升高，就必须自动采取措施进行处理，避免造成难以挽回的损失。

当然，新能源汽车着火并不一定都是由电池引发的，比如在充电的时候，由于接触不好，充电接口也可能引起着火，这就不是电池管理系统的责任，而是充电桩的责任了。

此外，电池管理系统还有通信功能。在整车控制部分，一般采用 CAN 总线这种常规通信协议，这与传统燃油汽车是一样的。将来智能网联汽车会越来越多地涉及车与车、车与人、车与路之间的通信，可能会使用以太网作为补充，我国通信企业在这方面有很多后发优势，跨行业的企业合作发展前景广阔。

过去，电池管理系统的开发基本上都是以电池企业为主，由电池企业与整车企业合作完成匹配。现在越来越多的整车企业开始重视从新车型开发伊始就自己同步开发电池管理系统。当然，电池企业在这一过程中仍然会发挥很大的作用。

在电池管理系统产品方面，我国技术已获得市场认可，与国外电池管理系统整体差距不大，但在参数精度和动态掌控方面仍需进一步提升。

4.3 | 电机技术厚积薄发

作为新能源汽车驱动单元的电机，地位相当于传统燃油汽车的发动机。

新能源汽车曾经使用过直流电机、交流异步电机、永磁同步电机、开关磁阻电机，现在基本上都集中为交流异步电机和永磁同步电机这两种。交流异步电机最大的优势在于便宜，大部分商用车和客车都使用这种电机。永磁同步电机体积小、质量轻，能量转换效率最高可达 97%，最大缺点是价格高。大部分国产乘用车都使用这种电机。乘用车如果采用的是双电机四驱系统，有时会同时使用两种电机。

国内新能源汽车电机企业大体上可以分为三类：第一类是同时生产电机的整车企业，如比亚迪公司、蔚然动力（蔚来汽车的子公司）等；第二类是专门生产新能源汽车电机的企业，产品为整车配套，大约有 100 家企业，销量较大的有上海电驱动、精进电动、上海联合电子等；第三类则是双跨企业，既生产新能源汽车电机，也生产其他电机。由于竞争激烈，预计未来将有一大批电机企业会被市场淘汰。

整体而言，我国在电机方面与国际先进水平相当。衡量电机性能主要看峰值转速，一般来说，峰值转速越高，越有利于提高功率密度，这时电机也可以做得更小。电机要加上减速器以适应不同工况要求，但是电机转速提高有可能造成铁磁损耗大，解决的办法是使用高磁通量、低饱和度的硅钢片。现在我国已经可以大批量生产这些材料，但这些材料要比一般硅钢片贵一些。另外，高转速对轴承的要求很高。

对永磁同步电机而言，如果温度超过 100℃，磁性会快速下降，如果散热不好，会给永磁材料的磁性性能带来不可逆的损失，这也是永磁同步电机最大的不足。此外，衡量电机性能的重要指标还有功率密度，永磁同步电机的功率密度大大高于交流异步电机，这也是新能源乘用车大多选择永磁同步电机的原因。再有就是电机的转换效率，这项指标越高，说明电能转换成机械能的效率越高。

传统燃油汽车的自动变速箱技术一直是我国的弱项，这也制约了我国油电混合动力汽车的发展。发展新能源汽车，可以彻底解决这一长期没有解决的问题，所以，大多数中国汽车企业没有走日本丰田、本田油电混合式的技术路线。好在插电式混合动力汽车主要是靠电机驱动的，这就极大地简化了动力系统，取消了自动变速箱这个总成，只要用电机减速器就可以实现不同工况下的动力输出。

电机在使用中必须有电机控制器，而这一控制器又与整车的性能要求密切相关。这对前文提到的第一类企业来说不成问题，但是对第二类、第三类企业来说，它们必须从开发设计阶段开始就与整车企业密切合作，否则再好的电机也无法实现最佳效果。

电机控制器的作用，一是将电池的直流电转换成交流电用于驱动电机；二是在制动或下坡时回收能量，反过来发电给电池充电；三是将整车通过CAN 总线传递过来的控制信号转变为对电机的控制，通过调节电机的电流或交流电的频率来实现，同时将电机的转速等信息传回整车总控，在仪表板上显示出来；四是对电机过流、过载、过压、缺相等进行保护，在这些情况发生时报警。它还具有防溜坡、自动巡航的功能。电机控制器分为逆变器和控制器两大部分，前者主要实现上述第一个和第二个作用，后者主要实现第三个作用，第四个作用则要靠两个部分共同实现。

电机控制器中最重要的元器件就是绝缘栅双极型晶体管（Insulated Gate Bipolar Transistor，IGBT），它的成本占电机控制器成本的一半左右。IGBT 是一种功率半导体器件，由双极型三极管和绝缘栅型场效应晶体管组成。它具有驱动功率小、饱和压较低的特点，可用于实现调压、调频、大电流控制、交直流转换、开关等，被广泛用在家用电器、航空航天、轨道交通、智能电网和新能源汽车领域。

在新能源汽车领域，由于工况更加恶劣，对车规级 IGBT 的要求比工业级高很多，同时散热也是车用 IGBT 需要解决的大问题。除了应用在车上以外，IGBT 也会用在大部分直流充电桩上，因此，可以形象地说，IGBT 就是电力电子领域的中央处理器（Central Processing Unit，CPU）。IGBT 的成本在新能源汽车整车成本中大约占 10%，在充电桩成本中占 20% 左右。随着全球新能源汽车销量的不断上涨，市场对 IGBT 的需求也快速增长。据估算，IGBT 在新能源汽车和充电桩上的用量占全球 IGBT 总用量的 30% 左右，新能源汽车行业成为使用 IGBT 最多的行业，预计到 2025 年，这一占比将进一步提高到 50% 以上。如果按照价值量计算，这一占比还会更高。

按照使用的电压等级区分，IGBT 可以分成低压 [600 伏到 1200 伏（不含）]、中压 [1200 伏到 2500 伏（不含）]、高压（2500 伏到 6500 伏）三类，新能源汽车一般使用中压 IGBT，少部分使用低压 IGBT。

全球最大的 IGBT 企业是德国英飞凌公司，其次是三菱、富士等日本企业，这些企业在我国都有分公司。近些年，我国车用 IGBT 主要靠进口，2019 年我国约 60% 的车用 IGBT 市场被英飞凌一家公司占有。为了建设高铁，2008 年，株洲中车时代电气公司通过收购英国丹尼克斯半导体公司 75% 的股权，掌握了 IGBT 的工艺技术，建成了我国第一条 8 英寸高压 IGBT 生产线，生产出轨道交通所需要的 4500 伏、6000 伏等高电压等级的 IGBT。

进步最快的还是比亚迪公司，从 2007 年开始进行研发，经过 10 年的努力，终于在 2017 年生产出 IGBT 产品。不同于其他国际上的大公司使用硅片作为衬底，比亚迪公司从一开始就使用的是碳化硅（SiC），这是世界公认的第三代半导体材料。比亚迪公司的 IGBT 一下子就冲到了国内市场占有率第二的位置。

前几年，我去过两次株洲中车时代电气公司，2021 年去过位于宁波的比亚迪 IGBT 工厂。从现代化水平和工艺先进性方面来看，株洲中车时代电气公司比宁波比亚迪的工厂要先进得多，而且当时株洲中车时代电气公司推出了全球首款高压 IGBT 芯片，实现了为高铁配套，近年来进军新能源汽车市场，也取得了一定成效。而比亚迪公司是在 2008 年用 1.71 亿元人民币收购了中纬积体电路有限公司，这是台湾在大陆投资 2.49 亿美元建设的一家企业，生产线大多是台湾的二手设备，只能生产 6 英寸晶圆半导体，厂房、设备都不够先进。比亚迪公司将其收购后，致力于 IGBT 的技术突破，经过 4 代开发，终于生产出具有竞争力的 IGBT。近年来，国际半导体供应链被打乱，车规级芯片"一芯难求"，甚至涨价一倍还拿不到货，而比亚迪公司由于自身强大的供应链自控能力，在 IGBT 供应方面占据了主动。

另外，经过几年的努力，上海华虹半导体与斯达半导体合作，双方共同打造的高功率车规级 12 英寸 IGBT 已成功实现了规模量产。华虹是一家专门代工生产集成电路芯片的企业。它们在车规级芯片上的这一突破对我国新能源汽车的发展大有裨益。

4.4 ｜废旧电池回收利用

根据公安部公布的数据，截至 2022 年底，我国新能源汽车社会保有量达到 1310 万辆。多年来，我国新能源汽车的动力电池装配量累计超过了 400 吉瓦时。据中国汽车技术研究中心的分析，截至 2021 年，中国动力电池退役量约达 26 吉瓦时，预计到 2025 年，中国动力电池退役量将达 90 吉瓦时。近年来，通过报废机动车回收拆解企业处理的新能源汽车一共只有几千辆。2020 年 9 月，《报废机动车回收管理办法实施细则》施行，首次将新能源汽车纳入报废机动车管理。这项工作由商务部主要负责。

早在 2018 年，工业和信息化部会同环境保护部、商务部等六部门共同印发了《新能源汽车动力蓄电池回收利用管理暂行办法》，要求汽车生产企业承担起动力电池回收的主体责任。但是由于没有上位法作为依据，这个办法的实施并不是强制性要求。

这一暂行办法实施以来，截至 2022 年 12 月，全国已有 84 家企业符合新能源汽车废旧动力电池综合利用行业规范条件，进入了"白名单"。仅 2020 年一年通过这些企业回收利用或报废处理的退役动力电池就有 4 万吨，预计到 2025 年底，将达到 95 万吨，呈现逐年递增的态势。这些回收的动力电池以磷酸铁锂电池为主，有两个主要来源：一是已经报废的新能源汽车的电池和维修替换的电池；二是电池生产企业生产的次品电池，这些电池不能用于装车，也不能流向市场，据估算，这类电池大约占回收电池的 40%。

4.4.1 动力电池的梯次利用

回收的电池有一部分可以梯次利用，就是用于备用电源、储能，磷酸铁锂电池寿命长，安全性好，更适合梯次利用，但是退役的电池组一般需要进行改制才能满足新用户的使用要求。除了梯次利用外，对于没有使用价值的废旧动力电池，还可以采用再生利用方式，将大部分材料回用。

过去，电力储能基本上是利用抽水蓄能电站，在用电低谷时将水抽送到水库里，在高峰时段再放水发电。这种办法已经用了 100 多年，储能效率不高，只有 70% ~ 80%，是目前电力行业最熟悉并认可的储能方式。

"双碳"目标的提出和清洁能源的大发展带来了储能需求大增的问题，仅靠抽水蓄能已经难以满足电力需求了，特别是在平原和一些没有地质条件建设抽水蓄能电站的地区。这时，电化学储能就可以派上用场了。另外，除了集中式建设光伏发电站外，利用屋顶等建设分布式光伏发电设施也已呈现良好发展态势，在此背景下，利用淘汰下来的车用动力电池储能大有可为。

2021 年发布的《国家发展改革委 国家能源局关于鼓励可再生能源发电企业自建或购买调峰能力增加并网规模的通知》提出，实现碳达峰关键在促进可再生能源发展，促进可再生能源发展关键在于消纳，保障可再生能源消纳关键在于电网接入、调峰和储能。该通知还鼓励发电企业通过自建或购买调峰储能能力的方式，增加可再生能源发电装机并网规模，推出符合一定配建调峰比例的可优先并网等优惠政策。

2020 年，新能源发电端新建储能规模达到 58 吉瓦时，比上一年增长了438%，其中，采用锂电池储能的占 85%，采用铅酸电池储能的占 8%，说明锂电池在储能方面还会发挥更大的作用。

回收电池进行处理的企业主要集中在经济发达地区，其中北京蓝谷智慧、上海比亚迪等 14 家符合规范的企业做得比较好，在电池拆解、余能检测、残值评估、分类重组等技术上取得了一定突破。

中国铁塔公司对多方合作回收电池的商业模式进行了积极的探索。中国铁塔公司是由三家国家级电信运营企业和中国国新控股有限责任公司组建的合资公司，主要是充分利用已有资源和新建铁塔等资源，减少重复投资，实现共建共享，这几年取得了很好的社会效益和经济效益。该公司的铁塔分布在全国四面八方，铁塔和基站都需要使用不间断电源，所以每座铁塔都备有应急发电机组和储能电池。过去储能主要采用的是铅酸蓄电池，为了进一步支持新能源汽车动力电池的回收利用，该公司主动提出帮助动力电池回收企业回收旧电池，同时不再采购铅酸电池，而改为采购退役并重组后的锂离子蓄电池作为储能电池。到 2020 年底，全国 43 万个通信基站累计使用梯次利用的蓄电池储能达到了 5.7 吉瓦时。

锂离子蓄电池随新能源汽车分布在四面八方，退役的旧电池由于有安全风险，又不能长途运输，最好的处理方式就是就地就近进行规范处理，让能够梯次利用的蓄电池物尽其用，对达到报废标准的旧蓄电池进行无害化处理。

截止到 2022 年 10 月底，全国动力电池回收网点共计 11 820 个，大部分是在汽车经销点和汽车维修点基础上建立的。回收网点的分布与新能源汽车保有量分布高度一致，广东、山东、江苏、浙江、河南 5 个省的回收网点就占全部网点的 40%。

回收的电池大部分是不能梯次利用而报废的电池。然而，按照电池部件细分，这些报废的电池除了隔膜以外，电池正极、负极、电解液、外壳等都能够回收再利用，有些部件的金属含量甚至高于在矿石中的含量，具有比较高的利用价值。按照处理工艺来分，一般有湿法、干法、机械式处理 3 种，各种处理工艺各有优劣势。综合比较，机械式处理耗能少、污染小，是未来发展的主要方向，但是也不是所有的材料都适合采用这种处理方法。

处理报废的电池包，先要进行彻底放电，由于电压较高、电流大，通常使用盐水浸泡进行放电。经过一系列的拆解，将彻底放电后的单体电池的部件分离出来，然后用各种不同的工艺将材料从铝箔或铜箔上分离出来。这些材料可以用不同的方法得到最大程度的回用。整个过程中产生的废气、废液、废渣，也需要进行无害化处理。

从 2021 年开始，国际大宗原材料价格纷纷上涨，动力电池最重要的原材料碳酸锂从 2021 年初的 4 万 ~ 5 万元 / 吨迅速上涨到 50 万元 / 吨，最高时曾达到近 60 万元 / 吨，旧材料回用的价值体现得越来越明显，特别是三元锂电池正极中掺入的镍、钴、锰、铝等材料的回用价值更高。碳酸锂的价格自 2022 年 11 月达到高峰后，逐月下跌，现在基本上稳定在 20 万元 / 吨上下。作为动力电池的核心材料，锂的价格大起大落，不利于产业的良性发展，回归理性是市场的必然选择。

金属提取是电池处理的关键环节，可以使用高温熔炼、化学浸出、生物浸出等方法，也是各有优劣势，各企业只能根据具体情况进行综合选择。有些企业选择自己提炼金属。大部分企业则是将电池上所用材料分类提供给有色金属再生利用企业。废旧电池回收处理企业主要集中在我国中部和东部地区，如湖北格林美、浙江华友等 13 家符合规范的企业，年提取能力达到 47 万吨，完全可以满足未来一段时期的处理需求。

经过几年的实践探索，我国锂离子动力电池的回收利用走在了世界前列，没有出现很多人担心的大量旧电池退役带来的环境污染的风险。反而因为预见早、行动快，已经有一批企业基本打通了整个流程，从梯次利用到报废处理，从材料回用到全过程无害化处理，探索出一条循环经济的发展道路，将来一定会对世界锂离子动力电池的回用做出意义更为重大的"中国贡献"。

由于近年来电池所使用的原材料价格总体处于高位，废旧电池回收拆解再利用的价值明显提升，这极大地提高了动力电池回收企业的积极性，为其更快地提升回收能力提供了难得的市场条件。当然，任何新生事物总会有各种需要完善的地方，动力电池的回收利用也是如此，在实践中同样遇到不少问题，需要进一步研究，还需要做好整车支持和社会力量利用等工作。

4.4.2　动力电池的规范回收与规范处理

按传统的思路，报废的汽车理应通过正规的回收体系进行回收，并加以拆解，对材料进行回用。但是近几年报废的新能源汽车通过正规渠道回收的只有微不足道的几千辆，大部分的报废车辆并未进入正规的回收渠道。不过我相信，绝大多数报废的新能源汽车已被拆解并回用材料。道理很简单，如果这些车未被拆解，而是修理后再拼装，那么不仅违法，而且也上不了牌照，用户一般不会选择这种"二手车"。

2020 年发布的《报废机动车回收管理办法实施细则》将新能源汽车纳入管理，情况有所好转。报废的新能源汽车最值钱的部分就是动力电池，这又存在与整车同样的问题：大量的个体工商户也在回收动力电池，但是与拆解铅酸蓄电池不同，它们自己没有拆解锂离子动力电池的能力，只能卖给能拆解的企业，主要目的就是赚钱。

有两种思路来解决这个难题。要么利用好这股力量，严格规定不能污染环境，让其合规合法地赚钱。要么真正实行生产者责任延伸制度，即生产企业在产品出厂时缴纳一笔"保证金"，对电池的回收利用负主体责任。如果企业自己处理，则将保证金返还给企业；如果委托别的企业处理，则将保证金转给处理企业。我认为，根据我国的国情，应该转变观念，充分利用好"废品游击队"来回收退役的动力电池。

近几年的实践表明，处理磷酸铁锂动力电池，在经济性上不如处理三元锂动力电池，但是，国际原材料价格高位运行，对提升废旧电池回收利用的经济性会有很大助益。据测算，只要碳酸锂的价格在 15 万元 / 吨以上，磷酸铁锂电池回收就有利可图。

预计今后一段时间退役的动力电池主要是磷酸铁锂电池，动力电池回收处理企业如何建立长期稳定的经营预期、切实有效的长效机制，是业界应该研究的问题。其中，如果采用生产者责任延伸制度，应该抓紧推出具体细则并落实到位。结合"双积分"制度的实施，还可以研究将碳足迹引入动力电池生产企业，用好碳交易机制，促进循环经济发展。政府应该对退役动力电池的回收利用给予税收优惠。

前面已经讲到单体电池的标准化问题，除此之外，还应该从设计阶段就考虑有利于回收拆解等问题，为回收利用提供作业指导书，不要让拆解操作像"拆炸弹"那样危险丛生。要对整车企业提出动力电池使用、报废全过程的监管要求，对方便拆解提出具体要求。应该适时将具备条件的技术标准上升为强制性国家标准，变成技术法规。要加大力度打击蓄电池回收利用的违法行为，为规范利用的行为开辟道路。还要加大对技术研发的支持，解决蓄电池寿命评估、性能评估、蓄电池处理先进工艺研究和专用设备研究等技术难题。

4.4.3 打造"电池护照"

欧盟 2020 年底发布了新电池法的提议草案，提出要废除现有的电池指令而改为法规。2022 年 3 月 17 日，欧盟委员会通过了《新电池法》的总体思路。除了明确企业的回收责任以外，生产企业对电池全生命周期的碳足迹要发表声明，并对蓄电池回收的钴、铜、铅、镍、锂等金属的回用提出分阶段的目标。

为了与国际贸易要求相衔接，加强对动力电池全生命周期的监管，我国亟须启动电池碳足迹标准和方法论研究，建立产品碳排放管理体系，参与全球碳中和规则制定，推动与欧盟建立电池碳足迹管理互认机制。2023年两会期间，我与宁德时代的曾毓群联名提交了《关于开展我国动力电池护照及配套政策研究，加强电池产品全生命周期管理的提案》，建议以"双碳"目标为导向，发挥我国产业链完善、应用数据丰富的优势，针对碳足迹、回收溯源、梯次利用等实际管理需求，研究设计我国电池护照，并将其作为我国电池行业全生命周期管理的数字化管理工具。

电池护照是物理电池的数字孪生体，可实现对动力电池全供应链的透明化数字管理。消费者和监管机构可通过电池护照，简单直接地查阅电池产品的相关信息。电池护照作为政府监管和社会监督的有力抓手，可成为促进电池产业低碳、循环和可持续发展的重要政策工具。我国已经拥有较完整且具国际竞争力的动力电池全产业链，应积极参与并主导电池护照相关标准的制定工作。

总体来看，我国新能源汽车产业在核心的"三电"系统领域均取得了令人欣喜的成绩，在其他关键零部件方面，如燃料电池，我国已初步具备产业化基础，但在成本、稳定性、低温性能、耐久寿命等方面，与发达国家还有较大差距。电转向、电制动市场主要依赖国外技术，不过产品国产化进程正在逐渐加速。

专题访谈

可能让中国"电动车"熄火的几道坎儿

经过持之以恒的不懈探索和实践，我国形成了结构完整、自主可控的新能源汽车产业体系；从选择部分城市试点示范到在全国范围内大规模推广，从公共领域用车试点转入以私人消费为主，新能源汽车市场迅速扩展，连续多年占据全球第一的位置；新能源汽车及其关键零部件企业国际竞争力显著增强并跻身世界先进行列。然而，我国新能源汽车产业的发展并非一帆风顺，在政策制定、企业发展和市场推广等各个方面，都经历过各种各样的坎坷，个中的经验教训值得我们反思和总结。

曾纯（《中国制造：民族复兴的澎湃力量》作者，以下简称曾）：中国新能源汽车市场这两年猛然"井喷"，看来我国汽车产业已经到了从量变到质变的转折点，全社会深感振奋，业界也基本形成共识，产业的内生动力正转向以市场驱动为主。在喜人的成绩面前，今天我们不谈"过五关、斩六将"的辉煌，专门来说说前些年"走麦城"的经历，说说最可能让新能源汽车发展势头中断、毁掉这一战略性新兴产业的那些事儿。

苗圩（以下简称苗）：可以，我们不设禁区，任何问题都可以谈。

政策与对策

曾：那我们就从社会影响最大，也许是对新能源汽车发展势头打击最大的"骗补"风波说起。财政补助政策是催生新兴产业的重要推手，但毕竟需要财政拿出真金白银，在非市场化条件下，很容易处于中央政府—地方政府—企业—个人博弈的领域。政府制定财政补助政策时主要考量的有哪些因素？当时对发生"骗补"的可能性有预见吗？采取过什么样的预防措施？事后回看，当时有没有可能推出不留下让人有机可乘的漏洞、更加完善的补助政策？

苗：政府对购买新能源汽车用户进行补助是从 2008 年北京奥运会服务用车开始的，当时确定奥运会服务用车全部采用新能源汽车。从 2002 年开始，科技部就已经着手组织这项工作。所有的新能源汽车产品全部是新开发的产品，由于没有形成批量生产能力，很多车型都是为了验证可行性而开发出来的"样品车"，产品成本高，质量也不是很好，当时主要是靠企业的售后服务人员不分昼夜地进行保障，才能完成运营任务。

但这是一个必不可少的过程，如果没有这一步，企业对产品的实际使用情况无从了解，新能源汽车就只能停留在实验室阶段，甚至有可能自生自灭、半途而废。提供奥运会服务用车是新能源汽车从实验室产品转变为商品十分关键的一步，科技部在其中做了大量工作。给予企业研发经费的支持，按车型给予用户补助等政策，都是科技部与财政部等部门协商后确定的。当时基本上是按照新能源汽车与传统燃油汽车价格差来确定补助额度。由于数量不多，总补助额度也有限，财政部从发展角度给予了支持。对企业来说，由于总量并不多，也没有靠补助增加收入的动机，只要不造成太大的亏损就行了，关键是车能够卖出去，能够用起来，通过用户使用，能够获得用户对产品质量的意见反馈。

2008 年北京奥运会之后，各方面都在关注后面的走向，是继续前行还是到此为止，这对新能源汽车发展来说又到了一个关键节点。当时科技部的万钢部长坚定不移地推动了"十城千辆"试点示范工作。之后几年时间里，25个试点示范城市延续了奥运会时的做法，给予用户购买新能源汽车同样的补助，为新能源汽车进入市场开辟了道路。工业和信息化部是 2008 年组建的部门，也是在最后阶段加入了以科技部牵头的四部门（科技部、国家发展改革委、财政部、工业和信息化部）推进机制。

2013 年在进入新能源汽车普及推广阶段时，补助政策基本上还是延续了"十城千辆"试点示范运营时的做法，经过一年的准备，进一步统一了各方面认识，从 2014 年开始实行补助，并明确了要实行退坡机制，直到 2020 年底财政补助政策全部退出（后来因新冠疫情延迟到 2022 年底）。

后面出现的"骗补"问题是出台财政补助政策时始料未及的。我们国家大，发展不平衡，各种政策在推进过程中必然会遇到许多新情况、新问题，不可能事事有预判。根据哲学的观点，世界上只有没有被认识的事物，没有被认识穷尽的事物。客观世界是不断运动着的世界，每时每刻都在发生变化，这是不以人们的意志为转移的，从这一点来说，出现问题是必然的。一切都按照出发时设计的路径前进，一帆风顺，没有发生任何问题反而是奇怪的。

当然我们不能以此为借口，对出现的问题视而不见、麻木不仁。相反，必须在问题调查清楚后果断出手，不让违法者逍遥法外。还必须完善制度，修复政策漏洞，加强监管，更好地推进新能源汽车产业继续向前发展。

曾："骗补"事件曝光后，社会上出现一种舆论，对财政补助技术发展水平不高的新能源汽车产业表示不解，极端者甚至把问题归结到财政补助政策本身，认为靠政府大规模补助"烧钱"干起来的产业只能造成"虚火"旺盛的假象，不可能实现真正市场化的产业化。其实在此之前，社会上一些网络"大 V"对于使用纳税人的钱去补助购车用户就颇有微词，特别是对出台私人购买新能源汽车补助政策表示不满，他们认为这是补助有钱人，实际上是"劫贫济富"。您如何评论这样的观点？

苗：你提到的这些言论当时影响不小，但是我们顶住了这种压力。事实上，欧洲一些国家和美国加利福尼亚州对用户的补助额度就远远高过我国的补助额度。这是新能源汽车发展的一个必经阶段。如果没有对私人购买新能源汽车的补助，仅仅靠发展出租车等市政用车，我国新能源汽车发展是不可能取得今天的喜人成就的。从更广的角度看问题，新能源汽车减少了汽车尾气的排放，所有人都是受益者。

新能源汽车产业是我国战略性新兴产业，发展新能源汽车是我国汽车强国建设的必由之路。新能源汽车"骗补"现象是产业发展过程中暴露的少数企业的问题，不能因此否认国家发展战略和财政支持政策的成效，当然也绝不能轻视"骗补"行为对产业健康发展的负面影响。

正因为当时我国新能源汽车产业处于发展早期，技术成熟度不高，产业链不完备，消费基础设施不完善，产品缺乏竞争力，用户认知度低，完全依靠市场来发展壮大，结果要么是自生自灭，要么是只能获取极其小众的市场，难以做大做强。我国政府在预见到新能源汽车发展前景后，把发展新能源汽车确定为国家战略，出台补助、税收等支持政策，显而易见，有利于推动战略性新兴产业快速发展。

事实上，汽车产业发达国家大都积极制定财税支持政策来加速推进新能源汽车产业发展，这是促进新产业发展的通例。例如，美国长期对新能源汽车消费者实行个人所得税减免优惠，以低息贷款和补助支持研发，在联邦政府补助的基础上，各州政府还对车辆购置进行补助以降低购置成本，同时对使用端进行补助以降低使用成本。特斯拉公司在创办初期，也曾获得美国国防部 4.65 亿美元长期低息贷款的支持。

另外，我国很早就明确了新能源汽车补助的退坡时间表，在形成"市场驱动为主"的新能源汽车产业发展格局之后，财政补助政策将退出历史舞台。

"骗补"的真相与追责

曾：2016 年初，"骗补"事件在众多媒体发酵，据不完全统计，包括央视在内的 80 多家媒体对此进行了集中报道，各种说法口径不一、莫衷一是。有的媒体给出的数据，给人的印象是"骗补"现象普遍存在，"骗补"金额巨大，似乎国库的钱都打了水漂。当时民众的普遍感受，只能用"触目惊心""惊心动魄"这两个词来形容。

苗：就是在 2016 年初，财政部在其内部检查中发现，一些新能源汽车企业出现了"骗补"和谋求"骗补"的问题。问题公开后，一时之间，社会上对这些企业口诛笔伐，甚至把问题根源直指补助政策本身，财政部、工业和信息化部等部门承受了很大的压力。

当时，有的媒体为了追求新闻轰动效应，把发现的各种情况涉及的企业数量、涉嫌"骗补"金额不加区别一股脑地曝光，并且对涉及企业的数量和全部调查企业的数量进行比较测算，得出一个 77% 的很高的比率；把 2013—2015 年涉嫌发生的问题与 2015 年一年新能源乘用车销量进行比较，得出高达 23% 的车辆存在"骗补"问题的结论。它们也不区分已经拿到手的补助和申报但是并没有拿到手的不同情况，而是把所有的申报资金金额和整车数量放在一起进行测算，说平均每辆车就"骗补"达 12 万元。这些数字如果是真实的，当然是"惊心动魄"的。社会舆论一边倒地从不同角度批评财政补助，好像补助的措施全部都是错的。

我丝毫没有为骗取财政补助的企业辩护的意思，只是想说政府部门做事一定要于法有据，实事求是。在最困难的时候，有记者采访我，我首先说明"骗补"并不是大面积发生的，事实上否定了一些媒体之前的不实报道；然后表明我们正在协助财政部门进行情况核实，对骗取财政补助的企业一定会严惩不贷的态度；同时，我还告诉大家，最终的结果会向社会公布，也欢迎大家监督我们的工作。

说老实话，这几句话看上去平淡无奇，但是我还是事先做了认真准备的，既要讲明真实情况，又要不引起媒体的对立情绪，否则不但达不到目的，还会引来新的麻烦。我既要表明对那些确实是"主观故意"的无良企业予以严惩的态度，又要对具体情况进行认真细致的分析，不能感情用事，把由企业非主观原因造成的问题都算作"骗补"行为。

曾：2016年3月，央视报道了新能源汽车"骗补"调查，曝光了首家因"骗补"被查的企业——江苏苏州吉姆西客车制造有限公司。这家成立于2013年8月的改装类商用车生产企业，2015年3月起开始生产新能源汽车，产品主要是6~8米长的新能源轻型客车和厢式物流车，这类产品正是"骗补"的"重灾区"。报道称，作为《道路机动车辆生产企业及产品公告》（以下简称《公告》）上的车辆生产企业，2015年3月至5月，吉姆西公司上传的合格证数量分别是23个、0个和2个，上半年电动车产量仅有25辆，而年末却爆发式增长，12月单月上传合格证2905个，全年总产量达到3686辆。依照国家当时的补助政策，6~8米的新能源轻型客车能够获得30万元/辆的补助，很多试点示范城市提供与国家1:1配套的补助标准，国家补助叠加地方补助，意味着这样一辆车最多可获得60万元的补助，接近甚至超过了客车生产成本，车型补助金额明显过度了。您是怎么看待这个问题的？

苗：吉姆西公司的问题是非常典型的"骗补"行为。事后总结，"骗补"方式可以归纳为4类。第一类是有牌无车，一共有5家企业，吉姆西公司就属于这一类。另外4家是金龙联合汽车工业（苏州）有限公司、河南少林客车股份有限公司、深圳五洲龙汽车有限公司和奇瑞万达贵州客车股份有限公司。这些企业基本上是车辆还没有销售甚至还没有生产出来，就通过编造虚假材料，违规办理了机动车行驶证，申报中央财政补助资金，谋求补助。第二类是有车无电池，涉及12家企业。第三类是标实不符，共涉及7家企业。第四类是车辆闲置，共涉及30家企业。

曾：后来对这些企业做了怎样的处置？

苗：2016年9月8日，财政部对查实的第一类5家"骗补"企业进行了通报，涉及"骗补"的车辆共3547辆，涉及"骗补"资金10.09亿元，对其已经获得的资金予以追缴，对申报但尚未拨付的资金不再给予，并按照"骗补"或谋求"骗补"资金金额的 50% 予以罚款，停止对 5 家企业的中央财政补助，直接取消吉姆西公司的整车生产资质，把其他 4 家企业的产品从车辆推广目录中剔除。

之后又对其他涉嫌"骗补"的企业和产品进行了认真的甄别，主要是第二类和第三类企业，最终有 7 家企业被认定"骗补"或谋求"骗补"。它们有的是实际安装的电池容量小于公告容量，与《公告》不一致；有的是未安装电池（电池安装不足）或电机控制器；有的是电池芯容量小于公告容量，与《公告》不一致；有的是驱动电机生产企业与《公告》不一致；还有的是尚未安装电池但已开具发票并登记上牌，不符合申报条件。

根据 7 家企业的不同情况，分别采取了暂停其申报新能源汽车推广应用推荐车型资质、撤销不符合规定的车型公告资格、给予 2 个月的整改期限等处罚措施。财政部门比照第一类企业进行了追缴、停止补助和进行罚款的处理。

最为复杂的是闲置的新能源汽车，这里又分为关联方闲置和终端用户闲置两种。关联方闲置涉及 33 家企业共 30 414 辆车，涉及补助金额为 16.96 亿元；终端用户闲置涉及 54 家企业，其中未提车的有 6093 辆，已提车的有 15 269 辆，涉及补助金额共 42.83 亿元。这里面有些明显是为了套取财政补助，但是大部分还是因为车辆质量问题或运行问题而发生的闲置。根据情况的严重程度区分处理，分别采取暂缓清算、暂时清算 50% 的处置办法。在处置一年后看车辆闲置情况再做处置，如达到要求，则按达到要求年份的补助标准补齐补助额度，如仍达不到要求，则取消补助。至此，新能源汽车"骗补"的查处工作结束。

曾：也就是说，"骗补"行为只是存在于部分地域、部分企业和部分车型，蓄意欺骗获取国家补助的更是极少数企业，不应该因为个别企业的不良行为否认政府利用财税政策引导产业发展取得的巨大成就。尽管如此，不管是地方保护主义的问题、监管不力的问题，还是政策制定的漏洞，"骗补"现象的发生都是令人痛心的。事后采取了什么根本性的举措来杜绝此类现象的发生呢？

苗：对于这一阶段出现的问题，各级政府部门当然要从中吸取经验教训，采取釜底抽薪的办法，完善财政补助政策。坚持实施后补助为主不动摇，同时加强地方政府财政部门协助把关作用。对于客车产品，坚持2年运行2万公里的要求不变，同时加大对运输车辆实时线上监控的力度。此外，坚持补助退坡的方式不变，但是要防止在退坡之前企业弄虚作假冲"政策期红利"的做法。针对客车"骗补"相对较多的实际情况，调整降低客车的补助标准，避免出现补助金额甚至大于购车金额的不合理补助标准现象。

由于"骗补"行为中有一种手法是有车无电（池），致使之后很长一段时间内各级政府相关部门对此高度警惕，这对一些采用车电（池）分离、电池租赁的换电模式的企业产生了不利影响。可见，实际情况千变万化，非常复杂，稍不注意，便会顾此失彼。经过两三年时间的共同努力，才研究出了一种区分处理的办法，可以支持企业继续在一种车电（池）分离的新模式下进行有益的探索。

曾：劣币驱逐良币，"骗补"者的存在对真正做技术研发的企业来说相当不公平，大量的所谓新能源汽车公司将具有技术和市场潜力的优秀企业、产品湮没在鱼龙混杂的市场之中。而在补助方式改变后，不少企业提出，后补助方式造成政府补助资金兑现不够及时，只好占用企业运营资金，影响了新产品、新技术的开发。

苗：甘蔗很难两头甜，只能说是两害相权取其轻吧。

质疑与坚守

曾："骗补"风波确实是我国新能源汽车发展的一个"大坎儿"。其实在此之前，2014 年初，舆论就对新能源汽车发展的状况广泛质疑，作为产业主管部门的领导，您当时的心情如何？当时您如何看待那些质疑？又如何看待当时的新能源汽车发展状况？现在看法有变化吗？

苗：伴随着新能源汽车的发展，一路走来，有各种各样的质疑，丝毫也不奇怪。认真注意这些意见，也是让我们在制定政策时能够考虑得更加周全的一种方法，毕竟任何部门、任何人都有各自的局限，各种各样的质疑一定程度上可以弥补我们认识的局限性。对于一些明显不合适的质疑，也不必去争论。五花八门的质疑过去有，现在有，将来还会有，不畏浮云遮望眼，兼听则明，抱着这种态度就会少走弯路，少犯错误。

曾：据报道，2014 年 3 月 26 日，在深圳召开的新能源汽车推进大会现场，当时主管汽车产品的国务院领导同志拿起财新《新世纪周刊》2014 年 2 月 10 日出版的一期杂志，指着封面文章《什么在毁掉电动车》向现场的官员和企业推荐，"你们都应该看这篇文章"。我看过这篇文章，其主要内容是细致描绘了第一代新能源汽车"志愿者"（当时甚至不能称作"购买者"）购买和使用过程中的种种艰难和不便，以及以比亚迪、北汽为代表的汽车企业在开拓市场时遭遇的各种困难。其中包含因为充电基础设施不完善、电池续航性能差、售后服务跟不上造成的"里程焦虑""小白鼠命运"等。不过文章的核心观点是对地方保护主义提出严厉批评，认为在复杂的国家和地方双重补助制度的影响下，我国当时整个电动车市场被割裂成了一座又一座封闭的"城堡"。地方政府配套补助是地方在行使自身权力，各地政策出现不统一、相互冲突的情况，甚至出现地方保护主义倾向，中央政府产业管理部门对此有怎样的思考？采取了什么针对性的举措？

苗：我也仔细阅读了那篇文章。企业技术能力的提升、基础设施的建设和售后服务的人性化改进，都有一个发展过程，不可能一蹴而就，很难在新能源汽车产业的培育期就达到令人满意的程度。这方面需要整个社会有一定的耐心。

一般说来，试点城市大多处于汽车工业比较发达的地区，地方政府在制定和实施政策的时候难免出现地方保护的问题，只对"符合"当地政府要求的产品给予补助，而这些要求往往都是量身定制的，只有当地的汽车企业才有可能符合要求。更加过分的是不允许国家确定的某些车型，比如插电式混合动力汽车，进入当地市场，理由还冠冕堂皇，说不能一边拿着政府补助，一边还在烧油污染环境。实际上，明眼人一看就明白，根本原因在于当地汽车企业只生产纯电动汽车，而不生产插电式混合动力汽车。至于公交车、出租车，则更是当地汽车企业的"主场"，外地汽车企业的产品很难进入。

客观地说，尽管有这些地方保护政策存在，当时地方政府积极性的发挥对新能源汽车的推广还是功大于过。如果只有中央政府有积极性，没有地方政府积极性的加持，新能源汽车政策实施的效果会大打折扣，从某种程度上可以说这种现象也是产业发展在一段时间内不得不付出的代价。当然话说回来，当地汽车企业发展好了，对全国范围内的新能源汽车发展也是有促进作用的。

概括起来，关于地方保护主义的问题，我有这样几个基本观点。

首先，我国统一的社会主义国家体制在建立统一的大市场方面，远比西方一些国家的体制要好得多。党的十八大以来，中国特色社会主义进入新时代。在以习近平同志为核心的党中央坚强领导下，党和国家重大决策部署得到进一步贯彻落实，地方保护主义的情形有了很大的扭转，对此，只要是经历过整个过程的人，都会有比较明晰的判断。

其次，过去我们经常讲要调动各方面的积极性，这对推进重大决策部署的落实十分重要。我们的财政体制是"分灶吃饭"，地方政府也掌握着很大一笔财政资金，新能源汽车充电桩建设主要还是靠地方政府的支持，才在很短时间内见效，就是很典型的例子。没有地方政府对新能源汽车发展的全方位的支持以及政策的实施落地，我国新能源汽车就不可能有今天的兴旺局面。

最后，落实党中央、国务院的决策部署，牵头部门十分重要。要及时督促地方政府对口部门统一行动，积极响应并参与进来，根据国家的要求，结合本地实际，制订具体的行动计划。向地方政府汇报，争取支持。对于地方政府在实践中的好做法、好经验，要及时发现，及时总结，推广到全国。对实践中发现的地方保护主义等问题，也要及时指出，进行纠正。

我们不能说现在地方政府完全没有乱作为的情况，但是这类情况确实少了很多，在新能源汽车的发展中，总体上形成了众人拾柴火焰高的局面。

鼓励创新与宽容失败

曾：我们把话题拉回到现在。您认为政府应该以怎样的方式来关注前沿技术（正在商业化的技术）和超前技术？如何判定投机者和创新者（风险投资和硅谷有纠错机制）？如何纠错？在得到补助的新能源汽车企业表现不佳时有什么对策？

苗：在新能源汽车已经进入产业化阶段之后，政府对新能源汽车的技术研发费用支持已经很少了，现在主要的研发投入是靠企业来完成的。有远见的企业这些年在新能源汽车研发上都舍得花大钱。一批风险投资也在市场上寻找新的技术和新的进入者，它们不仅在研发方面而且在产业化方面大胆投入，很多造车新势力是靠风险投资的资金来支撑的，这就是造车新势力和传统汽车企业投融资模式的不同。

当然所有的风险投资在投入的时候一定会与企业签订"对赌协议"，不一定非要求几年之内实现盈利，但是一定会要求几年之内达成什么样的目标，这种市场约束的机制使企业的经营管理者也承受着很大的压力。可以通过市场机制而不是政府的要求来促进企业不断地进步。风险投资主要是靠民营资本的投入，政府在风险投资方面投入不多。

　　现在的问题是在基础研究方面的投入还不够，在颠覆性技术创新方面，我们与世界先进水平还有差距，这不仅仅是新能源汽车领域（新能源汽车领域甚至还好于其他领域，比如在动力电池领域，我们已经处于全球领先地位）的问题，而是一个全社会的问题。基础研究、共性技术研究是需要长期坚持的，而且不能突破或者失败的风险也很大，不能够急功近利，必须久久为功。在这方面除了鼓励创新之外，还应该有宽容失败的政策。如何看待创新过程中出现的失败问题，会直接影响其后续发展。我们应该持积极支持的态度指出存在的问题，而不是求全责备、冷嘲热讽地对待新问题的发生。技术创新很不容易，宽容失败是我们应该抱持的一种基本态度。

在传统燃油汽车发展方面，我们与国际先进水平还存在差距，主要是在基础研究方面投入不够造成的产品开发能力上的差距。如果我们追随混合动力汽车的产品路线，那么已经缩小的差距将会进一步拉大。我们在发展战略上必须扬长避短，选择最适合中国国情的发展路径，争取后来居上。

第五章 整车产品八仙过海

我国发展新能源汽车的战略出台伊始，就确定了"三纵三横"技术路径，其中的"三纵"即纯电动汽车、插电式混合动力汽车、燃料电池汽车 3 种产品。按照新能源汽车产品发展技术路径这张蓝图，我们坚持不懈地做下来，终于在各类新能源整车产品线上都取得了令世人瞩目的成绩。

5.1 | 开路先锋：插电式混合动力汽车

经常有人问我：中国政府为什么把插电式混合动力汽车归为新能源汽车，却把深度油电混合动力汽车排除在外，将其归类为燃油汽车呢？

尽管 21 世纪初我国就确定了发展新能源汽车的"三纵三横"技术路线，混合动力汽车为"三纵"之一，但在实施"十城千辆"工程的时候，为了促进客车电动化，我们并没有把深度油电混合动力客车排除在新能源汽车之外，相反，只要它们进入试点城市，一律给予财政补助。那后来为什么又调整了这一政策呢？

众所周知，日本的丰田和本田公司的深度油电混合动力汽车技术世界领先。丰田公司第一代普锐斯油电混合动力轿车早在 1997 年就已投放市场（如图 5-1 所示），到 2011 年底，全球深度油电混合动力汽车累计销量超过 450 万辆，其中仅丰田公司一家销量就超过 350 万辆。日本汽车企业凭借多年的研发积累，形成了严密的技术壁垒，不仅中国企业想进入这个领域非常困难，美国的三大汽车公司眼看着本土市场被丰田、本田公司的油电混合动力汽车占领，也都无可奈何，只好另辟蹊径。

深度油电混合动力汽车采用两套动力系统，主要驱动力还是来自发动机。由于配备了一个小的电动机，在车辆高度负荷时，电动机会参与一部分辅助驱动。汽车高负荷时，电动机开始出力；汽车低负荷时，发动机又可以发电，将电能储存在电池中。这样可以使发动机始终在最好的工况之下工作，还能起到"削峰填谷"的作用。这种车最大的好处是不必依靠地面充电基础设施，它的发动机就可以为电池充电，而它最大的弊端是内燃机一旦停机，汽车就会寸步难行。在当时电池技术还不成熟、成本又很高的情况下，不得不说这是最好的选择。

图 5-1　1997 年第一代普锐斯油电混合动力轿车（丰田中国供图）

从我国经济的实际情况来看，减少对石油进口的依赖是我们在选择汽车发展战略时必须考虑的一个极其重要的因素。虽然深度油电混合动力汽车可以大大降低油耗，但是毕竟还是主要将燃油作为能源。对大中城市而言，燃油汽车尾气排放带来的大气污染问题仍然存在，控制燃油汽车并大力发展电动汽车是必然趋势。相对说来，插电式混合动力汽车纯电驱动工况时间长，比深度油电混合动力汽车用油少、用电多。

此外，对行业管理部门来说，还必须统筹考虑我国自主品牌汽车的未来发展问题。在传统燃油汽车领域，我们与国际先进水平还存在差距，这主要是在基础研究上投入不够造成的。如果我们在深度油电混合动力汽车产品领域继续采取"追赶"路线，那么已经缩小的差距将会进一步拉大。因此，在发展战略上必须扬长避短，选择最适合我国国情的发展路径，争取后来居上。

在综合考虑诸多因素之后，经过反复沟通，行业管理部门逐渐达成共识：将深度油电混合动力汽车归类为节能汽车，将插电式混合动力汽车归类为新能源汽车。这在 2012 年发布的《节能与新能源汽车产业发展规划（2012—2020）》中予以明确，该规划把纯电动汽车、插电式混合动力汽车及燃料电池汽车列为新能源汽车。而 2009 年发布的《汽车产业调整和振兴规划》中提出的普通型混合动力汽车后来被列为节能汽车。这里所说的普通型混合动力汽车是指只有启动 / 停车功能的微型混合动力汽车和加装有发电启动一体机的轻型混合动力汽车。

这里存在一个内在逻辑：既然要发展包括插电式混合动力汽车在内的新能源汽车，就必须加快规划建设充电基础设施，而在充电基础设施建设上，必须充分发挥地方政府（主要是城市一级政府）的积极性，在用地、建设项目审批、建设费用和运行费用补助等方面明确责任。当时正是国际金融危机爆发后的第一年，而基础设施建设正是抵御国际金融危机对我国经济造成不利影响的重要措施之一。在基础设施建设方面，我国有着自身制度上的优势，只要大家统一认识，认准方向，集中力量办大事的能力是世界上任何其他国家都无法比拟的。

既然下定决心投资建设充电基础设施，就没有必要非得突出车辆自己发电、自己给电池充电了。由此再进一步分析，充电基础设施建设是一个从城市到农村、从发达地区向欠发达地区逐渐发展的过程，在相当长的时间内，是一个不断扩大覆盖面的过程。

2012 年国务院印发的《节能与新能源汽车产业发展规划（2012—2020年）》指出，以纯电驱动为新能源汽车发展和汽车工业转型的主要战略取向，当时不少人并不了解其内涵，错认为纯电驱动就是纯电动汽车。其实不然，该规划明确提出："当前重点推进纯电动汽车和插电式混合动力汽车产业化，推广普及非插电式混合动力汽车、节能内燃机汽车，提升我国汽车产业整体技术水平。""纯电驱动"和"纯电动"，一字之差，内涵却大不相同。

纯电驱动是指汽车最终是靠电动机而不是靠发动机来驱动的，除了纯电动汽车外，也包括插电式混合动力汽车和燃料电池汽车，只不过前者中的增程式混合动力汽车所匹配的发动机和燃料电池汽车所用的燃料电池堆都是用来发电而不是驱动汽车行驶的。

在 2013 年研究给予新能源汽车财政补助政策的时候，我们进一步明确：插电式混合动力汽车充满电一次行驶里程必须达到 50 公里以上。当然，这个标准如果能够更高一些，满足用户需求的能力就会更强。出于当时电池能量密度水平和成本的考虑，只能做这样的折中选择。事实上，后来汽车企业都自发地提高了这一标准。从 2017 年开始，按工况法纯电续驶里程小于 80 公里的插电式混合动力乘用车 B 状态燃料消耗量（不含电能转化的燃料消耗量），与现行的国家标准中对应的限值相比，要小于 70%。按工况法纯电续驶里程大于等于 80 公里的插电式混合动力乘用车 A 状态百公里耗电量，则应满足与纯电动乘用车相同的要求。之后在 2018 年和 2019 年，国家标准对插电式混合动力客车和载货汽车也都提出了明确的限值要求，不再局限于乘用车。

不过也有生产插电式混合动力汽车的企业，声称这种车可以达到百公里 4 升的较低油耗，与丰田公司的深度油电混合动力汽车相当。其实它们是故意偷换概念找噱头，其所谓的百公里 4 升油耗说的是在第一个 100 公里中用电行驶 50 公里，然后用燃油发电行驶 50 公里的油耗结果；可以肯定，其全部用油行驶的第二个 100 公里，不可能达到百公里 4 升油耗的节能水平。而丰田公司混合动力汽车百公里 4 升的油耗是真实的油耗水平。

插电式混合动力汽车与深度油电混合动力汽车相同的地方，在于它们都需要配备两套动力系统，所不同的地方在于深度油电混合动力汽车是以传统发动机驱动为主，不能由外部充电桩为电池充电，而插电式混合动力汽车是以电动机驱动为主，可以利用外部充电桩为电池充电。

插电式混合动力系统又可以细分为串联式和混联式两种。

串联式就是我们通常所说的增程式混合动力，这里的发动机只用来带动发电机发电，所发的电既可以用于给电池充电，也可以供电动机用于驱动汽车行驶。当电池充满电时，发动机停止工作。当电池电量下降到临界值时，车主寻找充电桩为电池充电，如果没有充电桩或没有时间等待充电，发动机就重新启动，带动发电机发电。电池组充满电后的可续驶里程是增程式混合动力汽车最重要的性能指标。由于发动机工作在一个恒定工况内，整车结构简单，易于维修保养。

混联式就是我们通常所说的插电式混合动力，这种车型配有发动机和一主（大）一辅（小）电机，可以灵活选择主电机、主电机 + 辅电机以及主电机 + 辅电机 + 发动机 3 种不同的驱动方式，根据负荷大小调整。主电机是由电池作为动力源，辅电机是由发动机作为动力源。辅电机具有双重功能。当汽车处于高负荷时，这台电机可以用作电机参与驱动车辆行驶。当汽车处于低负荷时，这台电机可以用作发电机，同样当电池充满时，发动机可以停止工作。整车结构复杂，总体上成本要高于增程式，但在全速负荷行驶时，性能要优于串联式。

一般而言，插电式混合动力汽车所配电池组的容量较小，充满电时行驶的里程相对较短。而增程式混合动力汽车的发动机排量较小，电池组的容量比插电式混合动力汽车的要大，充满电时纯电驱动行驶的里程较长。

由于电池技术的进步，两种车型在续驶里程方面的差距快速缩小。与增程式混合动力汽车相比，插电式混合动力汽车启动性能更好，从 0 至 100 公里 / 时的加速时间更短。在高速公路上行驶时，插电式混合动力汽车的表现好于增程式混合动力汽车。

2019 年，大众中国 CEO 冯思翰在一次论坛上声称：增程式混合动力汽车从单车角度看具备一定的价值，但从整个国家和地球的角度来说是最糟糕的方案。与他一同参会的大众中国技术研发负责人威德曼甚至说，增程式已经是过时的技术，发展潜力不大。他的这一言论立刻遭到理想汽车 CEO 李想的驳斥。我仔细研究过双方的观点，认为他们讲的其实并不是同一件事。说增程式技术落后，可能是针对纯电动汽车而言的。

2014 年，我国插电式混合动力乘用车年销量仅为 2.97 万辆，当时市场上只有比亚迪等公司生产的唐 DM 等少数车型。到 2021 年，插电式混合动力乘用车销量为 60.3 万辆，比上一年增长了 143%，在新能源乘用车中占 17%，整体上呈现出上升态势。比亚迪"秦""汉""唐""宋"的各种车型都受到用户喜爱，而理想汽车仅凭一款增程式混合动力乘用车 ONE，2021 年全年销量就超过了 9 万辆，同比增长 177.4%。

但是，在这里要提到一个值得注意的动向：2021 年 7 月，欧洲提议要制定法规，在 2035 年停止销售燃油汽车。2023 年 2 月 14 日，欧洲议会正式通过了《2035 年欧洲新售燃油乘用车和小货车零排放协议》，在宣布禁售燃油汽车时间表的同时，明确燃油汽车包括以任何形式使用内燃机的汽车。换句话说，不论是增程式混合动力汽车还是插电式混合动力汽车，都在欧洲禁售之列。图 5-2 展示了 2013—2022 年全球不同技术路线新能源汽车的销量。

图 5-2　2013—2022 年全球不同技术路线新能源汽车的销量

5.2 │ 中军主将：纯电动汽车

在新能源汽车技术路线的选择上，最早一批纯电动汽车企业基本上都采用了在现有燃油汽车平台上进行改装的方式来生产，俗称"油改电"。由于受到原有平台限制，产品普遍存在续驶里程短、空间被挤占、操控性差等问题。

后来，比亚迪、吉利以及其他造车新势力开发出了一批新能源汽车专用平台，才使得整车性能有了本质上的提高。同一平台搭载不同车型的方式在新能源汽车领域推广开来，这也说明企业看清了新能源汽车是长期的发展方向，不再将其视为权宜之计，于是下定决心，全力投入。图 5-3 展示了2013—2022 年我国不同技术路线新能源汽车的销量。

早期的纯电动汽车，发展依靠的是政府政策的推动，其中最重要的就是财政补助政策。政府各部门形成的共识是：根据当时产品的技术水平、价格和基础设施条件，如果没有补助，只靠市场选择，除了个别"发烧友"，几乎没有人会选择新能源汽车。

图 5-3　2013—2022 年我国不同技术路线新能源汽车的销量

　　但是，补助只是一个外力，只能对新能源汽车的发展起到助一臂之力的作用。如果没有企业自身的努力和市场突破，仅凭财政补助，发展是不可持续的。其实，国外很多政府早于我国对购买新能源汽车的用户提供补助，其补助力度通常还大于我国的补助力度，但是因为新能源汽车市场销量没有快速提升，汽车企业也不敢继续贸然挺进。

　　纯电动汽车使用电动机作为动力。电动机的特点是能量转换效率高达90%以上，而内燃机能量转换效率只有 30% ~ 40%。2020 年 9 月 16 日，潍柴动力发布了全球首款本体热效率达 50.23% 的商业化柴油机，480 天后，潍柴动力的柴油机本体热效率首次达到 51.09%，虽然再次刷新全球纪录，但是电动机与内燃机的能量转换效率仍然存在着很大差距。

　　电动机的另一个特点是输出扭矩大，而且随转速变化不大，这一点不像内燃机。内燃机由于输出扭矩随转速变化较大，因此不得不使用变速箱来适应不同工况下的输出扭矩变化。对用户而言，直观感受就是电动车加速性能特别好，脚一踩"油门"踏板，马上就能起步提速，不像燃油汽车那样还要不停地换挡（即便是使用自动变速箱，只是不需要由人来操作而已，实际也是要换挡的）。

况且在我国用电比用油便宜得多。根据我国多年来的汽油价格和居民用电价格，跑同样远的路程，用油比用电贵 4 ～ 10 倍（取决于车辆的大小和自重），若是到 2025 年两种整车销售价格趋同，用电的优势将进一步凸显。

当然，对比燃油汽车，纯电动汽车所具有的零碳排放社会效益更是具有压倒性的优势。

在电动汽车发展初期，因为充电基础设施建设滞后，充不上电是大问题。对公交车、市政用车来说，因其运行线路相对固定，维修保养能力强，也有固定的站点可以集中建设充电站，充电基础设施建设相对容易。出租车运行线路多变，而且充电时间长会影响到经营收益，充电是比较大的问题，后来最早接受换电模式的也是出租车行业。

对个人购买的私家车而言，充电难就成了大问题。当时一家咨询公司做过调查，在一线大城市，只有大约四分之一的家庭具有安装自有充电桩的可能性。此外，从地区分布来看，早期个人用户主要集中在实行汽车限购的几个大城市，燃油汽车牌照要么很难通过摇号获取，要么要花很高的价钱才能竞得，一部分急需用车的用户只能退而求其次，选择新能源汽车。由于充电不便，用户特别关心纯电动汽车的续驶里程，普遍存在"里程焦虑"。

当时电池技术也比较落后，所以 2013 年出台的财政补助政策规定纯电动乘用车整车最低要达到 150 公里的续驶里程，由此也可以看出当时电池的能量密度水平很低。

财政补助政策规定，续驶里程越长，补助额度越高，最高档是 400 公里以上。当时我问起草文件的同志：为什么是 400 公里，而不是 450 公里或者 350 公里呢？他们回答说：一方面，当时还没有任何一款整车的续驶里程能达到 400 公里以上，这个里程主要是为了树立一个标杆，让大家朝这个目标去努力；另一方面，也是对应燃油汽车加满一箱油能跑够 400 公里的要求。

出于好奇，我追根溯源，继续搜寻燃油乘用车 400 公里续驶里程的由来，后来终于搞清楚了这是一个燃油乘用车油箱大小的设计规范。20 世纪初，美国汽车刚刚普及时，公路上加油站间隔很远。经过调查得出结论，在美国任何地方，汽车最多跑 400 公里就能确保加上油。于是根据这个调查结论，相应的油箱的容积和乘用车油耗的大小就作为汽车油箱的设计规范被确定了下来。现实使用过程中，有些聪明的出租车司机为了省油，每次只加半箱油，减少了几十千克自重，也就减少了油耗，一点一滴、长年累月，算下来也非常可观。按照现在加油站的分布密度，油箱设计规范应该改变，不过因为油箱总容积也就几十升，减少十升八升容积的意义不大，所以也就习惯成自然，一直延续了下来。

图 5-4 展示了 2016—2022 年纯电动乘用车与纯电动客车平均续驶里程。现在很多纯电动乘用车动辄宣称推出续驶 600 公里、800 公里甚至将达到 1000 公里的车型，我认为实际上完全没有必要。其一，如果不是基于电池能量密度的提高，而仅仅靠多装电池达到高续驶里程，这是得不偿失的，因为增加了车辆自重，会增加能耗。其二，即使是通过增加电池能量密度实现高续驶里程，往往也要增加电池和整车的成本，本来电池就已经够贵了，还不如将这部分成本省下来让利给消费者。其三，随着新能源汽车保有量的增加，充电基础设施也会加快建设进度，特别是在能够实现经营性盈利的情况下，会有更多的社会资金投入充电基础设施建设。现在用户最关注的热点，已经从"里程焦虑"转向产品安全，纯电动乘用车完全没有必要靠整车增加续驶里程的办法来解除用户的"里程焦虑"。

图 5-4　2016—2022 年纯电动乘用车与纯电动客车平均续驶里程

一直以来，大家都不怎么关心新能源汽车的电耗问题。对个体而言，由于用电比用油便宜，电耗高不是什么大问题，但就全社会来说，随着新能源汽车保有量的增加，这会变成一个大问题。因而，对纯电动乘用车的电耗必须有所限制，必须提出明确要求。

2018 年发布的《电动汽车能量消耗率限值》（ GB/T 36980—2018 ）以及与之配套的试验检测方法，明确规定电动汽车与燃油乘用车相同，按照整车整备质量划分为 16 档，确定了第一、第二阶段的限值指标。这成为全球第一个针对新能源汽车能耗指标要求的技术标准。

第一阶段能量消耗率限值为百公里 13.1 千瓦时到 21.9 千瓦时，第二阶段限值为 11.2 千瓦时到 18.8 千瓦时。按照 2017 年我国纯电动汽车销量加权平均计算，能量消耗率为百公里 16.42 千瓦时，第一阶段能量消耗率平均为 15.32 千瓦时，第二阶段平均为 13.85 千瓦时。

同时，根据《电动汽车能耗折算方法》，综合考虑我国火电发电比例、输变电效率、燃料煤炭排放系数等影响因素，结合电力行业未来发展趋势，当时对 2017—2025 年电动汽车每消耗 1 千瓦时的电量，在发电端产生的二氧化碳排放量进行了测算：2017 年每消耗 1 千瓦时的电量，排放二氧化碳 0.799 千克，到 2025 年要降低到 0.719 千克。

图 5-5 展示了 2016—2022 年纯电动乘用车百公里平均耗电量。从 2017 年开始，凡是申请国家财政补助的纯电动汽车，按照自重分档：自重在 1000 千克以下的车辆，百公里耗电量要小于等于 14.5 千瓦时；自重在 1000 ~ 1600 千克的，以及大于 1600 千克的，百公里耗电量均不得大于 21.7 千瓦时。之后，在 2018 年和 2019 年，国家财政补助申请又进一步加严了要求，对客车、载货汽车也都提出了明确的要求。

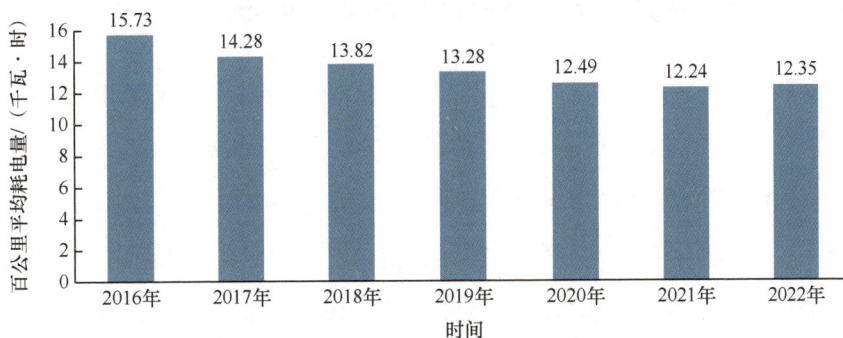

图 5-5　2016—2022 年纯电动乘用车百公里平均耗电量

全球新能源汽车市场一直以纯电动汽车为主，且其市场份额呈现稳步增长的态势。一方面，伴随沃尔沃、雷诺、大众等欧系汽车企业加紧布局插电式混合动力汽车，以及我国的理想 One、秦 Plus-DM-i 等车型量产，全球插电式混合动力汽车销量占比开始上升；另一方面，一部分欧洲汽车企业已经明确 2026 年后不再生产插电式混合动力汽车。2021 年，全球纯电动汽车、插电式混合动力汽车、燃料电池汽车销量同比分别增长 117%、93% 和 76%，市场份额分别为 71.9%、27.9% 和 0.2%。产品发展路线多元化的特点在我国新能源汽车市场体现得非常充分，应用范围不断扩大。

近年来，我国纯电动汽车技术进步明显，整车控制、动力系统匹配和集成设计等关键技术获得突破，动力电池续驶里程、电机功率进一步提高，全社会充电基础设施建设加快推进，用户对纯电动汽车企业品牌和产品的接受度大大提高。我国纯电动汽车销量持续增长，在 2022 年实现井喷，高达536.5 万辆，同比增长 81.6%，占全球电动汽车销量的六成以上，占我国新能源乘用车总销量的 77.9%。

可以毫不夸张地说，纯电动汽车在新能源时代汽车大赛的中军主将地位牢不可破。

5.3 | 探索前行：燃料电池汽车

我国对插电式混合动力汽车和纯电动汽车的补助一直在不断退坡，相反，对燃料电池汽车按 6000 元 / 千瓦的标准补助却一直没有改变。乘用车补助上限为 20 万元，轻型商用车补助上限为 30 万元，中重型商用车补助上限为 50 万元。对燃料电池汽车的财政补助之所以没有实现类似纯电动汽车和插电式混合动力汽车那样的退坡，主要还是由于燃料电池汽车技术成熟度不够、市场售价偏高、产品竞争力欠缺。

5.3.1 他山之石

2019 年秋，我赴日本参加在筑波举办的 G20 数字经济部长会议，会议期间与日本经产省大臣世耕弘成就氢燃料和燃料电池汽车发展问题做过一次比较深入而坦诚的交流。

我向世耕大臣询问丰田燃料电池汽车供应链的细节。世耕大臣介绍了他所知悉的情况，特别提到：丰田公司为了展示燃料电池汽车，专门租了汽车将氢气从东京拉到北海道，当时别说北海道没有加氢站，就算在东京也没几座，因为实在难以找到大片空地去建设加氢站。丰田公司研发的燃料电池汽车号称续驶里程达 500 公里，不过，世耕先生半开玩笑半认真地说，在东京加一次氢就要耗去 100 公里。

我接着问世耕大臣：那丰田公司的燃料电池汽车到哪里去加氢呢？他回答道：要么在丰田公司的汽车专卖店，要么在丰田公司建设的加氢站。世耕大臣坦陈，日本是缺少资源的国家，几乎所有能源都依靠进口，液化天然气是进口的，氢气也是进口的，使用氢气至少不会排出二氧化碳。日本所进口的氢气是澳大利亚利用褐煤生产出来的，通过深冷加压液化，然后用船运到日本。我的理解是，日本进口能源必须多元化，这是确保其国家能源安全的必然要求。

后来我了解到，在日本，燃料电池主要用作家庭第二套备用电源。一旦出现类似地震等自然灾害导致的电源断供，就可以马上用氢燃料电池发电，保障居民的紧急用电需求。据统计，日本家用分布式燃料电池系统 Ene-Farm 能够提供电力，并利用燃料电池排出的热能为家庭提供热水。松下公司声称其 Ene-Farm 装置总能效可以达到87.6% ~ 97%。截至 2018 年底，日本已经推广了近 30 万台商用 Ene-Farm。2016 年底，每套家用燃料电池的售价是 127 万日元（约 7.5 万元人民币），在长达 10 年的时间里，日本政府每年为大约 5 万台 Ene-Farm 提供补助，意在取代原来的家用天然气，并减少从电网的购电量，还可将燃料电池用作备用电源。

日本的做法给了我们很大的启示：如果说燃料电池上车还存在很多困难有待克服的话，为了加速产品成熟，是否可以先在其他场景使用，待成熟之后再考虑用在汽车上？

世界上燃料电池汽车做得较好的有丰田、通用汽车、本田和现代汽车等公司。行文至此，我不由得想起本田公司决定于 2021 年 8 月停止燃料电池乘用车开发和产业化工作而转向发展电动汽车的消息，显然该公司在产业化方面遇到了难以克服的困难，这也是这个领域共同的难题。

5.3.2 系统解析

燃料电池系统不仅包括燃料电池堆本身，还包括外围的氢供应系统、氧（空气）供应系统、水和热管理系统、电力管理和控制系统等，主要部件有空压机、氢气循环泵、增湿器、高压氢储存瓶等，它们一起组成了燃料电池发电系统。图 5-6 所示为高温燃料电池发电系统。

图 5-6 2017 年成都全球创新创业交易会上展出的高温燃料电池发电系统

燃料电池由正极、负极、电解液、外电路等组成。氢气从正极导入，被分解为氢离子和电子，电子通过外电路流向负极，氢离子（即质子）通过质子交换膜流向负极。空气从负极导入，氢离子与氧气发生化合反应生成水。只要供气不断，电流就会源源不断地产生。燃料电池理论上能量转换效率接近 100%，但实际上在电极上面是有电阻的，会产生热，所以转换效率一般为 40% ~ 60%；如果将一部分排出的热能加以利用，效率可以更高。

根据需要，可以把多个电池单体通过串联、并联组成电池组，又称电堆。电堆由多层膜电极和双极板堆叠组成。

从车用燃料电池本身来看，最核心的部件是膜电极，它由质子交换膜、碳纸、催化剂组合而成。膜电极中间是一层很薄的膜，这种膜是氢离子的优良导体，不能传导电子，可以阻隔两个电极之间的气体。

质子交换膜燃料电池需要金属铂作为催化剂，而铂是一种高价格贵金属，2008 年，其价格曾一度比黄金价格高一倍多，近两年基本上是黄金价格的一半左右。2023 年 2 月大约为 220 元 / 克。这还只是原料的价格，如果加工成催化剂，成本更高。现在国际先进水平是每 100 千瓦的燃料电池使用 10 克铂，业界一直在努力尝试减少铂的使用量，这样可以大大降低燃料电池的成本和价格。

质子交换膜燃料电池组的质量能量密度可以达到 500 ~ 700 瓦·时 / 千克，体积能量密度可达 1000 ~ 1200 瓦·时 / 升。氢燃料电池在 30 ℃ ~ 90 ℃ 的温度下运行，20 秒内就能达到满负荷工作，这些指标都远远优于锂电池。最重要的是，燃料电池反应完成后只排放出水，这种发电技术可以实现零排放。燃料电池有几种不同的形式，汽车上所使用的都是质子交换膜燃料电池。国际上这方面著名的研究机构有加拿大的巴拉德（Ballard）公司、美国的普拉格能源（PlugPower）公司等。

5.3.3 前路漫漫

在燃料电池组方面，国内的研发水平与国际先进水平还有比较大的差距。

比如，国内的电堆质量功率密度和体积能量密度与国际先进水平相比，还有10%左右的差距。一些部件国内还不能生产，靠进口部件组装。

除了电堆本身，在空气压缩机和氢气循环泵方面，我国与国际先进水平也存在差距，有些技术领域国内还是空白。以空气压缩机为例，它要求在无润滑油的状况下达到每分钟10万转以上的转速。国内生产该类设备的企业有很多，河北金士顿、北京势加透博等生产的空气压缩机已经批量应用到车载氢燃料系统中，但性能与国外相比，尚有差距。又如氢气循环泵，在停机时要及时吹扫水以防止其结冰，需要根据具体使用工况，通过大量的试验积累数据，才能在匹配各种不同的车型方面得出最佳的吹扫量值，这是任何一家企业花多少钱都买不到的宝贵资源。

有差距并不可怕，对有抱负的企业来说，这反而可能是机会。我认为，在追赶国际先进水平的过程中，一定要把应用放到更加重要的位置。国内的产品不可能一步登天，但是一定要制定鼓励使用的政策，取消招标采购中对业绩的不合理要求，并且对使用中出现的问题采取宽容的态度。就燃料电池企业而言，拿到订单十分重要，要与用户建立密切的合作关系，加强售后服务，在使用中暴露问题，不断地改进，一步一步地朝着目标前进。中国人的勤劳智慧，加上众多企业百折不挠的韧性坚持，我们终究会克服重重困难，取得更大的成就。

燃料电池汽车的发展是一项复杂的系统工程，除了燃料电池以外，还涉及氢气的制取、储存、运输、加氢站的建设等。除了前文介绍的3种氢气制备方式外，现阶段也可以利用工业副产氢，这需要做好整体谋划。

说到燃料电池整车，比较一致的看法是优先考虑在重型商用车和客车上应用。不过还有一些人主张在乘用车上推广使用燃料电池作为能源。对此我有一些担心：我们一张蓝图干到底，坚持不懈20多年，好不容易才在电动乘用车领域取得世界领先的成就，但是这种优势还不牢固，如果不能保持战略定力，见异思迁，在新能源乘用车上的地位随时有得而复失的可能。现在最怕的就是盲目更换"频道"，本田公司改弦易辙放弃燃料电池汽车，客观上给了我们一个警示。

至于重型载货汽车，它是以载重为目的的运输工具，现在的锂电池组太重，装在车上增加卡车自重的同时会减少载重量。在这一点上，燃料电池比锂电池更具优势，如果成本能够进一步下降，则有其应用前景。但是，需要同步考虑的是加氢站的建设问题。众所周知，重型载货汽车走遍全国大江南北，假使在所有公路沿线建设加氢站，难度比建设充电站更大，需要进行很好的规划。反而是客车，一般行驶路线相对固定，其用户的价格承受能力也高于重型载货汽车用户，似乎可以先行一步。

当初电动车的推广应用采用的是试点先行的办法。在燃料电池汽车的推广应用上，现在已经有 5 个城市群正在开展试点。我们期待着这些试点城市能够不断总结出可复制、可推广的先进经验，推动燃料电池汽车在更大区域的应用。

5.4 │ 规范治理：低速电动车

大约从 2013 年开始，低速电动车在全国一些地区开始兴起。最早是从两轮摩托车起步，后来逐渐发展到了三轮、四轮，三轮车中既有载人的，也有载货的。载人的低速电动车叫法也多种多样，有的叫老年代步车，有的叫"三蹦子""老头乐"，五花八门。

这种车车长一般都在 3.5 米以下，早期大部分配备铅酸蓄电池作为动力电池，近年来随着锂电池成本的下降，也开始配备锂电池作为动力电池。这种车可以乘坐 3 到 4 人，车速一般只能达到每小时 40 公里左右。由于它们没有被纳入汽车范围进行管理，车辆无法获得汽车牌照，驾驶员没有经过培训，更没有考取驾驶执照，给道路交通管理带来很大隐患。在实际使用中，这种车既有在机动车道行驶的，也有在非机动车道行驶的，逆行、闯红灯现象比比皆是，公众对此非常不满。2018 年，公安交通管理部门曾经做过统计，5 年间，低速电动车在全国范围内共发生道路交通事故 83 万起，造成 1.8 万人死亡、18.6 万人受伤，事故起数和死亡人数逐年上升。

这种车型的生产主要集中在山东、河南、河北、江苏等地区，每年产能超过 200 万辆，2018 年最高峰时年产销量达到 140 万辆。出于地方利益的考虑，企业所在地政府往往对其发展抱持积极支持的态度，社会上也有一些舆论为其造势。甚至有些专家大声疾呼，认为这种车具有小型化、价格低的特点，适应老百姓的消费需求，成为老百姓的代步工具，中国据此可以走出一条不同于国外的新能源汽车发展道路。原来生产这种车型还需要由质量监督管理部门发放生产许可证，但是随着政府简政放权的推进，生产许可证大幅度减少，生产这种车型不再需要领取生产许可证，这愈发使这种车型在市场上大行其道，最多时有 200 多家企业涌入，野蛮生长。这种车型利用家庭用电源，拉出一根电线就可以充电，发生触电和着火的风险极大。公安交通管理部门在纠正违章行为的过程中经常与用户发生矛盾，用户总是质问：你们说这种低速电动车是违法产品，那为什么还允许生产、销售呢？

2015 年，工业和信息化部会同公安部向国务院上报请示，提出了"升级一批、规范一批、淘汰一批"的治理思路，同年 9 月，该请示得到了国务院的批准。当时设想用 3 年左右的时间，制定出国家技术标准，将一部分符合标准的低速电动车纳入机动车范畴进行管理，促进低速电动车合规发展。2018 年，工业和信息化部与国家发展改革委、科技部、公安部、交通运输部、市场监管总局等六个部门发布《关于加强低速电动车管理的通知》，开展低速电动车生产销售企业清理整顿；严禁新增低速电动车产能，要求地方各级人民政府停止制定发布鼓励低速电动车发展相关政策，停止制定发布低速电动车准入条件，停止核准或备案低速电动车投资项目，停止新建低速电动车企业、扩建生产厂房等基建项目，停止新增低速电动车车型，等等。通知起到了遏制新建工厂、新增产能的作用，实现了管住"增量"，然后再研究解决"存量"问题的初衷。

在解决存量问题时，"升级一批"的设想与新能源汽车生产企业严控准入的规定产生了冲突。当时，新能源汽车已经出现了一哄而起的低水平重复建设现象，地方政府和企业热情高涨，有上百家企业跃跃欲试，国家发展改革委不得不严格控制新进入企业的数量，不断提高准入门槛。这样一来，大量的"合规"汽车企业还没获得资质，更别提这些没有标准可依的低速电动车企业了。从企业角度来说，低速电动车企业自然也不情愿放弃已有的市场，转到自己并不擅长的领域与正规的汽车企业竞争。此外，这些企业被纳入规范管理后，用户购车时还要缴纳车购税、消费税等。这些因素加在一起，使得"升级一批"成了惠而不实的"空心汤团"。至于"淘汰一批"，那是最终结果，不到万不得已，没有企业会主动地淘汰自己。于是几乎所有企业都把目光集中到争取进入"规范一批"行列中来。

这时首先要有标准，在标准的制定过程中，统一各个管理部门的思想就成了第一位的工作。

我们先从界定车型开始。原来我们曾经设想不管是载人还是载货，将所有三轮、四轮的低速电动车统一规范起来。有的部门对此提出了异议，因为绝大多数载货的三轮低速电动车是用于快递送货的车辆，如果把这一部分电动车纳入规范管理，不仅涉及跨部门的管理职责划分，还可能会对快递运输产生不利影响。经研究后，我们决定先把载人的低速电动车纳入规范，载货的低速电动车以后再进行规范。

接下来就是低速的"口子"开不开、开多大的问题。原来低速电动车的车速都在每小时 40 公里左右。对机动车道而言，这种车的车速太低，会影响其他车辆的行驶，而且很容易引发交通事故；对非机动车道而言，这种车的车速又太高，在其他车辆当中横冲直撞，同样也容易引发交通事故。经过反复磋商，最后各方达成一致意见，就是把车速限定在每小时 70 公里以内，车速超过每小时 70 公里时要自动报警。有人没有完全搞明白这个规定的用意，以为所有车型的车速都要达到每小时 70 公里，这是一个误解，其实只要30 分钟内最高车速在每小时 40 ~ 70 公里的范围内都是可以的。同时规定0 ~ 40 公里 / 时的加速时间小于等于 10 秒。之后这类车型必须在机动车道行驶。

在标准的制定过程中，我们充分听取了专家意见，没有对配装什么类型的电池做统一规定，删除了讨论稿中不允许使用铅酸蓄电池的规定，把它交给市场去选择。

在安全性方面，标准规定除了要进行 40 公里的正面碰撞试验外，还要进行侧面碰撞试验，这既是出于保护车内乘员安全的需要，也是出于保护路上其他车辆和人员安全的需要。

在车身尺寸方面，标准规定车型长度须小于等于 3.5 米，宽度须小于等于 1.4 米，高度须小于等于 1.7 米，这些都是微型汽车尺寸的现有限值，并未另提特别要求。乘员规定是不超过 4 人。

只有资质、标准、牌照、驾驶执照、保险 5 项要求同时满足标准规定的低速电动车，才能上路行驶。

2021 年 6 月，历经 5 年多的努力，经过反反复复的协商，数次向社会征求意见，多部门意见终于达成一致。这个标准的制定居然花费了 5 年时间，确实有点出乎预料。这既说明了统一认识的难度，也说明了谋求共识的必要，在各方面意见不统一的时候，需要彼此密切沟通，换位思考，不能也不应强求一致，否则霸王硬上弓，即使标准通过了也不可能顺利实施。另外，要抓主要矛盾，该妥协的要妥协，该放弃的要放弃，否则会如同一团乱麻，剪不断理还乱。

有关低速电动车限行区域、限行路段、限行时间等相关规定，由地方政府（主要是市一级政府）根据当地情况自主决定，但是标准明确要求低速电动车不能上高速公路行驶。

北京市政府早在 2017 年开始就对低速电动车的销售进行了规范，只有达到国家规定要求的产品才能销售，没有达到国家规定要求的产品应立即停止销售。对在用的低速电动车给予 3 年的过渡期，过渡期之后达到国家规定要求的产品要补办各种手续，达不到要求的产品将被淘汰。随后，很多地方政府也采取了各种过渡性措施，使这一长期存在的"异类"产品得到了明确的规范治理，解决了长期以来令公共交通管理部门和社会大众十分头痛的难题。

5.5 ｜ 大有可为：新能源商用车

除了前面提到的乘用车外，我国还有约五分之一的汽车是商用车，包括大中型客车和各种载货汽车。对于新能源动力在商用车上的应用推广，这几年的探索实践可圈可点。

5.5.1 新能源客车：成绩斐然

在今后相当长的时间里，我国大众出行主要还是依靠公共交通。大中型客车的市场规模很大，但是在过去很长一个历史时段，我国客车产品技术水平低、油耗高、污染排放居高不下，综合性能与国际先进水平差距很大。改革开放以来，国内的大客车技术水平也逐步提高，一批本土客车企业，如郑州宇通、厦门金龙、中通客车等，在激烈的竞争中脱颖而出。我国车身技术水平与国外引进产品不相上下，而且在价格上还占有优势。

但是，国内的大客车在动力系统上与国外产品存在很大差距，例如我国针对柴油车从 2011 年 7 月 1 日开始实行国Ⅳ排放标准，但是当时欧洲实行的是欧VI排放标准，而我国还没有一家客车企业掌握符合欧VI排放标准的发动机技术。另外，多挡变速箱技术也是我们的弱项，我国大中型客车的动力系统技术与国际水平的差距远远大于车身技术的差距。用新能源动力系统取代传统燃油动力系统，就成为我们缩小动力系统技术差距的必然选择。在2008年北京奥运会和2010年上海世博会期间，为大会服务的车辆主要是大中型新能源客车。后来，大中型新能源客车与乘用车一起构成了"三纵三横"的技术路线，国内很多客车企业都承担了新能源客车的研发任务，也取得了一批科研成果，初步掌握了新能源动力系统技术以及与整车匹配的技术。

事物发展的规律一定是从不成熟走向成熟的，从来没有甫一出现就达到先进水平的产品。要支持企业继续前进，政府的前期补助必不可少。中央政府有关部门除了对所选择的试点示范城市提出推广数量的要求外，对车身长10米以上的城市公交客车，采用混合动力系统的大客车每辆补助5万～42万元不等，补助额度根据节油率、使用铅酸电池、镍氢电池还是锂电池的不同而有所不同。采用纯电动和燃料电池动力的客车，每辆分别补助50万元和60万元。同时大部分试点示范城市也提供地方财政补助，按照中央财政补助额度的50%～100%进行补助。

新能源客车补助政策一出台，很多城市马上将一批公交车进行更换，这一举动立竿见影地改变了客车企业疑虑观望的态度，很多企业迅速行动起来，加大研发投入和产业化投资。使用大中型客车较多的旅游汽车公司、出租车公司也开始购买新能源客车投入运营，大中型客车发展的被动局面由此得以扭转。

当时锂电池技术还不成熟，价格也比现在高几倍，而大客车使用的动力电池数量又多，即便政府补助额度达到50万元，加上地方政府再补助50万元，对汽车企业的吸引力也还不及补助40多万元的混合动力客车。最可行的方案是先发展深度油电混合动力客车，以中型客车为例，只要最大电功率达到整车功率的20%以上、节油率达到10%以上，就可以拿到5万元补助，电功率越高、节油率越高，补助额度也越高，最高可以拿到10万元补助。显而易见，这比纯电动客车拿到的补助额度低，但是产品相对容易达到要求。一时之间，深度油电混合动力客车比比皆是，当时北汽福田、安凯客车、中通客车、一汽客车位列新能源大型客车推广数量的前几名，被业界统称为"一通三"。

3年的试点示范即将结束时，在总结试点示范经验的基础上，财政部等4个部委于2013年底下发了《关于继续开展新能源汽车推广应用工作的通知》。该通知贯彻《节能与新能源汽车产业发展规划（2012—2020年）》的精神，对新能源汽车的支持政策进行了比较大的调整。

其一，取消了对深度油电混合动力乘用车的补助，只对插电式混合动力汽车、纯电动汽车和燃料电池乘用车进行补助。其二，调整可申请补助的客车车型范围，从过去的车身长10米以上的大中型客车，扩大到6米以上的客车，纯电动客车分为6～8（不含）米、8～10（不含）米、10米及以上3档，燃料电池商用车不分车长都可以申请50万元补助。之后，主管部门又下发文件，对由于油价上涨给予城市公交车的燃油补助采取退坡机制，以2013年实际补助额为基数逐年递减，从2015年开始减少15%，到2019年减少60%。以上政策对纯电驱动的插电式混合动力客车，尤其是对纯电动客车发展的促进作用是巨大的，城市公交公司不再采购深度油电混合动力客车，转而采购新能源客车。由于客车补助范围放宽到车身长6米以上，也促进了轻型新能源客车的发展。在这段时间里，磷酸铁锂电池、大型驱动电机、电池管理系统、电机驱动系统、IGBT等电子元器件都得到了长足发展，国内客车产业链进一步完善。

但是，由于补助政策划分档次太多，企业往往会权衡利弊，在车长分档时选择更容易达到且难度最小的组合，更有甚者出现了车辆申报的电池与实际使用的电池不一致或者把车辆"卖了"而没有投入运营的"骗补"问题。主管部门在严厉查处了一批企业、追回补助并罚款的同时及时修订了政策，增加了行驶里程和能耗要求，还增加了运营车辆行驶里程达到 2 万公里以上时才能申请补助的要求，将事后补助改为运营后补助。从 2017 年又开始了新能源客车补助退坡，各种投机取巧的行为得到规范。

政策调整在纠偏的同时也促进了技术进步，客车动力系统的水平在不断提高，整车动力系统的匹配也更加完善，集中表现为：从过去的分立部件整合为纯电驱动的平台，效率提高，质量减轻，可靠性大幅度提高，纯电动客车随着锂离子动力电池性能的提高也开始得到应用，纯电动客车比例上升，附带还解决了燃油客车长期存在的一些无技术来源的问题。

一些企业看到了希望，下定决心在新能源客车研发上加大投入，开始建设新能源客车新工厂。2018 年，我国新能源客车销量达到 10.47 万辆的峰值，占全部客车销量的 23.1%，现在，国内城市公交车 95% 以上已经是新能源客车。北京、上海、广州、深圳等一线城市的公交车几乎全部改为纯电动公交车，其他城市的新能源公交车的应用也在快速推进之中。我国电动大客车不仅在数量上一直领先于世界，在技术上也发展得很快。据统计，我国生产销售电动大客车的数量占全世界 90% 以上。特别值得一提的是，电动大客车的市场扩展和技术进步，客观上促进了动力电池产业的发展，因为虽然大客车数量远比乘用车少，但装用电池量比乘用车大得多。车用磷酸铁锂电池的产业生态最初就是依靠电动大客车发展起来的。

突如其来的新冠疫情使新能源客车销量有所下降，但我国客车行业展现出强大的韧性和巨大的潜力。2022 年，6 米以上新能源客车销量为 61 539 辆，同比增长 21.9%，排名前三位企业分别是郑州宇通、苏州金龙、中通客车。新能源客车市场正在加速回暖。随着新冠疫情影响的消退，新能源客车市场有望重回正轨，进一步向好。

继续推广新能源客车，除了更新公交车以外，未来在长途客车、城市非公交车、轻型客车方面还有潜力可挖。大中型客车动力转换还有一种可能，那就是使用氢燃料电池动力，有些企业在氢燃料电池方面已经开始行动起来。将来究竟是以纯电动技术为主还是以燃料电池技术为主，现在还不明朗，取决于两种技术的发展和相关产品的竞争力。

在全球高度关注气候变暖和减碳的大背景下，交通运输行业作为减碳重点行业之一，一个现实可行的方法就是推广新能源汽车。除了国内市场外，大中型新能源客车的出口市场也是大有可为的。对新能源客车的未来发展前景，我们应该充满信心。

5.5.2　新能源重型卡车：持续发力

在重型卡车动力转换方面，纯电驱动实现起来更为困难，这是因为重型卡车需要以更轻的自重来提高载重量。传统的重型卡车自重和载重大约是1∶1的关系，如果轻量化做得好一些，自重占比可以更低一些。但是假设使用电池电机作为全部动力的话，按照300千瓦时的电量计算，仅电池包就重达2吨左右，如果不算电动机与发动机之间的质量差，最好的结果也只是1.2∶1。在同样的功率下，为了保证行驶安全，自重增加的问题只能靠减少载重量来解决，对以运营为主的重型卡车而言，这是让用户很不愿接受的一种改变。牵引车虽然不存在载重问题，但是对功率和续驶里程的要求更高，只有减轻自重才能多拉快跑。此外，充电时间长也是这类重型卡车用户难以接受的痛点。

因此，这些年来，无论国内国外，重型卡车一般都使用油电混合的动力系统作为新能源转换的起步。而且在这种混合动力系统中，柴油机承担的功率远远大于电动机所承担的功率，虽然在实际使用中，相比单纯使用柴油机，有10%左右的节油效果，但是采用这种系统的车辆更重、成本更高，这只能是一种过渡方案。

未来新能源重型卡车的发展将转向两个方向。

一个方向是以燃料电池作为动力，实际上是通过加氢，在汽车上通过燃料电池发电，然后用电动机驱动整车。虽然采用此方案的燃料电池汽车也需要使用电池组进行储电，但是其电池组的容量远远小于纯电动汽车的电池包。

这样做有 4 个优势。一是加氢只需要几分钟时间，与加油时间相当，相比充电时间大大缩短。二是续驶里程长，很容易达到几百公里，1000 公里的续驶里程也指日可待，而纯电动重型卡车只能实现 150 公里左右的续驶里程，再进一步提高很难或不合算。三是零排放，采用燃料电池的方案不仅不排放尾气，而且在发电过程中也不排放二氧化碳，只排放水。四是车辆的自重比纯电动重型卡车低很多，与燃油重型卡车基本一样或略重。

不过与此同时，这样做的缺点也很突出。一是成本高，除了燃料电池系统外，车载储氢系统的成本也不低，相对而言，纯电动重型卡车的价格是燃油重型卡车的一倍以上，而燃料电池重型卡车的价格是同类燃油重型卡车的 3 ~ 4 倍。二是容积利用率下降，因为在驾驶室与车厢之间要装备储氢罐，为了确保安全，储氢罐还要装在靠里侧，这会占用货厢的容积，有时也会影响装卸。三是燃料电池要使用贵金属铂，资源保障和金属价格都对该方案有所制约。燃料电池重型卡车产业化的前提是燃料电池堆的成本与柴油机相当、氢燃料的成本与柴油相当，同时在使用范围内建立起氢的输送和供应系统，这条路任重而道远。

另一个方向就是向纯电动方向发展。纯电动重型卡车最大的问题就是续驶里程短，而且进一步增加困难，另外还有充电时间长的问题。虽然有一些企业也在探索换电模式，但是由于纯电动重型卡车销量少，换电站很难经营下去，期待未来能够实现统一的电池组标准化、系列化。

与 20 多年前我们开始研究新能源汽车发展战略时相比，现在最大的外部环境变化就是碳减排目标的提出，而交通运输行业正是需要减排的重点行业之一。我认为，在乘用车领域，应该保持我们已经取得的优势定位，在纯电动汽车和插电式混合动力汽车上继续努力，坚定信心，保持定力，毫不动摇地朝这个方向持续前进。在商用车领域，从长远来看，要重点关注氢燃料电池的发展，国家已经部署了试点城市的工作，以通过试点取得经验，争取早日实现产业化。

近几年，新能源重型卡车的销量呈现缓慢增长的态势。2018 年以前，每年销量不到 1000 辆，2020 年达到了 1333 辆，这 1333 辆中绝大部分是纯电动卡车，其中自卸车占一半以上，但是 1333 辆新能源重型卡车销量只占当年重型卡车销量的 0.08%。2022 年，我国新能源重型卡车销量达到 2.5 万辆，渗透率升至 3.72%，并有继续加速增长的趋势。

在氢燃料电池研究方面，上汽旗下的捷氢科技公司推出了 PROME PX3 燃料电池系统，通过了 1 万小时的耐久性试验，可以在 -30℃ 的低温下启动；捷氢科技公司正在攻关质子交换膜、催化剂、碳纸等材料的国产化，下一代的燃料电池堆 P5 也正在研发中。

长城汽车从 2016 年开始投资燃料电池汽车和相关零部件研发，成立了未势能源科技公司，聚焦燃料电池汽车、燃料电池发电设备和储氢设备，开发了Ⅳ型储氢瓶碳纤维缠绕设备。2021 年 6 月，长城汽车推出了总重 49 吨的燃料电池牵引车。

2021 年国际上最好的燃料电池寿命可以达到 3 万小时，有报道称有的实验室产品可以达到 6 万小时。6 万小时以上寿命的燃料电池堆就能达到汽车使用寿命的要求了。剩下的最大问题就是成本和价格。燃料电池堆成本最高的是膜电极，其成本占电堆成本的 60% ~ 70%，质子交换膜、碳纸、铂催化剂是降低成本的关键所在。国际上批量生产的燃料电池堆价格大约为 40 美元 / 千瓦，专家认为，其价格只有降到 30 美元 / 千瓦以下才有与纯电动卡车在价格上一争高下的可能。

燃料电池的另一个问题是功率偏小。在重型卡车方面，丰田公司的

FCET 车型采用两个 114 千瓦的燃料电池堆，续驶里程达到 480 公里，主要用于港口集装箱运输。韩国现代公司的燃料电池重型卡车搭载两个 95 千瓦的燃料电池堆，续驶里程达到 400 公里。在我国，中国重汽、陕汽、大运汽车等在燃料电池重型卡车上也有一些探索，据报道，陕汽已向市场投放了 162 千瓦功率、续驶里程达到 712 公里的氢燃料电池重型卡车。

在纯电动重型卡车方面，一汽、东风汽车、比亚迪、中国重汽、陕汽、华菱星马等整车企业都有产品面市，凯博易控研发的卡车电动驱动系统已经在一些重型卡车产品上应用，上海精进电动的永磁电机和四挡自动变速箱也已用在一些车型上。纯电动重型卡车取消了燃油重型卡车的发动机、供油系统、进排气系统等，但是由于扭矩太大，一般都还保留了自动变速箱，只是在操控方面采用电操控。

5.5.3 新能源轻型物流车：空间广阔

我国的物流车是随着电子商务等互联网应用的普及而发展起来的。国内物流可分为干线、支线、区域内（一般是指城市内）的物流。干线物流一般使用空运、铁运、公路运输等，取决于时间要求和成本核算。支线物流一般都通过公路运输。如果通过公路运输，则主要靠大中型卡车，包括重型牵引车、大中型通用厢式货车（邮政运输车也归于此类）、仓栅式运输车等。区域内（城市内）物流使用的汽车较小，包括轻型卡车、微型卡车，"最后一公里"则大量采用三轮、两轮（主要用于送餐）摩托车。可以说根据需求的不同，各种各样的运输工具组成了覆盖全国各地的物流运输网络。

从物流运输的末端看，无论是两轮摩托车还是三轮快递车，早在 10 年前就已经开始电动化了，只不过早期大多数生产企业出于成本考虑，选择的是铅酸蓄电池。后来磷酸铁锂蓄电池成本大幅度下降，带动这些产品转而使用锂电池。这些简易电动车在方便用户、解决几百万人就业问题的同时，也带来了交通管理方面的诸多难题。

2014 年，国家邮政局发布了行业推荐标准《快递专用电动三轮车技术要求》，对快递专用电动三轮车的最高车速、续驶里程、快递统一标识、车厢等提出了明确要求；2016 年又进一步组织修订了这项标准；2017 年 4 月向社会征求意见。这一标准对电动三轮车产品的健康发展起到了积极的促进作用。目前，快递专用电动三轮车的保有量大约是 300 万辆，每年的产销量大约占全部 1000 万辆电动三轮车的 20%。

两轮电动车领域存在着模糊地带。长期以来，两轮车分为自行车和摩托车，自行车是不使用动力装置的产品，摩托车是使用动力装置的产品，两类产品分别归属轻工行业和机械行业管理，原本井水不犯河水，相安无事。但是随着人们生活水平的提高和一部分城市"禁摩令"的实施，摩托车产品在国内的销量大幅度下降，而自行车产品开始加装动力，受到群众的普遍欢迎。

《中华人民共和国道路交通安全法》是一部既管机动车也管非机动车的法律，对非机动车有明确界定："'非机动车'，是指以人力或者畜力驱动，上道路行驶的交通工具，以及虽有动力装置驱动但设计最高时速、空车质量、外形尺寸符合有关国家标准的残疾人机动轮椅车、电动自行车等交通工具。"关于电动自行车的国家标准则是 1999 年发布的《电动自行车通用技术条件》（GB 17761—1999，已于 2019 年 4 月 15 日废止），当时规定电动自行车最高车速应不大于每小时 20 公里，整车质量应不大于 40 千克，并且具有良好的脚踏骑行功能。对比而言，轻便摩托车的车速应小于每小时 50 公里，同时，轻便摩托车还需要具有识别代号、车辆标志、转向装置操控等，而电动自行车并没有类似的要求。

一时间，电动自行车纷纷向轻便摩托车方向转变，车速远远超过每小时 20 公里，很多产品已经没有自行车的外貌，更像踏板式摩托车。更有甚者，完全采用传统两轮摩托车的结构，整车装备质量超标，但仍称为"电动自行产品"且不需要上牌照，骑行者不需要考取驾驶执照。这类电动自行车在非机动车道上横冲直撞，有时也在机动车道上行驶，带来了道路交通安全的问题。

国家标准化管理委员会一直在组织制定电动摩托车的标准规范，2009 年 6 月 25 日，发布了《电动摩托车和电动轻便摩托车安全要求》(GB 24155—2009)、《电动摩托车和电动轻便摩托车 动力性能 试验方法》(GB/T 24156—2009)、《电动摩托车和电动轻便摩托车能量消耗率和续驶里程 试验方法》(GB/T 24157—2009)、《电动摩托车和电动轻便摩托车通用技术条件》(GB/T 24158—2009)这 4 项国家标准。这些标准均定于 2010 年 1 月 1 日开始实行。

这些电动摩托车国家标准发布后，在社会上引起很大反响，支持者和反对者观点尖锐对立，展开了激烈争论。2009 年 12 月 7 日，中国自行车协会代表自行车行业向国家标准化管理委员会正式提出请求，希望暂缓电动摩托车国家标准的实施。2009 年 12 月 15 日，国家标准化管理委员会发布公告，采纳了这个意见，决定暂缓实施这 4 项国家标准。

经过多次政府机构改革，原属于轻工行业自行车管理的职能和原属于机械行业摩托车管理的职能都归入工业和信息化部统一管理。2011 年，工业和信息化部主动把这些标准的制定协调组织工作接了过来，在标准制定过程中，我们改变了思路，不再区分电动摩托车和电动轻便摩托车，而是直指电动自行车国家标准修订工作。经过 7 年时间，中间经过多次争论和磨合，终于在 2018 年发布了新版《电动自行车安全技术规范》(GB 17761—2018)。由此，将传统的电动自行车分为两大类 3 种产品。第一类是非机动车类的电动自行车，规定速度不能超过每小时 25 公里、整车质量不能超过 55 千克、必须具有脚踏骑行能力，3 种要求必须同时具备，增加了防篡改、防火性能、阻燃性能、充电器保护等规定。第二类是机动车，分为电动摩托车和电动轻便摩托车两种。至此，长达 20 年的标准之争终于结束，无法管理的混乱局面终于得以控制，公安交通管理部门在管理和执法上终于能够真正做到有规范可依。

对比两轮、三轮车，轻型、微型汽车的电动化落在了后面。2022 年，我国中型、轻型和微型卡车的销量达到了 222.11 万辆，其中新能源汽车只有 7.14 万辆，约占全部销量的 3.2%。新能源轻型、微型卡车发展潜力巨大。

2021 年 7 月，北京市公安局、北京市交通委员会等联合发布《关于加强违规电动三四轮车管理的通告》，要求自通告发布日期起，禁止生产、销售违规电动三、四轮车，任何单位和个人不得新增违规电动三、四轮车，凡是未经工业和信息化部许可生产，未列入《道路机动车辆生产企业及产品公告》，车辆性能不符合机动车安全技术标准，使用电力驱动用于载客或载货的三、四轮机动车都是违规产品，对在该通告发布前已经购买的违规产品设立过渡期，要求到 2023 年底停止使用。在此之前，深圳、广州、上海、郑州都已采取相应措施，加强对电动三、四轮快递车的管理。

现有的一些公司，如京东、美团、菜鸟等，都在研发无人驾驶配送小车，这一定是未来的发展方向，但是现阶段其要大范围普及还有很多问题需要解决，如道路拥挤问题、车辆安全性问题、配套法律法规修订问题，等等。无人驾驶配送小车一时半会儿还难以成为现有快递车的替代产品。

第六章 车企创新竞进，让子弹飞

汽车行业的发展具有规模经济效益型特征，前期必须靠大规模投入，开发一个接一个的车型，紧接着又要投资建设工厂，生产出的车型还要到市场上经受考验，在产销量没有达到盈亏平衡点时，生产一辆亏损一辆的钱。成功的汽车企业一般都要跨越这个痛苦的煎熬过程。无论是造车新势力异军突起，还是传统汽车企业加速转型，都不能违背汽车产业的内在发展规律。

从 2014 年开始，一批从来都没有生产汽车经验的民营企业进入了汽车行业，蔚来、小鹏、理想、威马、乐视、绿驰、游侠、哪吒、前途、拜腾、恒大……不胜枚举。这些新生力量都集中在新能源汽车领域，令人耳目一新。在"PPT 造车"和"资本游戏"的质疑声中，几年下来，这些企业陷入冰火两重天，它们有的在资本市场呼风唤雨，有的在产品市场大有斩获；有官司缠身的失意者，也有昙花一现的流星。

总结它们的成功经验和失败教训，足以给商学院 MBA 课程提供丰富的案例。

放眼全球，还有一批互联网企业纷纷宣布要进军新能源汽车市场，搅动甚至颠覆新能源汽车现有的格局。我国同样出现了类似的跨界造车趋势，这一点值得特别关注并深入研究。

与此同时，面对新能源汽车发展的大趋势，传统汽车企业不断摸索前进，试图在新领域发挥既有特长，闯出一条新路来。它们凭借深厚的功底，充分发挥在车辆研发、技术积累和产品质量管控方面的优势，不断扩大其在新市场的份额。它们能不能抢回被造车新势力夺走的领地？它们有怎样的创新思路和打法？这是汽车业界甚至全社会都关注的话题。

6.1 | 造车新势力捷足先登

在一众造车新势力中，蔚来、小鹏、理想三家简称"蔚小理"，颇具代表性。一方面，它们都已在美国上市，相关经营财务信息容易搜寻；另一方面，它们在激烈的竞争中先声夺人，拿出了受到国内市场欢迎的产品，实践了新能源汽车攻城略地的意图。

6.1.1 蔚来汽车：模式创新

2018 年，蔚来汽车率先在美国上市。创始人李斌后来回顾上市过程时认为蔚来汽车上市并不成功，原本打算募集资金 20 亿美元，最终只募集到 11 亿美元。2020 年，理想和小鹏也先后在美国上市，募集资金分别达到 14.73 亿美元和 15 亿美元。对造车新势力来说，融资是生死攸关的头等大事，谁先上市，谁就在激烈的市场淘汰赛中占有先发优势。

蔚来汽车成立于 2014 年 11 月，当时总部注册地在上海。我和大多数人的看法一样，认为蔚来汽车走过的发展路径与特斯拉很像。不过李斌在回答记者对二者进行比较的提问时，巧妙地避开了与其为竞争对手的定位，他认为 BBA 才是蔚来汽车的竞争对手，特斯拉与蔚来汽车同样都在发展电动汽车，属于战友。目前，蔚来汽车推出了 ET5、ET7、ES6、EC6、ES7、EC7、ES8 等车型，定价大多在 30 万元以上，最高配置的 ES8 甚至达到 60 万元，确实与 BBA 的平均售价基本相当，企业总的产品定位是维持高端品牌形象。当然，对标 BBA，不仅是在售价上，更要体现在产品力和品牌口碑上，新能源汽车赛道的开辟和扩张为包括蔚来汽车在内的造车新势力实现目标提供了可能。

针对电动汽车二手车保值率低这一新能源汽车的共性问题，蔚来汽车开辟了可换电池的新使用模式：购买新车时可以买"裸车"，然后采用租赁方式使用电池。这一模式解决了电池充电时间过长的问题，也能对用于更换的电池进行专业化维护，从而延长电池寿命，还避免了由于电池性能衰减影响二手车保值的问题，特别是消费者购买"裸车"，还可以在原来定价的基础上减少几万元钱的支出，获得了实惠。

蔚来汽车在汽车行业还有一个首创之举，就是采用代工生产模式，利用江淮汽车造车经验，在合肥建设全新工厂，采用了现代化的生产工艺。此外，蔚来汽车是行业内为数不多的重视整车轻量化的企业之一。蔚来汽车使用全铝车身。与钢车身相比，全铝车身可以减小整车整备质量，而且铝合金车身的动态吸收能量性能好于钢车身，防撞性能好。

我去参观过蔚来汽车在合肥的工厂，得知为了做好铝车身，蔚来汽车用激光焊接代替原来的点焊，还使用了铆接等"十八般武艺"才完成了整个车身的连接。一切都好，就是算起总账来，铝车身的整体成本还是要高于钢车身的。

在蔚来汽车的发展过程中，合肥市政府起了关键作用。2016 年 4 月，蔚来汽车与江淮汽车达成战略合作协议，双方联合在合肥打造江淮蔚来制造基地。最初确认的产能为 5 万辆，随着后续工厂产能的扩张，截至 2021 年 10 月，江淮蔚来汽车工厂（如图 6-1 所示）产能已经达到 12 万辆。

图 6-1　江淮蔚来汽车工厂

2020 年 2 月，合肥市重大产业项目集中（云）签约举行，蔚来汽车承诺打造以合肥为中心的蔚来汽车中国总部运营体系，总投资 1020 亿元。在此前的 2019 年，李斌曾被部分媒体称为当年"最惨的人"，他自称是"从 ICU

出来的人"。在蔚来汽车最困难的时候，国投招商、合肥市建设集团、安徽省高新投等公司决定投资 70 亿元资金，支持其发展。正是这雪中送炭，让蔚来汽车起死回生，挺过了最困难的时期。

6.1.2 理想汽车：找准定位

理想汽车的创始人李想一直与汽车行业有着千丝万缕的联系。他在创办泡泡网 5 年后，第二次创业创办了汽车之家，这是一家专注于汽车行业的互联网网站。2013 年 12 月，汽车之家在美国上市。2015 年，李想离开了他一手创办的汽车之家，第三次创业创办了车和家（后更名为理想汽车），在蔚来第一轮融资时，李想就作为风险投资者进入了。2016 年 4 月，李想在其个人微博上宣布了理想汽车的产品计划：一款是小型电动汽车 SEV，这是满足城市 1 ~ 2 人出行需求的短途轿车；另一款是满足家庭远途出行需求的 SUV 产品。人们这才发现李想前一年投资蔚来汽车的同时，也为自己造车布下了一盘更大的棋局。2017 年 6 月，李想又对第一款车型的定位进行了调整，改为满足欧洲 L6e 低速电动车标准、在海外用于共享出行服务的车型，整车整备质量只有 350 千克，可以乘坐 1 ~ 2 人，续驶里程 100 公里，速度不超过每小时 45 公里，与国内的低速电动车十分类似。但是这款车型并不成功。2018 年初，李想宣布暂停 SEV 项目。

我认为，理想汽车在这款车产品市场定位上出现了偏差。在国内市场，这款车达不到汽车产品技术法规的要求，不能上市；在海外市场，开拓又不顺利，共享租赁市场的开拓尤其困难。在这种情况下，及时停止项目也是一种理智的选择。

这样一来，理想汽车最先投放市场的车型反而是 SUV 产品——理想ONE。这是一款增程式混合动力汽车，既可以外接充电，又可以利用车上的内燃机带动发电机发电，内燃机使用的是东安 1.2T 三缸发动机。

在 2022 年初中国电动汽车百人会上，李想谈到了增程式汽车用电驱动行驶的里程问题，他认为国家规定的 50 公里以上的里程还远远不够，通过多年在汽车行业的经验，把用电出行的里程定在了 180 公里以上，这就满足了 90% 以上用户的出行需求。理想 ONE 车型为用户彻底解决了"里程焦虑"问题。

2018 年 12 月，理想汽车以 6.5 亿元收购了重庆力帆的生产工厂，并且取得了汽车生产资质。但是由于理想汽车缺少造车的实际经验，2019 年底，产品上市之后，很快就出现了断轴的质量问题，其在 2020 年底对已经交付客户的 10 469 辆理想 ONE 汽车实行了召回处理。

理想汽车一直将自己的产品定位为家庭的第二辆车，形象地称之为"奶爸车"。在充电基础设施还不完善的情况下，采用增程式方案有其合理之处，产品的价格定位在 30 万元以上，仅凭一款车型就能够在激烈的市场竞争中站住脚跟，而且多次挤进造车新势力销量的前三，这说明李想对我国汽车市场的分析很深入，对用户体验有很强的把控能力，这与他之前的工作经历是密不可分的。2021 年，李想在理想汽车成立 6 周年的纪念会上宣布，2025 年将实现 160 万辆的销售目标，我们期待理想汽车能够如期实现这个目标。

6.1.3 小鹏汽车：技术创新

小鹏汽车由何小鹏、夏珩、何涛等人于 2014 年创立，总部位于广州，这家公司也是在引入风险投资的机制、经过多轮融资后最终走向资本市场的。

何小鹏及其合伙人在 2004 年共同创办 UC 公司，先后开发了手机通信邮箱、手机浏览器等，获得了市场认可。2014 年 6 月，阿里巴巴用超过 40 亿美元的代价收购了 UC 公司，这在当时是我国互联网行业最大的一笔并购案，何小鹏也由此成为阿里巴巴的高管。也是在 2014 年，特斯拉 CEO 宣布推倒专利墙，开放特斯拉的专利技术，这坚定了何小鹏再次创业的信心，他与广汽新能源中心的夏珩、何涛、杨春雷等人一起成为小鹏汽车的联合创始人。

2017 年，何小鹏正式从阿里巴巴辞职，正式加入小鹏汽车，担任董事长。小鹏汽车最早是与海马公司合作，利用海马公司在郑州的工厂生产 G3 产品，一期投资 20 多亿元，生产能力为年产 15 万辆整车。在取得整车生产资质以后，小鹏汽车又在广东肇庆首次自建新工厂，工厂于 2019 年 9 月建成，年生产能力达 10 万辆。2019 年，小鹏汽车获得广州开发区管委会 4 亿元的融资，在广州建设第三个生产基地（该基地截至 2022 年底仍在建设中）。2021 年 4 月，小鹏汽车与武汉经济技术开发区管委会签署协议，在武汉投资建设第四个生产基地。

小鹏汽车一直以技术创新作为公司的追求，高管团队中大部分人都是技术人员出身，他们始终在一些先进技术和功能的使用上持积极态度，比如 P7 的鹏翼门、激光雷达的使用等，再比如在智能辅助驾驶系统上获得广泛赞誉的自动泊车功能的使用。

蔚来和理想两家公司在营销上都采用了直销模式，这样可以与客户建立起直接联系。它们通常是在一个城市的繁华地段建立品牌展示厅，用户到这里能了解到各种产品配置，一旦决定购买，采用网上下单的方法，厂商直接把汽车交付用户。这种模式需要较高的营销费用，但是减少了经销商佣金。而小鹏汽车因为产品覆盖面广，采用了直销与经销相结合的模式，这也许是在完全考虑清楚之前的一种过渡方法吧。

2021 年的销量排行榜上，造车新势力"蔚小理"三强鼎立，带动了新能源汽车市场的高度活跃。2022 年，蔚来、小鹏、理想的年销量分别为 12.25 万辆、12.08 万辆和 13.32 万辆，均超 10 万辆，比上一年分别增长了 34%、23% 和 47.2%。

尽管 2022 年的销售数据看上去很美好，但销售量前高后低的表现还是让造车新势力警惕。2022 年底，小鹏汽车内部举办年度总结会，复盘和反思了一年来的得失。何小鹏列举了 3 个做得不足的地方，包括：股价、销量、士气的低迷；客户思维和客户口碑的崩塌；小鹏汽车的组织能力差导致部门低效。为此，何小鹏对内部进行了大刀阔斧的整改，包括明确未来的战略规划，对净推荐值（Net Promoter Score，NPS）提出了更高的要求，开始推进一场深度的组织架构调整。

新能源汽车领域异军突起的造车新势力，不仅是让我国汽车产业面貌焕然一新的新生力量，还是近些年来驱动产业进步的重要力量。它们中的佼佼者从异常残酷的市场竞争中拼杀出来，高质量地推进新车迭代和产能扩建，距离盈亏平衡点越来越近，积累了一整套新打法，为我国汽车产业"换道"参与国际竞争进行了极其有益的探索。

6.2 ｜准入有度的警示

"蔚小理"一马当先，犹如怒放的报春花，预示着万马奔腾的我国新能源汽车市场的盎然春意，而跌宕起伏的市场变化，又给行业管理部门提出了新的要求。

从 2014 年开始，国务院批准继续在全国推广新能源汽车，延续新能源汽车补助政策，这大大激发了社会上一批企业谋求进入汽车行业、开发新能源汽车产品的积极性，新能源汽车发展热潮开始形成。

此前所有的汽车项目已经由过去的审批制改为核准制，整车项目由国家发展改革委核准，汽车总成和零部件项目由地方发展改革委核准。根据国家发展改革委核准的企业资质和建设项目，工业和信息化部按照国家强制性技术标准，组织第三方检测机构进行检测，只有合乎要求的产品才能被列入企业和产品公告。

根据当时的实际情况，相关部门经过共同研究后决定，已经取得整车生产资质的企业，只要不是跨类生产另一类产品，比如从商用车改为生产乘用车，其新能源汽车生产资质不需要重新申请；跨类或新进入的企业还是必须按照规定进行申请。

到 2018 年底，国家发展改革委一共批准 18 家企业获得生产销售新能源汽车的资质，这些企业的投资项目也同时一并得到批准。这 18 家企业可以分成以下几类情况。第一类是原来的汽车生产企业，本无须再申请，但企业出于各种不同考虑，重复申请并取得资质，包括北汽新能源汽车、奇瑞新能源汽车、江铃新能源汽车、重庆金康（即小康汽车）新能源汽车等。第二类是从低速电动车提升之后转向新能源汽车的企业，包括兰州知豆汽车、陆地方舟、康迪汽车等。第三类是由汽车零部件企业转变而来的新能源汽车企业，包括万象新能源汽车、前途汽车、长城华冠等。第四类是新进入汽车行业的企业，如长江汽车、浙江合众汽车（其品牌为哪吒）、河南速达汽车、云度汽车、国能汽车、国新控股（上海）、森源汽车等。

经历几年大浪淘沙式的严酷考验之后，几家欢乐几家愁，这些企业大部分没能达到预期目标，事实上其中有些企业已经难以为继了。反倒是有些没有直接拿到资质的企业，表现出了较强的竞争优势，在市场上初步站住了脚，正所谓"有心栽花花不开，无心插柳柳成荫"。

汽车行业的发展具有规模经济效益型特征，前期必须靠大规模研发投入，开发一个接一个的车型，每一个全新车型的开发动辄十几亿甚至几十亿元投入。紧接着又要投资建设工厂，生产出的车型还要到市场上经受考验。在产销量没有达到盈亏平衡点时，生产一辆亏损一辆的钱。一旦达到盈亏保本点的产销量后，销售一辆就赚一辆的钱。汽车企业一般都要经历这一痛苦的煎熬过程，时间短的 3 ~ 5 年，有的则需要更长的时间，很多汽车企业都倒在达到盈亏平衡点的前夜。对经营者来说，现金流是需要更加关注的关键问题，亏损不是致命的，一旦现金流枯竭，企业会立马崩溃。

根据大幅度减少政府审批事项的行政管理体制改革要求，结合前些年新能源汽车项目审批的实际效果，国家发展改革委会同有关部委于 2018 年底修改了新能源汽车的核准事项，发布了《汽车产业投资管理规定》。该规定将过去由国家发展改革委核准汽车整车项目调整为下放给地方发展改革委备案。除了继续严格管理传统汽车新上项目以外，对这些汽车企业，只要不是跨类别生产新能源汽车，就不再核准，只要求备案即可；但是对新建新能源汽车企业，要根据已经核准的本省份新能源汽车项目生产能力的总和区别对待，只有产能利用率达到 80% 以上的省份才能够备案新项目，如果已经核准的新能源汽车项目出现了问题，难以为继，则需要在"僵尸企业"处置和资产清理工作全部完成之后才能备案新项目。

当时就有人分析，前期核准的新能源汽车新建企业一共分布在 12 个省份，目前至少有 10 个省份短期内不能再备案新的新能源汽车企业和项目。对于没有造车新势力进入的省份，新项目落地也不是无条件的。条件之一是新能源汽车保有量占全部汽车保有量的比率要高于全国平均水平。条件之二是充电基础设施建设比较完善，桩车比要高于全国平均水平。只有上述条件都已达到，才能备案新的企业和项目。

对于这种做法，有人批评说是一种"连坐"制度，只要本省份有新能源汽车"僵尸企业"，其他企业就很难跨进这个行业。但这也是无奈之举，如果没有任何限制，很可能会带来一场混战，进而影响新能源汽车市场的有效培育和健康发展。重要的是要寻求建立有效的管理办法，防止一放就乱、一管就死。

近十年来，在新能源汽车的发展过程中，有一大批造车新势力的成功经验和失败教训值得总结，在这里我提出一些想法，供大家参考。

在这场新能源汽车投资热潮中，有一些企业是真正想造车，也有一些企业实际上就是拿造车说事，想以此达到其他商业目的，例如，借上大项目名义向地方政府大批要地，要地的规模远远超出造车需要。有些还进一步打着造车旗号进行供应链招商，绕开土地"招、拍、挂"，以建设职工住宅名义搞房地产开发。更有企业以同样的说辞同时在多个地区重复同样的操作。对这样的企业，地方政府应该仔细辨别，切莫为了招商引资而不分青红皂白，把捡到篮子里的都当作菜。

风险投资在国内不断发展壮大，给造车新势力开辟了一种融资新方式，这是市场化选择的结果，无可非议。问题是各级人民政府也纷纷组建规模不等的产业投资基金。有些产业投资基金帮助造车新势力企业取得了一定成功，也有一些产业投资基金听命于地方政府，盲目支持新能源汽车项目，而出现了"烂尾"。

如何趋利避害呢？我认为，政府务必明确这类基金一定要坚持市场化运作的原则。投资有风险，风险投资更要讲求回报，而且因为风险高，投资回报率还应该比一般的公共基础设施投资项目更高，政府应以这样的总投资回报率对其进行考核。另外，切不可"画地为牢"，外地有好项目，也应该支持企业跨地域投资，不能把这类企业作为替政府出钱的"金库"。在所投项目中，产业投资基金不应作为第一股东出场，而应保持自身的"陪跑"角色。在多元风险投资进入项目时，由政府参与的产业投资基金一般不领投，而且多元风险投资的所有制最好也是多元的，既有国有控股的产业投资基金，也有民营和外资控股的产业投资基金，这种结构的基金更为健康和理想。

在一些地区，近年来还出现了地方政府代投代建新能源汽车项目的现象，这就更加不可取了。政府不应该代替企业去做这些事情，越俎代庖只会适得其反，"烂尾"项目的很多问题都源于此。

6.3 | 长期主义实践：比亚迪实现反超

传统汽车企业功底深厚，在车辆研发、技术积累和产品质量管控方面拥有优势。面对新能源汽车发展大趋势，传统汽车企业不断摸索前进，试图在新领域发挥既有特长，闯出一条新路来。

最早一批转型的传统汽车企业包括一汽、东风汽车、北汽、上汽、长安、比亚迪、江淮、奇瑞、吉利等。下面重点从比亚迪公司在对外合作发展新能源汽车的过程中所做的尝试和努力这个角度切入，看看传统汽车企业积极转向新能源汽车赛道走过了怎样艰辛的历程，又迎来了如何丰硕的收获。

比亚迪公司是从生产充电电池起步的，2003 年时已经成为世界第二大充电电池生产企业。也是从这一年开始，比亚迪公司通过收购一家有轿车生产资质的企业开始进入汽车行业，由燃油汽车起步，赶上中国汽车市场快速扩张的有利时机，最终站稳了脚跟。比亚迪公司能够下决心开发新能源汽车，利用的是自身生产磷酸铁锂电池积累的经验。比亚迪公司在早期生产新能源汽车时，就全部采用自己生产的电池，其动力电池作为独有的优势，基本上不对外供应。比亚迪公司既生产整车也生产动力电池，这在全世界的汽车企业中是少有的。直到 2022 年，比亚迪公司才开始有电池外供。

比亚迪公司在新能源汽车研发和市场开拓方面不断地大胆探索，2008年推出了插电式混合动力轿车 F3DM，它实际上是一款增程式电动车，于2010 年投放市场。在这款车之后，比亚迪公司又推出纯电动轿车 e6，深圳市出租车更换车型时大多选择了这款车型。比亚迪公司"押注"新能源汽车取得成效，到 2012 年底，比亚迪公司在深圳有超过 800 台 e6 纯电动出租车和 200 台 K9 纯电动大巴投入运营。也是在 2012 年，比亚迪公司推出了To C 的混动车型"秦"，并摘取了国内新能源汽车销量桂冠。

同年 3 月，比亚迪公司与戴姆勒公司联合出资 23.6 亿元，组建了合资公司——深圳比亚迪戴姆勒新技术有限公司（腾势汽车），共同打造新能源汽车，由比亚迪公司负责纯电驱动动力系统的开发，戴姆勒公司负责车辆平台和车身的开发。2014 年，合资公司推出第一款车——腾势 400 纯电动汽车，之后在 2018 年又推出腾势 500（如图 6-2 所示）。

图 6-2　2018 年上海浦东国际汽车展览会上展出的腾势 500

戴姆勒公司是一家世界著名的汽车公司，集团旗下有戴姆勒卡车、梅赛德斯－奔驰轿车和轻型商用车等产品，奔驰是全球知名品牌。近年来，戴姆勒公司在电动汽车、燃料电池汽车的技术上取得了突破，许多专有技术处于国际领先地位。

现在回过头来看比亚迪公司与戴姆勒公司的合资合作，真可谓梦想很美满，现实很骨感。腾势品牌的第一款产品——腾势 400 是一款 B 级纯电动轿车，续驶里程近 400 公里，特别的是，这款车第一次取消了 B 立柱，前后门是对开方式。这种结构当时我们只在车展中的概念车上看到过。取消 B 立柱虽然有利于人员上下车，但是对车身刚度达到安全标准带来了很大的困难。但是，腾势居然在商品车上实现了这种结构，今天看来也不得不说是一个创举。遗憾的是，之后的腾势车型没有再采用这种结构。

刚开始，腾势品牌车型都是通过新建的专卖店销售的，可是到 2018 年也只有 60 多家腾势品牌专卖店。由于只有一款车型而且销量不高，渠道建立非常艰难。2017 年，戴姆勒公司决定让腾势品牌车型进入奔驰品牌专卖店销售。2014—2017 年的 4 年中，腾势品牌车型每年的销量最多只有几千辆，4 年累计销量还不到 1 万辆。而同期比亚迪品牌的产品 e5 仅 2017 年就销售了 2.4 万辆。

2014—2017 年，合资公司累计亏损 26.1 亿元，出现了现金流紧张、企业难以为继的局面。2017 年，双方不得不增资 10 亿元以维持公司的运转。2019 年，合资公司推出了新的 SUV 车型腾势 X，除了纯电动车型外，还有插电式混合动力车型。相比之前的车型，这一系列车型在产品设计和工艺上有了很大的进步，价格略有下调，但是还基本维持在 30 万元上下。这个时候，我国汽车市场高速增长的时期已经结束，新能源汽车虽然保持了增长态势，但是竞争更加激烈。腾势 X 推出后，销量依然低迷，每个月只有几百辆，2020 年全年销量仅 4000 多辆。有人认为这款车型实际上就是比亚迪"唐"系列车型的升级版，但是价格却比后者高了不少。

作为最早的新能源豪华车型，腾势出师不利，屡屡受挫，奔驰伸出援手也无济于事。相反，比亚迪公司的新能源汽车自主品牌却越战越勇，新车型不断面市，产销量逐年上涨，一直稳居我国新能源汽车发展的第一阵营。

媒体评价腾势新能源汽车的文章很多，人们从不同的侧面分析了其中存在的问题，都有一定的道理。我认为最根本的原因还是产品的市场定位不准和品牌打造不力。产品如果从高端切入，一定要有全新的设计，从一开始就要考虑"黑科技"的应用，在融资、品牌推广、营销模式、售后服务上采取与传统汽车完全不同的模式。如果沿着传统燃油汽车去做，就要按照性价比来起步，在这一点上，比亚迪公司的发展路径就是很好的范例。在新品牌的培育上，一定要有鲜明的品牌内涵，而且要与比亚迪品牌有所区分。

2022 年 7 月，腾势汽车发生股权、人事大变更，比亚迪公司和戴姆勒公司从各持股 50% 调整为比亚迪公司持股 90%、戴姆勒公司仅持股 10%，由王传福亲任董事长。这一年腾势 D9 面世，售价 33.58 万元起。比亚迪公司为腾势 D9 带来 e 平台 3.0、DM-i 混动技术和刀片电池等新技术，改变了腾势品牌以往续驶里程短、动力差等诸多问题，销量快速上升，俨然成为多用途汽车（Multi-Purpose Vehicle，MPV）中的一匹黑马，腾势品牌终于走出颓势，成为比亚迪冲击新能源汽车高端市场的利器。在 2023 年的上海车展上，腾势猎跑 SUV 新车型开启盲订，7 天累计订单达 10 569 辆，可见消费者对新款腾势青睐有加。

2019 年 11 月，比亚迪公司与丰田公司宣布将按照 50：50 的股比，成立一家纯电动汽车的合资公司——比亚迪丰田电动车科技有限公司，首期注册资本金为 3.45 亿元，双方各出资 1.725 亿元。新公司聚焦于纯电动汽车和电动平台的设计开发等业务，这也是丰田公司继一汽丰田、广汽丰田之后在中国设立的第三家合资公司。比亚迪公司表示，期待通过这一合作，实现比亚迪公司在纯电动汽车市场的竞争力、研发能力等方面与丰田在品质、安全等方面的联合。双方共同开发的新车型将采用丰田品牌标志，第一款车型将在 2025 年前投放市场。

丰田公司是一家历史悠久的日本汽车企业，在国际汽车市场上的产销量名列前茅，近年来在传统混合动力汽车销量方面做到了全球第一，但是在纯电动汽车领域却没有太多的建树，反而在燃料电池汽车方面处于世界领先地位。在我看来，丰田公司与比亚迪公司合资合作，多半也是想补齐这个短板，根据合资合作协议，新车型是基于比亚迪 e 平台开发的。

在比亚迪公司与丰田公司合资合作之前，一汽丰田已经在天津开工建设了具备 20 万辆新能源汽车生产能力的新工厂。2023 年 4 月，一汽丰田 bZ3 正式上市，搭载的是比亚迪的刀片电池。

在我国传统汽车企业当中，第一家开发新能源汽车专用平台的就是比亚迪公司。戴姆勒公司和丰田公司愿意与比亚迪公司合作，也正是看中了这一点。比亚迪公司在新能源汽车平台开发上积累了较丰富的经验，搭载在新平台上的一系列新能源汽车在我国汽车市场上经受住了考验，许多车型也得到了用户的认可。

然而，2017—2020 年，受补助退坡的影响，叠加新冠疫情的冲击，采取多品牌全覆盖策略的比亚迪公司还是遭遇了销量下降、成本高企的困难局面。

比亚迪公司没有停下前进的步伐，而是悄然积累起了雄厚的技术研发和产业链供应链优势。开发的刀片电池提高了电池组空间利用率，提升了安全性能和能量密度。该公司推出的 e 平台 3.0 将驱动电机、减速器、驱动电机控制器、高压配电箱、高低压直流转换器、车载充电接口、整车控制器和电池管理系统"八合一"，可以节省大量高压线束及部分零部件，体积缩小了10%，质量减少了 10%。比亚迪公司还实现了从上游的锂、钴、镍到中游的电芯、电池组、电机、电控甚至功率半导体的全产业链布局，在前几年原材料大幅涨价和供应链受阻的市场环境下几乎没有受到影响。

在传统汽车企业中，比亚迪公司是新能源汽车坚定的实践者。2022 年 3 月，比亚迪公司宣布立即停止燃油汽车的生产和销售。全球有许多公司宣布停止燃油汽车生产和销售，但大多数是计划到 2030 年或 2035 年才开始实施，比亚迪公司是第一家宣布后立即停止燃油汽车生产和销售的传统汽车企业。2021 年，比亚迪公司销售新能源汽车 59.37 万辆，同比增长 231.6%，2022 年，其新能源汽车销量为 184.77 万辆（约占比亚迪汽车全年销量186.55 万辆的 99%），同比增长 211%，一举反超特斯拉（131.4 万辆），登上全球新能源汽车销量冠军宝座，成为名副其实的新能源汽车龙头企业。比亚迪公司 2022 年净利润 166 亿元，也是国内最早实现规模盈利的新能源汽车企业，其当年月销量变化如图 6-3 所示。2022 年该公司的新能源乘用车销量在全球的排行如表 6-1 所示。

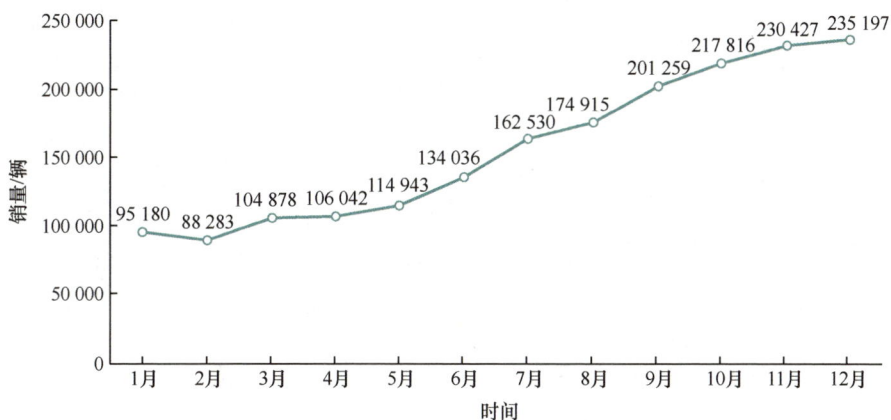

图 6-3　比亚迪汽车 2022 年月销量变化

表 6-1　2022 年全球新能源乘用车分企业销量排行 Top 20

排名	企业	2022 年全年销量 / 辆	2022 年全年份额占比 /%
1	比亚迪	1 847 745	18.31
2	特斯拉	1 314 330	13.02
3	上汽通用五菱	482 056	4.78
4	大众	433 636	4.30
5	宝马	372 694	3.69
6	奔驰	293 597	2.91
7	广汽	271 557	2.69
8	上汽	237 562	2.35
9	长安	237 429	2.35
10	奇瑞	230 867	2.29
11	起亚	224 784	2.23
12	吉利	224 601	2.23
13	现代	222 500	2.20

换道赛车 — 新能源汽车的中国道路

续表

排名	企业	2022 年全年销量 / 辆	2022 年全年份额占比 /%
14	东风	204 774	2.03
15	沃尔沃	203 144	2.01
16	奥迪	191 644	1.90
17	合众	149 791	1.48
18	福特	148 520	1.47
19	理想	134 409	1.33
20	标致	129 910	1.29
Top 20 合计		7 555 550	74.87
其他		2 535 614	25.13
全球总计		10 091 164	100.00

数据来源：CleanTechnica（包含纯电动车型和插电式混合动力车型）。

2022 年全年，比亚迪乘用车出口 55 916 辆，同比增长 307.2%，其在海外市场同样也迎来了里程碑时刻。

瞄准市场需求，构建企业的人才、产品和技术优势，是比亚迪公司一以贯之的长期追求。初创时期的比亚迪公司依靠"工程师人海战术"实现了电池代工的快速发展，进入汽车行业后采用"袋鼠模式"提速发展，向新能源汽车领域转型后坚持"技术为王，创新为本"的理念，从动力电池到新能源汽车，逐步形成了全产业链"技术鱼池"，储备了丰富的新能源技术，并在市场上不断测试、改善和提高技术研发能力，通过科技创新占领了产业制高点，终于实现逆袭，构建起丰富的产品矩阵，切入高端市场，市场拓展能力和盈利能力同步提升，是我国传统车企转型成功的典范。

6.4 | 大起大落：坎坷转型路

进入 21 世纪以来，由于北京是新能源汽车最早的一批试点示范城市之一，北汽积极参加了"十城千辆"的试点示范项目，并于 2009 年借此机会在集团旗下创立了全资的北汽新能源公司，试图通过体制创新和技术创新，走出一条新的发展道路。

第一批转型的汽车企业主要是在传统燃油汽车平台的基础上进行"油改电"，提供的主要是 To B 服务。之后，很快就有第二批汽车企业专门开发了纯电驱动平台，包括纯电动汽车、插电式混合动力汽车、燃料电池汽车等，服务也从以 To B 为主转向以 To C 为主，并且创造了新的商业模式。还有一些企业着力打造品牌提升工程。总之，积极向新能源汽车转型的传统汽车企业越来越多，市场也在不断扩大。

北汽新能源公司就是抓住北京和其他几个城市出租车更换电动车的机会，最早一批尝到了 To B 服务的甜头，遗憾的是在向 To C 服务转换的过程中掉了队。

2012 年，北汽新能源公司开始面向部分城市出租车业务推出 E150EV 车型（如图 6-4 所示），后期又开拓了网约车市场，在中央财政和地方财政补助的支持下，首先在北京打开了市场。北京市为了支持北汽新能源公司的发展，专门在大兴采育经济开发区建设了新能源汽车产业发展园区，在园区内陆续集聚了一批整车、零部件、物流等企业。

图 6-4　北汽 E150EV 车型（北汽新能源公司供图）

北汽新能源公司的发展既依托北京市的政策，也得益于北京市的政策。除了国家对新能源汽车的财政补助以外，北京市政府也给予补助，而且在很长一段时间内只对纯电动汽车给予补助，对其他的新能源汽车车型不予补助，理由是北京市要治理雾霾。由于插电式混合动力汽车存在燃油条件，很多消费者会将其当作燃油汽车开，这样一来，插电式混合动力汽车还是会排放尾气，不符合北京市大气污染防治要求，再领取财政补助就说不过去了。对此，业内一些企业颇有微词，认为这是在变相保护北汽新能源公司的产品。

至于以出租车为目标客户的市场，地方政府一般都会优先考虑使用当地企业的产品，不仅北京市如此，早期深圳市出租车更新，全部采购比亚迪公司的 e6 纯电动汽车产品，就是典型例证。

当时北京市出租车更新基本上采用 E150EV 产品，这对北汽新能源公司而言，既是好事，也产生了副作用。一方面，为了满足北京市出租车的更新要求，北汽新能源公司几年内可以不用发愁订单业务。后来在北京市限制发放车辆牌照之后，北汽新能源公司又在 2015 年开拓了分时租赁市场，一时之间，GreenGo（绿狗）汽车遍布北京的大街小巷，为北汽新能源汽车的发展打开了可持续发展的市场。另一方面，北汽新能源汽车开拓外地市场收效有限。

现在大家比较关注蔚来汽车的换电模式，其实北汽新能源公司更早几年就已经实现了在出租车市场上的换电运营模式。对出租车来说，"时间就是金钱"，为了解决充电时间过长的问题，北汽新能源公司先后在全国 19 个城市建设了 209 座换电站，投入市场的可换电纯电动汽车超过 1.8 万辆，当然投放最多的城市还是北京。

为期 3 年的"十城千辆"工程的试点示范结束后，经过一年的总结，国家决定从 2014 年开始，扩大试点城市范围，继续实施购车补助，补助对象也从过去的以公共交通用户为主扩大到私人用户，由此，在全国范围内，新能源汽车产品从导入期进入成长期。在这个转换过程中，一批造车新势力应运而生，除了像比亚迪公司等少数企业适应了这个转变外，大部分先行企业表现出了不适性，这种变化不是一下子发生的，也有一些外部因素在起作用，但是无疑起决定性作用的还是内部因素。

2013—2019 年，北汽新能源汽车连续 7 年保持国内纯电动汽车销量第一的位置，2017 年的销量甚至超过了特斯拉汽车的全球销量。

然而，随着汽车行业电动化、智能化变革的不断深入，不少传统汽车企业原有的大量整车产能和传统驱动系统产能对其发展形成巨大掣肘。加之与智能网联技术相关的人才储备严重不足，传统汽车企业的科层式组织结构、垂直型产业链管理和营销模式，都难以适应快速变化的市场需求。

在 2019 年实现新能源汽车销量 150 601 辆之后，北汽新能源公司一直在适应产业大变革的调整，2020 年全年新能源汽车销量为 25 914 辆，同比下降约 82.79%，而全年产量只有 1.32 万辆，同比下降了 70.17%，产量明显小于销量。很显然，当时北汽新能源汽车库存过多，正在消化当中。2021 年，北汽新能源汽车全年累计销量为 26 127 辆，同比微增了 0.82%；2022 年，全年累计销量为 50 179 辆，同比增长 92.06%。北汽新能源汽车2013—2022 年销量变化情况如图 6-5 所示。

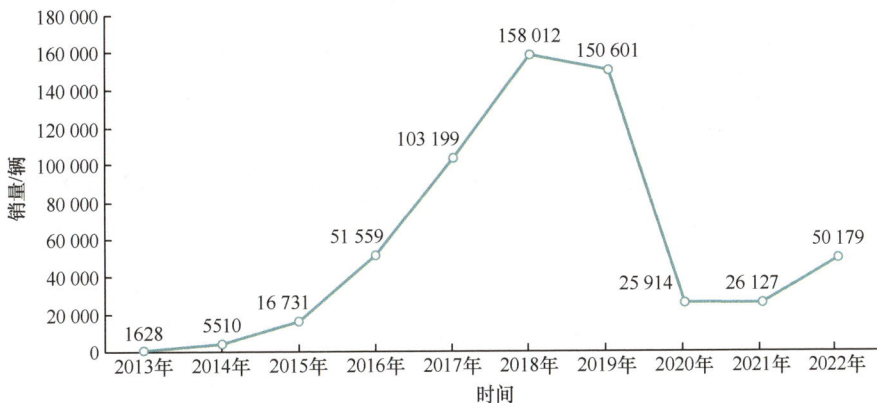

图 6-5 北汽新能源汽车 2013—2022 年销量变化

为什么会出现这样大起大落的强烈反差？全球汽车产业都在经历百年未有之大变局，任何一家汽车企业都要面对这种变局，相应调整发展的方向和策略，独善其身是不可能的，以不变应万变更是死路一条。车企需要仔细分析战略方向、产品品牌塑造、产品的市场定位、营销策略等。如果经过论证，大方向没有错，就应该咬牙顶住，往往最后的成功就在于坚持，黎明前的天空是最黑暗的。如果经过论证发现问题，就要果断采取措施加以纠正，切忌一条道走到黑，敢于否定自己往往比敢于坚持更难。我们都期待北汽能够克服眼前的困难，在新一轮新能源汽车和智能网联汽车的发展上重回赛道，再铸辉煌。

6.5 | 即使没有补助：差异化蜕变

讲到传统汽车企业的转型发展，我脑海中首先闪现的其实是柳州的五菱宏光纯电动汽车。

柳州五菱公司一直是我国微型面包车和卡车业界的翘楚，不仅在市场好的时候如此，即便在市场已经下滑、大部分企业都已转产的时候，该公司仍然坚持打造面向广大群众需求的高性价比产品方向不动摇。事实上，在21世纪第一个10年里，很多微型汽车企业转型并不成功，大部分企业在产品结构调整的过程中消失得无影无踪。柳州五菱公司虽然也有起有落，但是始终坚持走自己的路。

根据国有企业改革的总体要求和企业实际情况，柳州五菱公司先是与上汽建立了合作关系，两年之后通用汽车公司加入，组建了上汽通用五菱公司，开创了一种"中中外"全新合资方式，上汽在合资公司中持股50.1%，广西汽车集团股份有限公司等地方企业持股5.9%，通用汽车公司持股44%。2002年合资公司成立以来，在资金、技术、产品、管理多方面得到了新股东的支持，竞争实力大大增强。而"中中外"的合资方式又让它保持了一定的独立性，改变了过去中外合资公司的产品大多是从国外母公司引进的单一来源模式。除了引进通用汽车公司一些车型的技术外，企业的产品大多数还是自主开发的，而且一直坚持微型汽车的方向不变，持之以恒，取得了很大的成功。

2014 年开始，上汽通用五菱公司就着手研究新能源汽车发展问题，把微型纯电动汽车作为产品转型方向，在五菱宏光燃油汽车的基础上，通过更换动力系统的方式，先后开发了宝骏 E100、E200、E300 等纯电动车型，这一系列车型虽然在部分地区销量还可以，但是远远没有达到热销的程度。

上汽通用五菱公司没有停止对汽车市场的研究，经过市场调研，发现低速电动车大行其道，由于产品没有按照汽车强制性国家标准实行管理，每年道路交通安全事故当中有一大部分是因这种车型肇事产生的，给人民群众的财产和生命带来极大危害，国家有关部门正在研究开展整顿工作。

市场需求是客观存在的，整顿之后用什么样的合格产品来弥补市场的缺口？上汽通用五菱公司在这里发现了商机，当汽车行业大部分企业都在向高端挺进时，选择了既合乎汽车生产标准又让老百姓买得起的产品作为突破方向，五菱宏光 MINI（如图 6-6 所示）就是在这样的背景下于 2018 年正式立项的。从一开始，上汽通用五菱公司就把这款车定位为即使拿不到政府补助，也在市场上有竞争力的纯电动汽车产品。

说到政府补助，这是各国通行的做法。如果没有政府补助，只靠市场的力量，新能源汽车有可能根本就发展不起来，至少不可能有今天的发展成效。但是补助这种做法本身就是双刃剑，补助政策也引发了一些负面效应。比如，先前就有一些新能源汽车产品，目标只是最大限度地拿到补助，按照补助划档，朝着接近最大补助金额的要求进行产品设计，而不是按照用户的实际需求去定义产品。最终结果是，违背市场规则的投机行为终究会被市场所抛弃，这样拼凑出来的产品在市场上根本不会被用户所接受。

图 6-6　五菱宏光 MINI（上汽通用五菱公司供图）

　　在微型汽车领域，有些企业根据补助金额对产品定价，拿到中央和地方财政的补助之后，产品几乎等于白送给用户使用。这种企业连其造车的初心都值得怀疑，属于赚一把钱就溜之大吉的投机分子，就是各式"骗补"中的一种类型；反过来看，用户拿到"白送"的产品也不会珍惜，有的车主根本就不是真正的用户，而是企业的"托儿"。这些都是补助的副作用，这些做法也是政府出台补助政策时始料未及的。

　　与上述投机做法完全相反，上汽通用五菱公司在发展电动汽车上采取了一种着眼长远的战略，不是按照补助多少，而是根据用户的实际需求设计自己的产品，因而补助的退坡不会影响其产品销售，这是值得赞许的战略决策。

　　据说，在 2019 年五菱宏光 MINI 就已经做好上市准备了，它不是在燃油汽车的基础上改变动力，而是一款全新设计的正向开发车型。但是考虑到时机未到，用户对新能源汽车的接受度还不高，"里程焦虑"不减、充电困难仍在，加上那一年财政补助的退坡力度比较大，上汽通用五菱公司并没有马上推出这款产品，而是选择了再看一看，等到看清楚、想明白以后再推出，以确保一炮打响。

2020 年初，新冠疫情暴发，各地纷纷采取相关措施以控制疫情，很多人居家办公学习。这种生活状态促进了网联社会的发展，一大批电子产品和软件类产品畅销，口罩等疫情防护产品供不应求。上汽通用五菱公司立即采取措施，将一部分车间改为口罩生产工厂。上汽通用五菱公司没有利用口罩紧缺的机会赚钱，而是采用赠送的方式支持全国各地的防疫工作，由此收获了良好的口碑，这是一种很聪明的市场推广方式，让更多的人通过口罩知晓了这家企业。

与此同时，上汽通用五菱公司发现，过去选择公共交通出行的广大群众，受疫情影响，也都变得十分谨慎了。低价位电动汽车等来了千载难逢的机遇，虽然市场上已有欧拉黑猫、白猫和奇瑞小蚂蚁等产品，但是这些产品最低售价也要 6 万元。上汽通用五菱公司决定抓住时机，只用了 3 个月时间就完成了所有的生产准备，甚至连商标都没有改变，凭借自身品牌良好的社会形象，于 2020 年 7 月推出了五菱宏光 MINI 这款纯电动车型。这款产品定价为 2.88 万~3.88 万元，价格基本只有市场上同类车型的一半，对市场上的低速电动汽车进行了"降维打击"。

此款车型推出的第一个月就销售了 7300 辆，销量一路上行，当年 12 月一个月就达到了 3.5 万辆。从销量飙升的情况看，该公司事先做好了充分准备，否则不可能这么顺利达到如此高的产能。2020 年年销 12.76 万辆，2021 年每月销量虽然有变化，但是基本上保持了 3 万辆左右的水平，最高的时候（8 月）甚至超过了 4 万辆，全年销量达到 42.6 万辆。2022 年，此款车型全年销量超过 55 万辆，成为我国新能源汽车单一车型年度销量冠军。

一线城市中，该车型在上海销量最大。因为上海市很早就对汽车牌照实行拍卖制度，一个牌照要 7 万至 9 万余元，但是新能源汽车牌照不需要拍卖，这就相当于给新能源汽车产品补助了 7 万至 9 万余元。在二线到五线城市，该车型更是热销。

柳州市设想将来每个市区家庭都拥有一辆电动汽车，当然这并不是专门为五菱宏光 MINI 设计的政策，而是因为柳州市酸雨污染非常严重，燃油汽车尾气排放的硫化物、氮化物是酸雨的重要来源之一，推广电动汽车有助于解决环境污染问题。话说回来，如果这一政策落地的话，五菱宏光 MINI 无疑会是最大的政策受益者。

在 2020 年新车发布会上，上汽通用五菱公司宣布将在之后的 100 天内，在全国 100 个城市开 100 家体验店，用户可以到体验店详细了解产品情况，销售也完全采用全新的网上下单模式，用户最多跑一次，新车就能直接交到用户手中。

五菱宏光 MINI 这款车型从设计阶段开始就提出"机械空间最小化、乘坐空间最大化"的理念，前排座椅尽可能采用最舒适的造型，保证乘坐舒适，后排座椅因为要折叠放倒，设计就比较简易。后排还为安装儿童座椅留下两个接口。在安全件的采用上，一点也不简化，包括防抱制动系统 / 防侧滑系统、安全带、胎压监测、防撞装置等，一样也不少。为了降低成本，没有使用倒车影像，而是采用倒车雷达，低配版甚至没有空调。随车赠送可收纳的充电枪，可以用家庭使用的 220 伏电源充电。按照 NEDC 标准，这款车型充满电可以续驶 120 ~ 170 公里，电池组的能量为 9.3 千瓦时和 13.9 千瓦时，充电时间为 6.5 小时。该车型还带有电加热和智能保温功能；前排有一个小的座舱系统，可以下载 App 连接到互联网。

历史上，福特公司开发的 T 型车、大众公司的甲壳虫，都让汽车成为民众买得起的产品，对汽车普及做出了巨大贡献。2003 年，奇瑞公司推出的

QQ 汽车也是轰动一时。今天，在电动汽车普及推广方面，五菱宏光 MINI 的贡献不亚于以上产品。不随波逐流，甚至反其道而行之，往往是领军企业必不可少的特性。我们期待着在新能源汽车发展历程中，五菱宏光的后续车型能够成为真正的"国民车"。

也有人担心这种做法的可持续性和盈利能力。我相信，既然是全新打造的纯电动平台，就不会只有 MINI 这一款产品，五菱宏光一定会有后续的一系列产品计划，只是还没公布（本书校稿时传来了五菱缤果上市热销的消息）。有关盈利，从现在的车型成本售价来看，应该不会太高，但是我们看看所有的新能源汽车产品和企业，真正实现盈利的又有几家？

现阶段大家都在努力扩大自己的市场份额，上汽通用五菱公司本身是营利企业，况且五菱宏光 MINI 拥有一个相当出彩的起步阶段。我相信随着后续车型的推出，同一个平台上搭载的产品产销量还会提高，而一些"老产品"会随着折旧摊销完成而降低固定成本，营利性会进一步改善。

实际上，由于汽车行业已经开始实行"双积分"办法，企业还可以通过出售正积分获得经营之外的一块收入。将来如果实行碳交易，汽车行业很容易将这种行业内的企业间交易转化为全部工业行业企业间的交易，那时率先在新能源汽车领域实现突破的汽车企业就更有海阔天空之感了。

6.6 │ 居安思危：自主品牌转向

自主品牌集体转向新能源汽车，既是产业发展趋势使然，也是企业的战略抉择。它们各自演绎出属于自己的新能源汽车发展故事，这里我选择广汽埃安作为自主品牌转型的代表进行介绍。

广汽集团是在重组广州标致汽车、引入本田公司投资建立合资企业后，于 1997 年成立的一家地方国有汽车控股公司。在成立后的 10 年间，广汽集团陆续与多家国外汽车公司建立了合资公司。从 2007 年开始，广汽集团开发了"传祺"自主品牌轿车。传祺品牌乘用车销量从 2010 年的 1.7 万辆增加到 2016 年的 37 万辆，取得了很好的业绩。

广汽集团并没有沉醉于已经取得的成绩，而是居安思危，认识到新能源汽车是未来发展方向，果断决定成立广汽新能源汽车公司。该公司从一开始就毫不犹豫地投资 30 亿元，用于开发全新的纯电动平台 GEP，规划分期投资 47 亿元建设全球领先的智能化新工厂，最终形成 20 万辆的生产能力。广汽集团联合其他企业共同投资 450 亿元，建设了占地 7500 亩的新能源汽车产业园区，打造了广州市新能源汽车研发、生产、商贸、文化、旅游、金融等覆盖全产业链的产业集聚区。

这一切在今天看来似乎并没有什么特别之处，但是回到 2017 年的大背景下，我们确实可以看出广汽这家企业富有远见、视野前瞻、决心坚定，对比其他一些地区和汽车企业在发展新能源汽车方面犹豫不决、顾虑重重，错失最好时机，高下立判。

广汽新能源汽车公司推出的第一款新车是埃安 S（如图 6-7 所示）。这是一款紧凑型纯电动轿车，于 2019 年投放市场，很快就在同类型细分市场上打开了局面。之后又陆续推出了中型 SUV 埃安 LX、紧凑型 SUV 埃安 V、在 GEP2.0 平台上开发的紧凑型 SUV 埃安 Y 等几个系列车型。埃安 S 和埃安 LX 在车身与底盘上大量使用了铝合金材料，不过可能出于降低成本的考虑，埃安 V 在底盘上改为更多地使用钢材。

自 2010 年以来，中国汽车市场上 SUV 广受欢迎，取代了一部分传统轿车车型，燃油汽车 SUV 车型 10 年来畅销不衰。所以，在新能源汽车发展上，各家新能源汽车企业，包括广汽新能源汽车公司在内，都有意搭这个"便车"，第一个车型往往采用 SUV 产品，在产品系列化中，SUV 也有举足轻重的地位。顺势而为有利于提高成功率，这也是中国新能源汽车发展的一个经验。

图 6-7　广汽埃安 S（广汽新能源汽车公司供图）

2020 年底，广汽集团宣布广汽的新能源汽车品牌埃安将独立运作，广汽新能源汽车公司改名为广汽埃安新能源汽车有限公司（以下简称广汽埃安公司）。同年 12 月 24 日，广汽集团在纽约时代广场的广告大屏打出大幅广告，广告语就是"埃安来了"（Aion is Coming）。

广汽埃安公司于 2022 年 4 月正式亮相，与此同时，在体制机制上也有所突破，实行多元股东持股的有限责任公司体制，一部分员工在公司持股。公司建立了相对独立的决策和运营机制，埃安这一品牌只用在广汽的新能源汽车产品上。

2020 年，广汽集团的新能源汽车销量超过 6 万辆，2021 年正好赶上新能源汽车大势向上的好机遇，埃安新能源汽车继续保持了产销量高速增长的态势，全年销量达到 12.4 万辆，同比增长 119%。2022 年则更进一步，销量达到 30.96 万辆，同比增长 116.7%。广汽集团的新能源汽车平台不断改进完善，从 1.0 版本升级到了 3.0 版本，后一版本是与华为、腾讯、科大讯飞等公司合作完成的，在国内新能源汽车平台中第一个实现全栈式的软件结构，实现了基础软件国产化。

广汽埃安公司之后又有一系列的动作，有些也受到质疑，不过倒是给业界留下了颇为深刻的印象。

2021 年初，在中国电动汽车百人会的一次例会上，中国科学院院士、中国电动汽车百人会副理事长欧阳明高提出一个观点，如果有人说他的电动车既能跑 1000 公里，又能在几分钟内充完电，特别安全，而且成本还非常低，大家不用相信，因为这些在目前是不可能同时实现的。就在大家猜测欧阳院士这番话意指蔚来还是埃安的时候，广汽埃安公司总经理古惠南自己主动"认领"了。这段话就是针对不久之前，广汽埃安公司预告其搭载石墨烯超级快充电池的车型 8 分钟可充电 80%、续驶里程可以达到 1000 公里的宣传。接着古惠南婉转回应：大家要注意，不要把欧阳院士的话理解偏了，他说又要这个又要那个，还要便宜，这肯定做不到；8 分钟快充不光是电池的问题，也跟充电桩有关；技术问题和推广运营的问题不能混为一谈。

会后有个别自媒体唯恐天下不乱，甚至配上古惠南在演讲时伸出中指的截图。我当时在现场，其实大家在论坛上发表各自不同意见的惯例已经持续多年，那天欧阳院士的演讲涉及新能源汽车发展的方方面面，我还专门找他要了一份演讲稿回来学习研究。他在演讲中确实讲到了上述那番话，但双方并没有因此产生冲突，古惠南在陈述自己意见的时候也并没有带着情绪。至于竖中指，是因为他在讲"既要""又要"时，习惯性地将拇指、食指、中指依次伸出来，只是表明顺序而已，没必要过分解读。

广汽埃安公司之前确实曾打出"充电 5 分钟，续航 200 公里"的广告语，也在全国建设 A480 超充桩（最大充电功率 480 千瓦）。但这是指在电池还有 30% 电量的情况下"补电"，如果配装的电池足够多，续驶里程足够长，充电 5 分钟确实可以做到多跑 200 公里。还有，续驶里程 1000 公里和快速充电也不是同一个车型的功能。如果隐去前提条件，混为一谈，有时会误导用户，甚至引发"官司"，这是应该引起广汽埃安公司注意的地方。

广汽埃安公司还积极采取措施，平息了另外一起行业争议事件。2020年，针对动力电池出现的自燃问题，比亚迪公司发布了刀片电池的新电池包结构，同时发布了磷酸铁锂电池针刺试验的结果，或许暗含着三元锂动力电池不够安全的意思。埃安车型主要使用三元锂电池，针对社会上对三元锂电池安全性的担忧，广汽埃安公司在 2021 年 3 月发布了新一代弹匣电池系统安全技术。

弹匣电池系统就是将电池装置在形似弹匣的安全舱内。这一系统有 4 种核心技术：超高耐热稳定的单体电池、超强隔热的电池安全舱、三维的降温冷却系统和新一代电池管理系统。弹匣电池系统既可以应用于磷酸铁锂电池，也可以应用于三元锂电池。这是继比亚迪刀片电池之后，又一种在电池包结构上采取措施的新技术。采用这种技术，既可以提高动力电池的安全性，又可以减少电池包的体积和质量，将来还可以形成每一家公司电池包的标准，为电池包的规格统一创造条件，是一件一举多得的事情，值得肯定。

为应对社会质疑，广汽埃安公司还聘请中国汽车技术研究中心作为第三方，公布了其对弹匣电池系统所做的针刺试验结果。在试验中，分别把磷酸铁锂单体电池和三元锂电池装在弹匣电池包中，用 8 毫米钢针朝垂直于电池极片的方向针刺，磷酸铁锂电池的弹匣电池包没有冒烟，最高温度达到 51.1 ℃；装有三元锂电池的弹匣电池包只冒烟，没有发生起火爆炸现象，最高温度达到 686.7 ℃。装有两种电池的弹匣电池包在静置 48 小时后，单体电池的电压都降低到 0 伏，温度降低到室温。这个试验用具体的数据说话，终于消除了大家的忧虑。这是一次成功的试验，不仅证明了广汽埃安公司自己产品的安全性，也为行业中使用三元锂电池的产品正了名。

6.7 │ 老兵新传:"三大"发力新赛道

随着汽车工业进入新能源时代,中国汽车品牌迎来了快速发展机遇,各种新能源汽车品牌如雨后春笋般涌现。不过,在蓬勃发展阶段之后,中国新能源汽车市场接着上演了大浪淘沙的戏码,真正能够在市场上站稳脚跟的品牌屈指可数,主要分成三类:第一类是以比亚迪、广汽埃安、五菱宏光为代表的资深汽车企业,靠着长期的技术积累和实力打磨出优良口碑;第二类是以"蔚小理"为代表的造车新势力,专注于汽车的智能化驾驶体验,赢得年轻用户的青睐;第三类则是一汽、东风汽车、上汽这类"国家队"汽车企业,它们入局时间相对较晚,但是依靠雄厚的资金及技术支持,分别推出了红旗、岚图、飞凡等品牌,发展速度很快。在燃油汽车时代,当仁不让的这三位"国家队"主力选手,曾为我国成为汽车大国做出过巨大贡献,在汽车产业的大变局时代,它们不会停步不前,必然要在汽车强国的建设伟业中奋力争先。

首先要说到的当然是红旗品牌,这是国人心目中的骄傲,也是汽车行业中的第一品牌,因为红旗品牌在国产轿车中历史最悠久,产品也代表着国产轿车的最高水平。它在发展历程中几起几落,异常曲折,牵动着亿万国人的心。

2018年1月,红旗品牌在人民大会堂举办了一次盛况空前的品牌战略发布会,近1000名媒体记者到场见证了新的红旗品牌产品的诞生。一汽将红旗品牌的内涵概括为"中国式新高尚精致主义",目标是成为中国第一、世界著名的"新高尚品牌"。

媒体评价新红旗品牌展现出了文化自信和民族担当。新红旗概念车以"高山飞瀑、中流砥柱"的前格栅造型、"气贯山河、红光闪耀"的贯通式旗标、"梦想激荡、振翅飞翔"的前大灯、"昂首挺胸、旌旗飘扬"的腰身、"流彩纷呈、定海神针"的轮标和"中华瑰宝、经典永恒"的汉字"红旗"商标,展示了统一的造型设计。

在红旗系列产品当中，L 系列被定义为新高尚红旗至尊车，S 系列被定义为新高尚红旗轿跑车，H 系列被定义为新高尚红旗主流车，Q 系列被定义为新高尚红旗商务出行车。到 2025 年，预计一共有 17 款全新车型将陆续投放市场。

发布会上公布了红旗品牌的奋斗目标：2020 年销量达到 10 万辆级，2025 年达到 30 万辆级，2035 年达到 50 万辆级。而在发布会之前的 2017 年，红旗轿车的全年销量只有 4702 辆。在发布会之后，新车型不断推出，产销量呈大幅度上涨态势，2018 年累计销量超过 3 万辆，2019 年累计销量达到 10 万辆，提前一年完成了发布会设定的 2020 年的销售目标。2020 年，红旗品牌克服了突如其来的新冠疫情的影响，销量突破 20 万辆。2021 年，年销量突破 30 万辆，提前 4 年实现了预定销售目标。特别是基于在发布会上展示的概念车打造的红旗 H9 车型（如图 6-8 所示），成为广受市场欢迎的"网红"车型，定价在 30 万元以上，可以在中国市场上媲美宝马、奔驰、奥迪等对应车型，塑造了豪华车的中国品牌形象。

图 6-8　红旗 H9 车型（一汽供图）

东风汽车公司的新能源汽车发展则直接从新组织、新机制、新模式切入，推动自主品牌向上的路径。2019 年，东风汽车公司成立了 h 事业部，打造全新品牌"岚图"，意在成为高端新能源乘用车的领先者。

按照东风汽车公司在品牌发布会上的诠释，岚图中的"岚"是指山谷中的风，清风徐来，清新自然；"图"意味着谋划图新，充满智慧。岚图品牌的理念是为用户创造零焦虑美妙出行、描绘现代格调美好生活蓝图。商标展示的是鲲鹏展翅，充满力量和创意。英文名称"VOYAH"从英文 Voyage 演变而来，使人们联想到航行，代表科技与自然完美融合的随心探索之旅。

岚图品牌寄托了东风汽车公司在新能源汽车上的梦想，也是其自主品牌向上的希望，既肩负着传统燃油汽车向新能源汽车转型的重任，又承载着同时实现新能源汽车和智能网联汽车两个发展阶段的目标。

2020 年 12 月 18 日，东风岚图 Free（如图 6-9 所示）发布，这是一款大型 SUV 产品，有增程式和纯电动两种选择，预售定价分别为 31.36 万元和 33.36 万元。在 30 万元左右的增程式新能源汽车中，只有理想 ONE 是同一价位车型。增程式车型配有 1.5 升增压四缸发动机，发动机带动发电机发电，但并不参与整车的驱动。该车配备了前后两台交流异步电机，总功率可以达到 510 千瓦；配备了 33 千瓦时的三元锂电池，续驶里程为 860 公里。纯电动车型都配备了 88 千瓦时的三元锂电池，续驶里程为 505 公里，有两驱和四驱两种驱动形式，区别在于使用一台交流异步电机还是使用两台交流异步电机。这两种车型都可以采用家庭充电桩进行充电，也可以采用公共充电桩快速充电。

未来，岚图品牌还将有 9 款新车型陆续投放市场，包括 SUV、轿车、MPV 等。

岚图品牌采用了直营模式销售。2021 年 3 月，岚图空间在北京、上海、广州、成都、武汉同时开业。其后，包括旗舰店、岚图空间、交付中心、全功能用户中心在内的直营渠道将构成一种全新的营销体系。

图 6-9　东风岚图 Free

东风汽车公司在原来事业部的基础上，于 2021 年 6 月宣布把岚图改为公司化体制，由东风汽车集团股份有限公司与岚图的员工共同组成，核心员工持有公司 10% 以上的股份。公司还引入了战略投资者，同时考虑在资本市场上市的可能性。公司内部从 CEO 开始都是实行聘任制而不是任命制，以用新体制、新机制充分提升内生性活力和动力。

上汽的新能源汽车发展则走了一条与众不同的道路。本来在传统燃油汽车方面，上汽的自主品牌轿车荣威和名爵一直表现得不错，2020 年荣威的年销量达到 39.6 万辆，名爵的年销量达到 31 万辆。在新能源汽车的发展方面，上汽通用五菱公司的宏光 MINI 上市仅 6 个月，销量就达到近 17.8 万辆，而同期上汽集团旗下的上汽乘用车销售新能源汽车 7.8 万辆，其中名爵成为主力，荣威的几款车型销量也都不错。

上汽在行业内最早提出了"新四化"——电气化、网络化、智能化、共享化，并且在售后服务、分时租赁、互联网云服务等方面都有具体的布局。

上汽早在 2014 年就与阿里巴巴合作成立了斑马网络公司，在燃油汽车平台上加入座舱系统，推出了荣威 RX5。那时才刚刚开始在车上应用互联网，借荣威前期市场较好的势头，荣威 RX5 一炮打响，受到用户的欢迎，一个月就销售了 2 万辆。后来上汽受荣威 RX5 成功的鼓舞，进一步向高端挺进，在 2018 年推出荣威 Marvel X，宣称要比肩特斯拉相应车型，价格也摆脱过去 20 万元的上限，杀入 20 万～ 30 万元的价格区间，可惜市场表现远远低于预期。在这一段时间里，荣威系列的轿车、SUV、休闲旅游车等车型纷纷实行"油改电"，赶上了这一波行情的尾声。

通过一段时间的探索，上汽重新深入研究自主品牌的定位，在名爵和荣威品牌之间进行区分：名爵定位于年轻化，目标是吸引年轻消费者；荣威则定位为家庭用车。除了这两个品牌之外，上汽还宣布打造 R 品牌和智己品牌，这两个品牌都定位于高端电动汽车。R 品牌脱胎于荣威，但是彻底摆脱"油改电"过渡时期的做法，基于一个全新的电驱动平台；智己则是在全新的智能化电驱动平台上，加入了很多辅助驾驶功能。

2021 年 10 月，上汽集团宣布投资 70 亿元注册成立飞凡汽车科技公司，上汽占总股本的 95%，其余 5% 由员工持有。飞凡汽车以独立公司形态进行市场化运营，R 品牌正式更名为飞凡汽车，定位没有变化，继续专注于中高端智能电动汽车市场。目前，飞凡汽车有两款车型在销售，分别为 ER6 和 Marvel R。在 2021 年的广州车展上，飞凡汽车推出了一款代表品牌形象的全新重磅车型 R7（如图 6-10 所示）。2022 年 9 月，飞凡 R7 正式上市。

2020 年底，上汽集团、浦东新区张江高科、阿里巴巴三家宣布共同出资成立智己汽车公司，上汽占 54% 的股份、张江高科和阿里巴巴各占 18% 的股份，还有 10% 的股份由员工持有，注册资本金达到 100 亿元。智己的品牌定位为高端豪华纯电动汽车，首款纯电动轿车于 2021 年 4 月发布并接受预订。2023 年 2 月，"智能纯电中大型豪华 SUV"智己 LS7 公布车型配置及售价，正式上市，同时接受预订。

图 6-10　飞凡 R7（上汽集团供图）

2020 年，上汽集团发布了其"十四五"规划，到 2025 年，其在全球的新能源汽车销量要达到 270 万辆，年复合增长率要达到 90% 以上。当然这既包括自主品牌的新能源汽车销量，也包括合资企业在我国市场的新能源汽车销量，既有飞凡、智己品牌的销量，也有五菱宏光 MINI、大通等新能源汽车的销量。

上汽集团在新能源汽车的动力电池系统方面超前布局，并且先行一步，统一了电池包的长度、宽度，高度则可根据不同车型而不同，电池包的容量从 52 千瓦时发展到 135 千瓦时，同时兼容磷酸铁锂电池、三元锂电池、高镍电池、掺硅补锂电池等。在安全性方面，从模组到系统，都采取了一系列安全技术，确保动力电池系统不自燃。上汽集团还在换电模式的技术方面采用了新的结构，使之可以达到 5000 次换电的耐久寿命。另外，在固体电池方面，上汽集团投资参股了美国的两家固体电池企业，计划 2025 年在上海投资建立固体电池生产线。

2022 年，上汽集团成为首个新能源汽车和海外市场"双百万辆企业"；其汽车出口量达到 101.7 万辆，同比增长 45.9%，连续 7 年蝉联国内车企榜首，产品和服务进入全球 90 余个国家和地区；名爵品牌蝉联"中国单一品牌海外销量冠军"，并在澳大利亚、新西兰、墨西哥、泰国、智利等近 20 个国家和地区跻身单一品牌 Top 10。

一汽、东风汽车和上汽是我国传统汽车产业的"国家队"三大主力选手，在燃油汽车时代都曾写下过堪称辉煌的篇章。在向新能源汽车转型发展的过程中，它们需要平衡好保持燃油汽车的优势、获取市场最大收益和把握新能源汽车发展机遇、实现新的技术与市场突破之间的微妙关系，很难像造车新势力一样轻装上阵，不可能义无反顾地采用全新的发展模式，属于"双线"作战，不排除有时会发生"左右互搏"的现象，但是坚持新能源汽车发展方向是不能动摇的，毕竟燃油汽车市场已经下滑，新能源汽车处在市场快速扩张阶段。

可以预见，在新能源汽车市场蓬勃向好以及"双碳"目标的背景下，各大传统汽车企业的转型还会进一步加速，市场竞争将更为激烈。

专题访谈

产业化发展的几个关键节点

我国新能源汽车已经走过了从产品导入期到产品成长期，再到规模产业化快速增长期的发展历程，正在开启一个高质量、绿色发展的新时代。在百年未遇的汽车产业大变局中，我国政府审时度势，实施新能源汽车发展战略，支持培育新市场，我国汽车企业抓住切入新赛道的机遇，取得了新能源汽车技术和市场的突破性进展。当年在产业发展的几个关键节点上的判断和选择，还是非常值得重温并深入讨论的。

曾纯（以下简称曾）：我们重点来理一理我国新能源汽车发展进入产业化阶段后的脉络，顺带提炼一下贯穿整个发展过程的主线。

苗圩（以下简称苗）：好的。

国家战略与产业化起点

曾：请问将发展新能源汽车产业确定为国家战略是在哪一年？我国新能源汽车真正产业化的起点是什么时间？当时对这一市场发展方向的基本判断是什么？

苗：为了应对全球金融危机的负面影响、提振经济，国务院研究出台了十大产业调整和振兴规划，2009 年 1 月发布的《汽车产业调整和振兴规划》提出实施新能源汽车发展战略，第一次把新能源汽车的发展提到国家战略的高度。以 2012 年国务院印发《节能与新能源汽车产业发展规划（2012—2020

年）》（以下简称《规划》）为标志，我国新能源汽车开始走上了产业化的道路。

当时主要的考虑还是以节能减排为出发点。发展新能源汽车，一方面能够减少我们对进口石油资源的依赖，因为我国的能源结构是多煤少油缺气，在很长一段时间里，国内石油 70% 以上是进口的，这对我们国家的能源安全是一个极大的挑战，发展新能源汽车可以在一定程度上降低这种风险。另一方面，随着我国汽车的普及，各大城市的空气污染也日益严重，大力发展新能源汽车可以减少尾气排放，进而减少对大气的污染，这也是当时的主要考虑之一。

由于汽车产业已经成为国民经济的支柱产业，推动汽车产业实现可持续发展、加快汽车产业的转型升级、培育新的经济增长点和国际竞争优势，是发展新能源汽车产业的另一个出发点。

《规划》出台时，我国新能源汽车经过近 10 年的研究开发和示范运行，基本具备产业化发展基础，电池、电机、电子控制和系统集成等关键技术取得重大进步，纯电动汽车和插电式混合动力汽车开始小规模投放市场。但是从总体上看，我国新能源汽车整车和部分核心零部件关键技术尚未突破，产品成本高，社会配套体系不完善，产业化和市场化发展受到制约，而其后 10 年将迎来全球汽车产业转型升级的重要战略机遇期，当年我国汽车产销规模已居世界首位，预计在此后一段时期内汽车产销量仍将保持增长，所以我们必须抓住机遇，抓紧部署，加快培育和发展新能源汽车产业，促进汽车产业优化升级，实现由汽车工业大国向汽车工业强国的转变。

万事开头难

曾：您认为截至 2022 年底中国新能源汽车的发展有哪几个重要节点？它们各自意味着什么？各个阶段遇到的最大挑战是什么？

苗：如果从 2009 年开始启动的"十城千辆"示范运行阶段算起，我认为我国新能源汽车发展大体经历了 3 个阶段。

第一个阶段从 2009 年到 2012 年底。2009 年"十城千辆"启动，先后选定了 20 多个城市作为试点示范。先期主要是针对包括出租车在内的公共交通推广使用新能源汽车，后期选择了 6 个城市进行私人用户购买新能源汽车的试点，国家财政对购买新能源汽车的用户进行补助。一些试点城市也比照中央政府的补助车型和补助额度，对新能源汽车给予同等或者一定比例的补助。

除了补助新能源汽车外，试点城市的政府还承担了支持充电桩建设的任务，对早期建设充电桩涉及的土地、城市规划、建设项目审批直至建桩补助等给予了大力支持。中央政府免征车辆购置税，部分试点城市地方政府在牌照拍卖或摇号、使用限制等方面对新能源汽车有所优待，这些政策措施加在一起，才使新能源汽车迈开艰难的第一步。设想一下，如果没有这些措施，仅靠市场机制和企业的努力，是不可能取得后期的成效的。

曾：万事开头难。对这样的新生事物，各种不同意见少不了。

苗：当时社会上对财政补助政策有一些指责的声音，认为政府公共财政不应该补助新能源汽车用户。尤其是在 6 个城市对私人购买新能源汽车是否给予补助的问题上，持极端观点的人认为"买车的人都是有钱人，政府拿公共财政的钱去补助有钱人是错误的"，这极其容易引发社会舆论，形成"仇富"倾向。好在我国的主流媒体发挥了舆论引导的作用，没有让这些负面信息形成气候，干扰国家重大决策的实施。

到 2012 年底，"十城千辆"试点示范一共推广了新能源汽车 2 万多辆，主要产品包括客车、各种轿车等。从产品生命周期来说，这一阶段可以算是产品导入期。

成长期抉择

曾：那么第二阶段就是产品成长期了。

苗：是的，第二个阶段从 2013 年到 2015 年底，属于产品成长期。2013 年是新能源汽车发展的关键一年，这一年"十城千辆"试点示范工作已经结束。往下还要不要继续？或者说是不是改为市场主导？政府还需要不需要继续给予购买新能源汽车的用户补助？这些都是关系产业化的关键。从 2011 年开始，我们就动手起草《规划》，其实也是借起草文件的机会进一步统一各相关部委的意见，从这一点上说，文件的起草过程也是大家统一认识的过程。

《规划》在 2012 年由国务院以文件的形式印发。《规划》中明确了一些大的发展目标和思路，比如重申了坚持"三纵三横"的技术发展路线，并且提出了纯电驱动的新能源汽车定义，明确了到 2015 年、2020 年的发展目标，启动了"双积分"办法和分阶段百公里油耗指标的建立，等等。

那一年恰逢政府换届之年，新一届政府对此事怎么看、怎么办，至关重要。可以毫不夸张地说，那是我国新能源汽车发展中决定生死之年。好在有《规划》作为依据，新一届政府的领导同志到任以后，负责这项工作的国务院领导同志外出调研，了解情况、听取意见后，认为政府不但不能退出，反而要继续加大力度，才能够使我国新能源汽车发展行稳致远。

有了国务院领导同志的明确意见，有了前期各部委统一的认识，工作推进起来就顺畅了许多。地方政府和汽车企业看到中央政府的态度，进一步增强了信心，新能源汽车的发展走上了继续前行的道路。

2013 年，我国新能源汽车的销量全年只有 1.8 万辆，到 2015 年时已经达到 33.1 万辆，不能说都是政策的作用，企业在新能源汽车产业化方面发挥了重要作用，但是，可以说没有政策的支持，是绝对达不到这样的效果的。

增长"生死劫"

曾：前两个阶段都是依靠产业政策主导推动的。随着以企业为主体的技术创新体系的逐步建立和完善，新能源汽车发展进入第三阶段，又呈现出怎样的新特点？遭遇了什么新问题？体现了什么样的内在矛盾？取得了怎样的新成果？

苗：第三个阶段从 2016 年到 2022 年底。这是一个快速增长阶段。2015 年，我国新能源汽车的产销量成为全球第一，这个世界第一的位置到 2022 年已经保持了 8 年时间。新能源汽车的产品型号、种类也极大拓展，从乘用车到商用车，从小型车到大型车，从燃油汽车"改装"到全新产品平台的开发，从传统汽车企业到造车新势力，呈现出多元化、百花齐放、生机勃勃的发展局面。

在这个阶段，财政补助也在逐年退坡，2022 年底财政补助全部退出。我们在此之前就研究了"双积分"办法，这是财政补助退出之后支持新能源汽车发展的一种接续政策，政策的设计和运行都已经取得初步成效，当然也遇到了一些问题，还要进一步完善，但是总体上是站住脚了。

"井喷"动因

曾：3 个阶段走完，中国新能源汽车市场迎来了大爆发。

苗：2020 年，新能源汽车由于各种原因，没有达到《规划》中确定的年产销量 200 万辆的目标，只完成了 136.7 万辆的销量。但是在 2021 年，出乎所有人的预料，一举实现了 352.1 万辆的销量，比上一年增长了 157.57%，新能源乘用车在全部乘用车中的渗透率达到 15.6%。而同期包括中国的销量在内的全球的新能源汽车销量为 650 万 ~ 675 万辆。2022 年新能源汽车产销量继续高速增长，分别达到 705.8 万辆和 688.7 万辆，同比分别增长 96.9% 和 93.4%，市场占有率达到 25.6%，高于上一年 12.1 个百分点。

在新能源乘用车方面，2022 年我国自主品牌的市场占有率达到了 79.9%，而外资品牌新能源汽车只占 20.1%；在全部乘用车中，我国自主品牌的市场占有率为 49.9%，达到历史最高点。这个提高主要是靠新能源汽车产销量的增长取得的。因为近几年来，新能源汽车销量的增长远远快于传统燃油汽车销量的增长，产品结构调整已经取得了决定性成效，中国自主品牌汽车也借此机会实现了换道赛车。

曾：从您介绍的中国新能源汽车发展 3 个阶段的情况可以看出，这个新生市场发生了从政策驱动到政策和市场双驱动再到以市场驱动为主的变化，这样的变化有没有什么明显的标志性事件？这种变化会不会引起消费市场的巨大波动？

苗：我觉得这样的变化，主要是对以财税政策为主的一系列产业政策作用的形象描述。前面讲到，在新能源汽车"十城千辆"试点启动时，中央财政和一部分试点城市的地方财政给予新能源汽车用户以补助，同时对购买新能源汽车采取了一系列支持政策，这就是以财政资金补助和免征车购税为代表的政策驱动。其实即使到了市场驱动阶段，也还会有政府的支持政策，比如对燃料电池汽车还要保留财政补助，比如对公共充电基础设施建设的支持政策，等等。

在 2013 年出台新一轮财政补助政策时，就已经宣布补助额度将逐年退坡。这些财政补助和免征车购税政策，缩小了新能源汽车与传统燃油汽车在价格方面的差距，使得用户对新能源汽车的接受度逐年提高，坚定了企业加大研发投入的信心。产品性能、质量等方面比传统燃油汽车有了很大改善，加上充电基础设施建设的跟进，新能源汽车终于在市场上站住了脚。

从 2015 年开始，新能源汽车的发展进入政策和市场的双驱动阶段。具体表现是财政补助额度每年都在降低，特别是 2019 年中的那一次退坡降低的幅度比较大，致使一段时间内新能源汽车销量受到很大影响，这种影响一直持续到 2020 年。当时也是考虑如果将退坡的比率全部积累到 2020 年底，财政补助全部退出后产生的影响会更大，为了平衡政策退坡的影响，采取了 2019 年大体上退一半、2020 年全部退完的基本安排。

2020 年初，新冠疫情在全球开始蔓延，对全社会的经济发展产生了不利影响。党中央采取果断措施进行疫情防控，取得了一次又一次的胜利。受供应链运行不畅和车规级芯片短缺的影响，包括新能源汽车在内的汽车市场表现疲软，原定 2020 年底取消的财政补助推迟到 2022 年底取消。

如果仅以财政补助来代表政策驱动的话，可以看到，到 2022 年底，"双驱动"抵达终点，从 2023 年开始，进入市场驱动阶段。2022 年底补助政策取消之前出现了一个"政策市"，很多消费者抢抓最后的机会购买新能源汽车，由此形成了一个小高潮。2023 年这一轮的波峰、波谷不会像 2019 年退坡时那么大，因为 2022 年的补助额度毕竟只是 2019 年退坡前的 20% 左右，况且还保留了免征车购税到 2023 年底的政策。

曾：请您总结一下，我国为促进新能源汽车发展推出了哪些最为重要的产业政策？当时出台的初衷是什么？现在看是否达到了目的？

苗：我国发展新能源汽车确定遵循 4 条基本原则，即坚持产业转型与技术进步相结合，坚持自主创新与开放合作相结合，坚持政府引导与市场驱动相结合，坚持培育产业与加强配套相结合。

具体有这样几项政策。

其一，完善标准体系和准入管理制度。完善新能源汽车准入管理制度和汽车产品公告制度，严格执行准入条件、认证要求。加强新能源汽车安全标准的研究与制定，根据应用示范和规模化发展需要，加快研究制定新能源汽车以及充电、加注技术和设施的相关标准。制定并实施分阶段的乘用车、轻型商用车和重型商用车燃料消耗量目标值标准。积极参与制定国际标准。建立与产业发展和能源规划相适应的新能源汽车标准体系。

其二，加大财税政策支持力度。中央财政安排资金，对实施节能与新能源汽车技术创新工程给予适当支持，引导企业在技术开发、工程化、标准制定、市场应用等环节加大投入力度，构建以企业为主体、产学研用相结合的技术创新体系；对公共服务领域新能源汽车示范、私人购买新能源汽车试点给予补助，鼓励消费者购买使用新能源汽车；发挥政府采购的导向作用，逐步扩大公共机构采购节能与新能源汽车的规模；研究基于汽车燃料消耗水平的奖惩政策，完善相关法律法规。新能源汽车示范城市安排一定资金，重点用于支持充电基础设施建设、建立电池梯次利用和回收体系等。研究完善汽车税收政策体系。

其三，强化金融服务的支撑。引导金融机构建立鼓励新能源汽车产业发展的信贷管理和贷款评审制度，积极推进知识产权质押融资、产业链融资等金融产品创新，加快建立包括财政出资和社会资金投入在内的多层次担保体系。综合运用风险补偿等政策，促进加大金融支持力度。支持符合条件的新能源汽车及关键零部件企业在境内外上市，发行债务融资工具，支持符合条件的上市公司进行再融资。按照政府引导、市场运作、管理规范、支持创新的原则，支持地方设立节能与新能源汽车创业投资基金，符合条件的可按规定申请中央财政参股，引导社会资金以多种方式投资节能与新能源汽车。

其四，营造有利于产业发展的良好环境。大力发展有利于扩大新能源汽车市场规模的专业服务、增值服务等新业态，建立新能源汽车金融信贷、保险、租赁、物流、二手车交易以及动力电池回收利用等市场营销和售后服务体系，发展新能源汽车及关键零部件质量安全检测服务平台。研究实行新能源汽车停车费减免、充电费优惠等扶持政策。有关地方在实施限号行驶、牌照额度拍卖、购车配额指标等措施时，应对新能源汽车区别对待。

其五，加强人才队伍保障。牢固树立人才第一的思想，建立多层次的人才培养体系，加大人才培养力度。以国家有关专项工程为依托，在新能源汽车关键核心技术领域培养一批国际知名的领军人才。加强电化学、新材料、汽车电子、车辆工程、机电一体化等相关学科建设，培养技术研究、产品开发、经营管理、知识产权和技术应用等方面的人才。

其六，积极发挥国际合作的作用。支持汽车企业、高校和科研机构在节能与新能源汽车基础及前沿技术领域开展国际合作研究，进行全球研发服务外包，在境外设立研发机构，开展联合研发和向国外提交专利申请。积极创造条件开展多种形式的技术交流与合作，学习借鉴国外先进技术和经验。完善出口信贷、保险等政策，支持新能源汽车产品、技术和服务出口。支持企业通过在境外注册商标、境外收购等方式，培育国际化品牌。充分发挥各种多双边合作机制的作用，加强技术标准、政策法规等方面的国际交流与协调，合作探索推广新能源汽车的新型商业化模式。

这些产业发展政策对新能源汽车的发展起到了重要的推动作用，考虑得比较全面，实施的效果总体上是好的。其中最重要的有财政补助政策、税收减免政策、燃料消耗量限值政策（就是"双积分"办法的依据）、建立标准体系等。当然，就像十个手指不一般齐一样，有些政策由于主客观原因没有贯彻到底，还有些政策没有实施下去，这也是难以避免的。

行业管理体会

曾：政府在充换电基础设施建设、汽车安全法规完善、激发企业研发积极性方面发挥了重要作用，有哪些实例让您印象深刻？

苗：在充电基础设施建设上，令我印象深刻的是常州的星星充电，在本书中（第三章）有详细介绍。在标准法规方面，最重要的就是 2019 年在雄安召开智能网联汽车发展部际会议期间，将 4 个行业标准化委员会组织到一起，共同推进标准化工作。在支持新能源汽车共性技术研发方面，就是我在工业和信息化部部长任上推动组建了动力电池创新中心和智能网联汽车创新中心。

曾：您认为产业管理部门在促进培育新能源汽车的产业集群和供应链方面可以有怎样的作为？

苗：在计划经济年代，因为各方面资源有限，投资主体也只有政府这唯一的渠道，产业布局、项目投资、配套体系的建设等都需要政府决定。在我国实行改革开放的基本国策之后，汽车行业率先放开了外资进入中国的许可，一批外国汽车企业涌入，与我国汽车企业实行合资合作，政府主要是对引进的产品国产化提出了要求。我们没有停止在汽车组装阶段，从一开始就是走汽车制造业的发展道路。我国汽车零部件体系随着改革开放政策而快速发展，基本上都是围绕"三大三小"汽车项目，形成了以上海为中心的桑塔纳零部件集群、以长春为中心的捷达零部件集群和以武汉为中心的富康零部件集群。这事实上已经打破了由政府决定项目布局的做法，按照大项目合理的半径发展出了一批供应链体系和产业集群。

之后在 2000 年前后，一批民营资本进入汽车行业，这时候的汽车行业已经很少再有国家投资建设的项目了，包括国有企业在内，都已经转变为自主经营、自负盈亏的主体，政府主要通过产业政策进行引导，而不是主导产业的发展。项目的布局、投资的审批、供应链的建立，基本上都是以企业为主决定的事项。

产业管理部门为了适应这种转变，主要是通过战略、规划、标准、政策 4 种手段进行行业管理。

突如其来的新冠疫情和中美贸易摩擦，使得我们在过去的发展路径上遇到新挑战，各国都在考虑供应链安全的问题，我国也不例外。但是对汽车行业而言，我有一个基本的判断，只要我国汽车大市场的优势能够保持住，汽车供应链就不会有大的问题。因为在生产基地的附近布局供应链是由汽车行业的特点决定的，就是通常讲的"销地产"的布局，一些外资汽车企业也提出了"在中国，为中国"（In China, For China）的经营理念，舍近求远是违反客观规律的事情，是不可取的。但是对于我国汽车供应链中的短板和弱项，一定要补齐，这里最重要的还是车规级芯片和基础软件。没有自主可控的芯片和软件，我们就"缺芯少魂"，在新能源汽车、智能网联汽车的发展中就会失去千辛万苦获得的一点点优势，陷入被动局面。而补上这个短板和弱项，需要靠开放合作，需要靠跨界融合。

曾：最后一个问题，您认为在中国新能源汽车发展过程中对产业影响最为深远的人物是哪位？你们之间曾有过怎样的令您印象深刻的交流？

苗：我前面讲过，对于新能源汽车发展，科技部起到了重要作用，我向徐冠华、万钢两任部长当面汇报过有关新能源汽车发展的想法，得到过他们的支持，也有比较多的交流。

这里特别要讲到万钢同志，他 2000 年从德国回到中国以后，被科技部聘请为国家"863 计划"电动汽车重大专项首席科学家、总体组组长，并作为燃料电池汽车课题组负责人承担了我国第一辆燃料电池轿车的研究工作。他带领同济大学的团队开发出燃料电池轿车"超越一号"——搭载了国内自主研制的 30 千瓦燃料电池，之后又开发出了"超越二号""超越三号"等车型，取得了技术上的重大突破。他对我国新能源汽车的发展起到了至关重要的推动作用。

我与万钢同志认识是在他从德国回来以后担任全国电动汽车专家组组长期间，那时候我还在东风汽车公司工作。东风汽车公司在很困难的情况下建立了东风电动车辆公司，万钢同志很快就发现了我们的探索和实践，他到武汉调研，给予我们很大的鼓励和支持。之后有一次中央政治局集体学习，万钢同志是主讲人，听说讲完电动汽车的发展之后，一位中央领导同志询问他，产学研相结合讲了多年，为什么始终做不好。万钢同志以东风汽车公司的实践向中央领导同志回答了这个问题，也借机替我们进行了宣传，我从内心非常感谢万钢同志的支持。

之后我们因为新能源汽车这根纽带，一直保持着密切联系。遇到一些问题时，我也会向万钢同志请教，每一次他都是满腔热忱地提出一些建设性意见，让我受益匪浅。接任科技部部长以后，他在继续推进我国新能源汽车的发展上可以说是功不可没。之后我担任工业和信息化部部长，我们之间从来都是相互理解、相互支持的。遇到前面提到的那些质疑时，万钢同志不但主动出主意、想办法，而且在公开场合亮明自己的观点，这也激励着我勇往直前，不因遇到暂时的困难而停下前进的步伐。

第七章 化解汽车安全焦虑

　　汽车的安全性能是高于其他任何问题的最重要的指标，确保新能源汽车的安全，必须引起全社会的高度重视，毕竟这与人民群众的生命和财产安全息息相关，丝毫都不能放松。

新能源汽车的快速发展，不可避免地带来了一系列安全问题。人们最关注的就是安全问题，包括起火、漏水、触电风险等，甚至连纯电动汽车过于"安静"也可能引发传统燃油汽车没有的新问题。一辆汽车如果存在安全隐患，就算性能再好，也无法为用户所接受。

7.1 | 核心是消除电池安全痛点

为了满足纯电动乘用车续驶能力的要求，动力电池技术不断进步，电池的能量密度成倍增长，使用各种新材料的电池层出不穷。然而，个别企业片面追求提高电池的能量密度而忽视了电池质量，造成汽车起火、爆炸等触目惊心的事故。由于动力电池是新能源汽车的核心，动力电池的安全问题同样是新能源汽车安全的核心问题，是新能源汽车绝大多数安全问题中的首要问题，因而必须高度关注，切实解决。

7.1.1 依靠技术进步排除隐患

自三元锂电池问世以来，对比最常用的两种动力电池，围绕磷酸铁锂电池和三元锂电池到底哪个更安全这一话题，社会上议论纷纷，两种意见各有拥趸，而且言之凿凿。其实这背后隐隐闪现一些企业的身影，为的是各自的利益，试图说明自己所使用的动力电池类型比其他电池类型更安全。一些"吃瓜群众"选边站队，五花八门的意见让新能源汽车用户眼花缭乱、莫衷一是。

冷静下来讨论，客观做出评价，这两种电池各有优劣。

一般而言，对比两种不同的正极材料，能量密度高的电池释放的热能高。磷酸铁锂电池的正极材料耐高温性能优于三元锂电池。三元锂电池因为掺加了镍这种活泼金属元素，能量密度和功率密度得到提升，更容易实现大倍率充电，其低温冷启动性能也比磷酸铁锂电池好。但正是因为掺加了活泼金属元素，增加了不安全因素，而不得不加入钴元素作为稳定剂。而钴属于地球上的稀缺资源，价格很高，为了降低成本，现在业界都在研究如何减少钴元素的用量。

与此相对，磷酸铁锂电池则不存在三元锂电池的上述缺点，而且循环次数比三元锂电池多一倍以上，成本更低，安全性更好。现在两种电池在市场上总体来说算是旗鼓相当，由于三元锂电池的能量密度高，如果按照功率（吉瓦）计算，三元锂电池在全球市场处于有利位置，市场份额高于磷酸铁锂电池；2019 年时曾经达到过 72.8% 的装车量占比，那时磷酸铁锂电池仅占 25.1%。但是在新能源汽车进入普及阶段后，特别是从 2021 年开始，国际大宗原材料价格大幅度上涨使得成本因素的考量越来越重要。目前我国磷酸铁锂电池市场占比已经超过了三元锂电池，2023 年一季度，我国市场上磷酸铁锂电池装车量占 68.2%，三元锂电池装车量为 31.7%，国际大公司较少使用磷酸铁锂电池的状况也有相应改变。

动力电池安全涉及从单体电池到动力系统的方方面面。从单体电池来看，现在还不能在两种电池中做出非此即彼的取舍，只能对各自弱点加以改进。例如，比亚迪公司一直倾向于使用磷酸铁锂电池，毕竟这是其看家本领，近来该公司也在电池模组的结构上下功夫，发明了刀片电池结构，可以进一步提高电池包的能量密度。搭载刀片电池（如图 7-1 所示）的比亚迪汉 EV 车型在 2022 年销量超过 27 万辆。对三元锂电池而言，则要在材料配比方面减少钴的用量，现在先进产品已经可以把钴的占比从原来的 10% 降低到 5%，减少了一半的用量。另外，在电池隔膜厚度和安全性之间也要寻求平衡，切忌单纯为了提高电池能量密度而一味削减隔膜的厚度，以免产生安全隐患。

对动力电池系统而言，单体电池的产品一致性至关重要。产品一致性不好带来的安全问题是很大的，因此一定要选择有质量管控能力的企业生产的产品，而不是单纯追求便宜的产品，否则会因小失大。

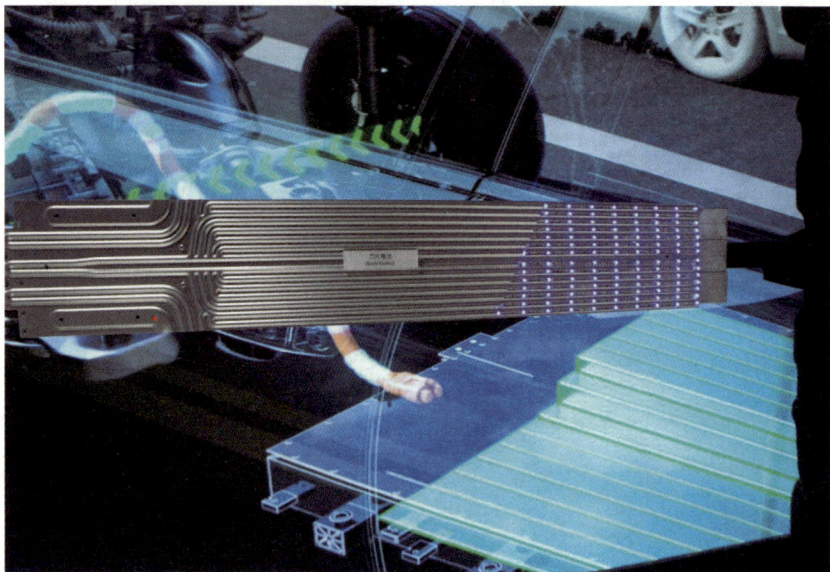

图 7-1　2021 年 4 月在上海车展上亮相的比亚迪刀片电池

有专家认为，我国企业普遍采取基于整个系统注重电池安全性的做法，可能是比较科学的。动力电池系统只要能确保允许单一电芯出问题但不蔓延，就能达到只冒烟不着火的安全效果，从而保证新能源汽车的总体安全性。

从可预见的未来看，固体电池是下一代电池的一个发展方向，也就是用固体电解质取代现在普遍使用的液体电解液，不过如何将固体电解质与电池的正负极密切结合在一起，还有待探索。人们对固体电池商业化时间的预测差别很大，乐观者认为近在眼前，悲观者认为至少需要 10 年。有实力的电池企业都在积极研究新一代电池，不时有一些"鼓舞人心"的消息传来。对此我们应该保持谨慎务实的态度，既不能完全不信，亦不可全部相信，毕竟这方面夸大其词的信息比比皆是。

从电池模组来看，首先要考虑电池的连接。本来使用铜作为连接件是最好的选择，但安全性存在一定问题。因为任何材料都要考虑使用的环境和寿命，材料在汽车上的使用年限要确保在 10 年以上，铜材在使用环境中不可避免会产生氧化、腐蚀等问题，特别是在有液体电解液的情况下，这一问题更加突出。所以，现在大多数电池选择在铜片上镀一层镍，这样就既有良好的导电性能，又能兼顾抗腐蚀性能了。

电池连接还存在另一个问题，即如何将几千个正极、负极按照设计连接到一起，常用的方式有锡焊、激光焊接、机械连接 3 种。电子类产品大多选择锡焊，将电子元器件插到电路板上，然后使用波峰焊接设备，将所有焊点一次性焊接完成。但是在动力电池焊接上，这样的工艺并不可取，因为没有一个"电路板"可以将电池集中到一个平面上，如果一个一个点去焊接，不仅效率低下，镍镀层也很难挂锡。电气类产品通常使用机械连接，但是时间久了就容易接触不良。大部分电气产品可以通过检测来保证正常运行，动力电池一般采用先模组后成系统的办法形成电池包。由于单体电池排列成组的密度很大，用机械连接会使体积更加庞大，还会使电池自重增加，对追求能量密度的动力电池来说，这是一个削弱其性能的负面影响。因此，使用激光焊接几乎是唯一选择，虽然成本高，但是可以保证连接的可靠性。

在电池模组之后，还有模组与模组之间的连接，这时一般用导线进行软连接。这样做是因为模组之间的电流都很大，要计算导线的横截面积与电流的大小。电流的特性是沿导体表面传导，增加导体的表面积比增加横截面积更加重要，这也是导线中通常使用多根紫铜线而不是一味增大一根紫铜线直径的原因所在。

动力电池的能量密度不断提高，为了尽可能缩短充电时间，动力电池的温度集聚效应越来越强。为了防止电池包的温度过高，要对电池包内部进行散热处理。过去常用的是强制通风散热，近来一些大容量动力电池也开始使用液冷散热，在管道中充满乙二醇等防冻液，用液体循环将热量带走。

我国很多新能源汽车企业通常采取在单体电池之间充满导热胶的方法，将电池产生的热量传导到外部散热器，这种导热胶的热传导性要好于空气。每种散热措施都要与热传感器配合使用。当温度升高时，热传感器第一时间发现并将信息传递到电池管理系统，之后电池管理系统立即采取有效的应对措施，以保证不发生热失控。

7.1.2 出台强制性标准重在实施

2020 年 5 月，工业和信息化部组织制定了《电动汽车安全要求》（GB 18384—2020）、《电动客车安全要求》（GB 38032—2020）、《电动汽车用动力蓄电池安全要求》（GB 38031—2020）3 项强制性国家标准，标准规定了动力蓄电池的电池单体、电池模组、电池包或系统的安全要求和试验方法。这 3 项标准自 2016 年启动修订以来，历时 4 年多时间，数易其稿，并且相关人员与德国、欧盟、日本的研究机构和标准化组织进行过交流讨论，最终于 2020 年 5 月 12 日由国家市场监督管理总局、国家标准化管理委员会批准正式发布，确定自 2021 年 1 月 1 日起实施。

与 2015 年发布的《电动汽车用锂离子动力蓄电池包和系统　第 3 部分：安全性要求与测试方法》（GB/T 31467.3—2015）和《电动汽车用动力蓄电池安全要求及试验方法》（GB/T 31485—2015）相比，过去的推荐性国家标准变为强制性国家标准，为确保新能源汽车的安全，第一次提出了具有法律效力的规定。具体变化如表 7-1 所示。

表 7-1　2020 年 3 项强制性国家标准对比 2015 年发布的标准的变化

变化	涉及的操作
修改 （17 处）	单体电池过放电的安全要求 单体电池过充电的试验方法 单体电池挤压的试验方法 电池包或系统振动的安全要求和试验方法 电池包或系统机械冲击的试验方法 电池包或系统模拟碰撞的试验方法 电池包或系统挤压的试验方法 电池包或系统湿热循环的试验方法 电池包或系统进水的安全要求和试验方法 电池包或系统外部火烧的安全要求和试验方法 电池包或系统温度冲击的试验方法 电池包或系统盐雾的安全要求和试验方法 电池包或系统高海拔的安全要求和试验方法 电池包或系统过温保护的安全要求和试验方法 电池包或系统外部短路保护的试验方法 电池包或系统过充电保护的试验方法 电池包或系统过放电保护的试验方法
删除 （8 处）	单体电池跌落的安全要求和试验方法 单体电池针刺的安全要求和试验方法 单体电池海水浸泡的安全要求和试验方法 单体电池低气压的安全要求和试验方法 电池模组的安全要求和试验方法 电池包或系统电子装置振动的安全要求和试验方法 电池包或系统跌落的安全要求和试验方法 电池包或系统翻转的安全要求和试验方法
增加 （2 处）	电池包或系统热扩散的安全要求和试验方法 电池包或系统过流保护的安全要求和试验方法

　　从以上修订之处可以看出，强制性国家标准在新能源汽车动力电池安全性保障上充分考虑了各种不安全因素，在优化单体电池、电池模组安全要求的同时，特别强化了对电池系统热安全、机械安全、电气安全、功能安全的要求。试验检测项目包括系统热扩散、外部火烧、机械冲击、模拟碰撞、湿热循环、振动泡水、外部短路、过温过充等，重点增加了电池系统热扩散试验，要求单体电池发生热失控后，电池系统在 5 分钟内不起火、不爆炸，这为乘员安全逃生预留了时间。这些都为保护消费者的财产和生命安全提供了具有法律效力的规定要求，所有新能源汽车产品必须达到标准中的各项要求才可以进入市场。当下，对比其他国家的要求，在世界范围内，我国的这几项标准堪称最严格的新能源汽车安全标准了。

标准修订过程中最大的争议在于取消了针刺试验这种过去唯一的试验方法，给出了二选一的新试验方法：一种是单体电池针刺试验引发的热失控试验方法，另一种是加热触发热失控试验方法。有些人不了解情况，看到删除针刺试验方法的说明，就错误地认为取消了针刺试验方法，事实并非如此。

2020 年 10 月，宁德时代宣布已经开发出"永不起火"的 NGM811 三元锂电池。这种电池首次配套装在蔚来汽车的 100 千瓦时电池包中，在结构上，取消了电池模组，实现从单体电池到电池包的高效成组技术；在安全性上，使用新型材料隔热设计、电池包排烟通道设计等，使得热失控得到控制。通过各具特色的结构设计，两种电池的安全性能都符合国家标准，都是安全的。

强制性国家标准颁布以后，对产品检测和形式认证的要求也随之而来。2020 年 12 月 18 日，国家车用动力电池产品质量监督检验中心正式挂牌成立，这标志着我国在新能源汽车动力电池检测方面拥有了第三方的检测平台，可以客观地按照强制性国家标准进行检测，以保证所有进入市场的新能源汽车动力电池都是符合国家标准的产品。

7.2 | 系好充电环节的"安全链"

新能源汽车充电基础设施的主要用途是提供电源，几乎所有的变压、交直流转换等都是在整车上通过电池管理系统来实现的。必须对整车与充电基础设施之间的连接采取严密保护措施，才能保证充电安全。

在充电之前先要检测车辆的充电线路绝缘是否良好，如果绝缘不好，充电桩会自动停止供电并向车主发出警告。在充电到一定程度时（不同车型会有区别），比如达到 80% 时，电池管理系统会自动停止充电。有些设计得更好的车型可能在达到更低的充电程度时，就主动减小电流，以防止电池温度过高。

所有这些措施，都是为了防止过充电情况发生。过充电是引发火灾的常见原因，必须高度重视。特别是在环境温度低于 0℃ 时，更容易出现过充电现象。一般好的车型设计是当环境温度过低时给电池箱加热，这种有效措施可以防止过充电，也可以避免低温时电池性能衰减的问题。

高速快充是容易引发事故的另外一个诱因，在高速快充时，电池管理系统要检测每个单体电池充放电时的电压高低、电流大小以及温度升高的状况，当某个单体电池充满电后，电池管理系统会停止继续给这一单体电池充电，使电流旁路绕过这个电池。放电时，一旦发现某个单体电池的电压过低，则减少甚至停止这一电池的放电。在检测到电池模组温度过高时，会切断单体电池充放电，以确保安全。

当然，大电流充电还必须保证充电接口接触良好，因为接触不良非常容易引起火花和过热，二者都是导致火灾的重要原因。除了优化接口结构之外，在充电桩上加装温度传感器也是有效的措施。充电基础设施自身的绝缘和接地都是必不可少的安全性要求。要定期进行检测，并且通过对充电基础设施自身的检测和遥控，及时发现问题，防止发生触电等安全性问题。

除了续驶里程之外，电动汽车用户十分关心充电时间，特别是在长途行驶或在出租车运营等特别使用状况下，这一要求更加迫切，最理想的状态是能够像加油一样几分钟就将电充满。从目前的技术水平看，几分钟充满电是很难做到的，但是缩短充电时间还是业界孜孜以求的努力方向。

在需求的牵引下，直流快充近年来在公共充电基础设施上发展得很快。它的工作原理是通过接入 380 伏三相四线的交流电源，经过防雷击装置进入电表中，用电表计量用户所使用的电量。因为每一个型号的车型电压、充电容量、充电电流都不一样，所以快速充电桩往往要配备多个充电机，根据车型发送的信息决定用哪几个充电机并行工作。在对整车进行充电的同时，还要对电池管理系统供电。充电桩内，专门按照国标规定，以 12 伏、10 安电源为电池管理系统供电。另外，还有单独的低压电源，提供 5 伏和 12 伏直流电，为充电桩内设微控制器单元（Microcontroller Unit，MCU）和充电桩显示器、保护模块、结算刷卡模块、通信模块等供电。

目前行业已形成共识，中国汽车动力电池产业创新联盟在 2022 年倡议普及 2C 充电，用 2C 快充代替现行的 1C 快充。因为 2C 充电对电池和充电系统成本基本没有影响，但充电时间缩短了一半，使用户体验大大改善，同时还明显提高了充电企业的充电效率。

迄今为止，新能源汽车充电基础设施执行的国家标准有 5 项（如表 7-2 所示），这些标准都是推荐性标准，而非强制性国家标准。另外发布的两项国家标准《电动汽车非车载传导式充电机与电池管理系统之间的通信协议》（GB/T 27930—2015）和《电动汽车非车载传导式充电机与电池管理系统之间的通信协议一致性测试》（GB/T 34658—2017），其目的是保证互联互通的实现。为了保证充电安全性，国家能源局还发布了两项行业标准，国家电网公司发布了两项企业标准。

表 7-2　新能源汽车充电基础设施与通信互联执行的国家标准一览表

标准名称	用途
《电动汽车传导充电系统　第 1 部分：通用要求》（GB/T 18487.1—2015）	充电基础设施
《电动汽车传导充电系统　第 2 部分：非车载传导供电设备电磁兼容要求》（GB/T 18487.2—2017）	充电基础设施
《电动汽车传导充电用连接装置　第 1 部分：通用要求》（GB/T 20234.1—2015）	充电基础设施
《电动汽车传导充电用连接装置　第 2 部分：交流充电接口》（GB/T 20234.2—2015）	充电基础设施
《电动汽车传导充电用连接装置　第 3 部分：直流充电接口》（GB/T 20234.3—2015）	充电基础设施
《电动汽车非车载传导式充电机与电池管理系统之间的通信协议》（GB/T 27930—2015）	通信互联
《电动汽车非车载传导式充电机与电池管理系统之间的通信协议一致性测试》（GB/T 34658—2017）	通信互联

现在的问题是上述标准不能完全适应发展的需要。比如，将来新能源汽车越来越多，充电桩运营企业可以通过储能装置增加收入，电网公司也可以利用它来进行调峰，一举多得，这完全有可能发展成一个大市场，但是作为

储能装置，车辆对电网（Vehicle to Grid，V2G）的标准尚付阙如。

还有，人们对标准的理解不一致，也会造成一些不利影响。各家充电桩生产企业开发出五花八门的 App，互不兼容，给用户带来不便，有时甚至出现充电枪插不进、拔不出的尴尬场面。特别需要强调的是，应该及时将这些标准统一起来，涉及安全性的标准应该及时修订并上升为国家强制性标准，在这方面，有关各部门还有不少工作要做。

2015 年发布的国家标准中第一次增加了电子锁止和传感器等方面的要求，使得安全性大幅度提高。一旦机械锁止结构失效，电子锁止还会起到二次保护的作用，不会因为机械锁止失效而带来带电插拔引发触电等安全问题，也可以防止带电插拔引发起火的状况发生，保障充电安全性。

除了传统安全外，个人信息安全、数据安全等非常规安全也已经引起了社会关注。例如，有的充电桩没有实行个人身份认证，只凭一个简单的识别码就进行费用的结算，如果有人借机冒名顶替，将会造成消费者资金的损失。又比如，进行身份认证时，如何保护个人信息，如何保障信息不被泄露，也需要及早统筹考虑。

7.3 | 整车安全，信马"不由缰"

见诸媒体报道的新能源汽车起火等安全事故中，约有一半发生在 7—9 月。这提醒我们，夏季由于环境温度较高，是起火事故的高发时期。在充电过程中要关闭车内电源，尤其不能使用空调等耗电量比较大的电气设备，驾驶员和乘员在充电时要离开车辆，以保证安全。在充电过程中发生的事故占全部事故的近一半，说明事故发生不只是因为电池问题，环境温度和过充电都可能引起起火燃烧甚至爆炸事故。

还有一些新能源汽车起火是在停置状态发生的，这时动力电池的高压部分已经关闭，只有低压部分还在供电，一定是哪里产生了热而又没有及时被发现引起的。事故原因要根据调查结论反推，从源头采取相应措施。

根据相关统计分析，从 2022 年新能源乘用车故障数量占比构成来看，动力电池故障占比达到 54.4%，如图 7-2 所示。

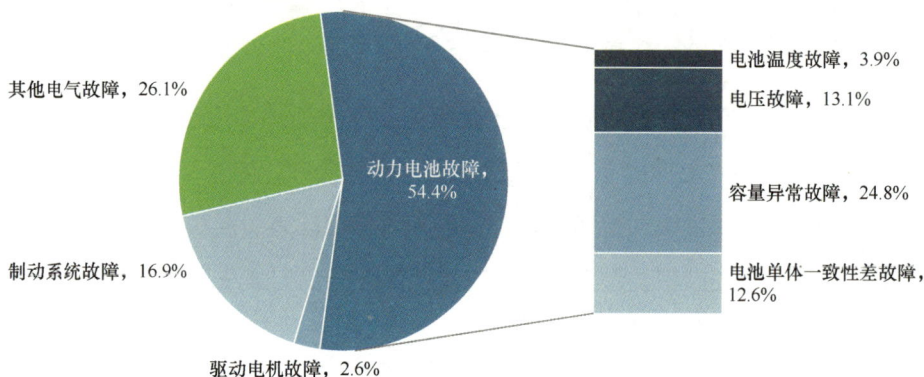

图 7-2 2022 年新能源乘用车故障数量占比构成

（数据来源：新能源汽车国家监测与管理平台）

工业和信息化部从 2016 年初开始果断叫停了三元锂电池配装各种大中型客车，大中型客车都是以载客为主，一旦发生事故，就会造成群死群伤，必须以最严格的要求来对待。在大中型客车中使用磷酸铁锂电池时，对电池包的安装位置也提出了要求，以确保安全。从 2016 年起，大中型客车起火等事故发生率呈现明显下降趋势，说明这些措施已经见效。

自 2021 年 1 月 1 日起实施的《电动汽车安全要求》（GB 18384—2020）和《电动客车安全要求》（GB 38032—2020）主要规定了电动汽车的电气安全和功能安全要求，第一次增加了电池系统热事件报警信号要求，这能够在发生热失控时第一时间给驾驶员和乘员发出安全提醒，以便其采取相应措施。这两项标准强化了对整车绝缘电阻及监控的要求，以降低车辆在正常使用情况下的安全风险；优化了绝缘电阻、电容耦合等试验方法，以提高检测精度，保障整车在高压下的安全。除了对整车的要求同样适用于客车之外，这两项标准还对电动客车电池仓部位碰撞、充电系统试验条件及要求等提出了更为严格的安全要求，增加了高压部件阻燃要求和电池系统管理单元热失控考核要求，进一步提高了电动客车火灾事故风险防范能力，这在世界范围内也是首创。

除了动力电池自身的安全之外，还有新能源汽车的涉水安全问题，我国一直沿用国际电工委员会（International Electrotechnical Commission，IEC）的标准。国家标准《外壳防护等级（IP代码）》（GB/T 4208—2017）就是引用这一标准，用 IP 加序号表示，新能源汽车使用的是 IP67。第一个序号 6 表明防尘标准，从 0 到 6，序号越大，防尘要求越高，6 代表最高等级标准。第二个序号是防水标准，从 0 到 8，序号越大，防水要求越高，7 代表仅次于最高等级标准的第二高要求，即在常温常压条件下，暂时将电池包浸泡在 1 米深的水中 30 分钟以上而不会造成有害的影响。这就要求电池包外面有密封性箱体，电池包以外的所有导线接点、电机和控制系统、电池管理系统等都需要进行防尘防水处理。前述强制性国家标准还做出了一些新的规定。如在外部对单体电池加热到 130℃并保持 30 分钟后，保证单体电池在 1 小时之后观察时不会发生损坏。

新能源汽车电源分为两个部分。低压部分主要是为车上的电子电气部件供电，采用的是安全的低电压，一般在车辆停置时仍然供电，以保证一些电子电气部件用电。高压部分主要用来给电动机供电，为 300 ～ 400 伏，需要进行特别绝缘处理，以防止发生触电。高压电回路带电部件与外壳体之间、高压电回路与车辆底盘之间、高压系统与低压系统之间，都必须按照标准要求进行绝缘。在产品设计时，还要预留足够的余量以保证万无一失，并要考虑绝缘体在整个生命周期内不会老化失效。在整车发生碰撞时必须立即断电，一种方式是与安全气囊联动，另一种方式是利用碰撞传感器发出的信息，通过 CAN 总线发送报文给电池管理系统进行断电。

在推行国家强制性标准的同时，工业和信息化部加强了对新能源汽车产品的一致性监督检查。2020 年 11 月，工业和信息化部在对乘用车、客车、专用车 3 个类别新能源汽车产品的监督检查中发现，共有 25 家企业的 27 个车型存在生产一致性问题。其中，新能源乘用车共涉及 9 家企业的 9 个车型产品，问题涉及动力电池容量和保护功能、行李箱容积、轮胎规格、标志标识等项目不符合国家标准或管理规定。2020 年，新能源汽车被召回 45 次，召回数量达到 35.7 万辆，其中因"三电"系统缺陷召回的有 11.2 万辆，约占新能源汽车召回总量的 31.4%。

涉及新能源汽车的长期安全性，还有一个问题值得业界特别关注，那就是汽车性能耐久性对安全性的影响。由于汽车产品的使用时间可能长达 15 年，对新能源汽车使用 10 年后的电池内电化学性能稳定情况、IP67 保持情况、各种橡胶件的老化情况等，需要进行前瞻性的研究和预判。

随着国家强制性标准的执行，新能源汽车产品的安全性将会大幅度提高，诸如起火燃烧等事故发生率会有所下降，人员的死伤数更是会大幅度减少。相比于新能源汽车，汽油车油箱装满汽油，还有发动机内部燃烧的汽油，再加上很长的油管路，本质上安全水平肯定较低，这是毋庸置疑的客观事实。只要充分运用系统思维，开展多维度、全流程的安全风险管控和预防，持续提高新能源汽车质量和安全保障能力，我们完全有理由相信新能源汽车未来的安全是有保障的。

08

第八章　抓铁有痕，由大变强突破解码

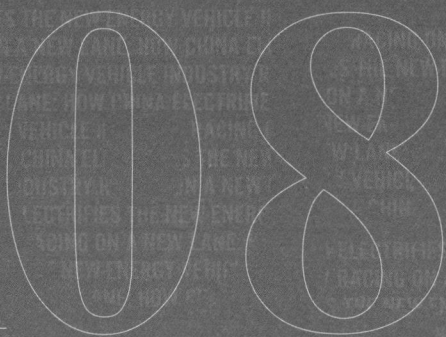

我国前瞻性地切入新能源汽车新赛道，找到了让中国汽车产业由大变强的新契机。经过20多年矢志不渝的努力，我国新能源汽车在高质量发展上取得了举世瞩目的历史性成就，积累了宝贵的实践经验，为全球新能源汽车发展贡献了中国方案。

从 2015 年开始，我国新能源汽车的产销量一直处于世界第一的位次，每年的产销量都占全球新能源汽车产销量的一半以上。2022 年，我国新能源汽车出口 67.9 万辆，同比增长 120%，为我国汽车出口超过 300 万辆、超越德国成为世界第二汽车出口大国立下了汗马功劳。据海关数据，2023 年一季度，国内汽车（包括底盘）出口数量为 106.9 万辆，同比增长 58.1%，第一次超越日本位列全球汽车出口第一，出口值为 1474.7 亿元，同比增长 96.6%；其中新能源汽车出口 24.8 万辆，同比增长 110%，功不可没。

回顾新能源汽车的发展历程，我们抓住了百年一遇的全球汽车产业大变局的历史机遇，前瞻性地切入新能源汽车新赛道，找到了让中国汽车产业由大变强的新契机，实现了转型发展。我国汽车行业在高质量发展上取得了举世瞩目的历史性成就，发生了历史性变化，这一切都值得我们沉下心来，认真总结经验教训，坚定不移地朝着既定目标前进，争取早日实现汽车强国的梦想。

8.1 | 制度的显著优势：集中力量办大事

我国社会主义制度能够集中力量办大事这一显著优势是在长期实践中不断形成的。在全球综合国力竞争空前激烈的形势下，我国作为发展中国家，如果不集中力量办大事，就根本办不成大事。

我国有效整合社会资源，组织和动员社会力量实施重大项目，从而迅速提高生产力和国际竞争力，这在新能源汽车的发展历程中体现得淋漓尽致。集中力量办大事，规避了"撒胡椒面""摊大饼"现象，避免了决策周期长、烦冗拖沓、涣散低效的情况发生，实现了资源效用最大化，是在新赛道实现赶超发展的最重要的一条经验。

8.1.1 坚持党的领导，统一思想统一行动

我国新能源汽车发展取得成绩，归根结底还是因为我们有党的集中统一领导，有中国特色社会主义制度的显著优势。党的集中统一领导可以保证在重大发展战略问题上总揽全局、协调各方，可以在对各种不同观点、不同意见进行充分讨论后民主决策，可以使全社会统一意志、统一行动。

中国共产党是领导我们事业的核心力量。党政军民学、东西南北中，党是领导一切的。在新能源汽车发展的各个阶段，围绕"要不要发展、如何发展"这两大问题，一直都有各种不同的思路、不同的主张，有一些观点甚至是针锋相对的。如果任由各种意见、各种观点不断地争辩下去，没有一锤定音的决策，就会陷入西方国家政党政治的陷阱，就会整天在无休止的争吵中乱成一锅粥。我们党历来是在充分发扬民主的基础上进行集中，统一思想、统一意志、统一行动是我们党克服各种困难、战胜各种挑战的根本所在。

2014年5月，习近平总书记在上汽集团考察时做出了"发展新能源汽车是我国从汽车大国迈向汽车强国的必由之路"的重要指示，为我们统一思想、坚定不移地将新能源汽车发展继续向前推进指明了方向。在此之后，在有关支持新能源汽车发展的各项政策措施还要不要延续等问题上很快达成了一致，各种质疑甚至反对新能源汽车发展的论调明显地减少了。

8.1.2 政府各部门协同，落实中央决策部署

我国社会主义制度的显著优势是能够集中力量办大事。通过将国家战略转换成中长期发展规划、将规划转换成年度行动计划，每年有部署、有总结，既肯定成绩，也发现问题，由近及远，朝向既定的目标前进；通过分工协作，将各项任务目标按照职责分解落实到相关部门，各司其职、各负其责，共同

推动任务目标的实现；按照统一部署协同推进各项工作。

2012 年国务院基于试点示范工作印发《节能与新能源汽车产业发展规划（2012—2020 年）》。为了确保规划落到实处，经国务院批准，节能与新能源汽车产业发展部际联席会议制度于 2013 年建立，有 20 个部委作为联席会议成员单位，牵头的部委是工业和信息化部，这一制度延续至今。

这一制度采取的是部际协调机制，汲取了其他一些规划的成功做法，对年度要做的工作分条挂账，明确时间表和路线图，每年年底对该年度的工作进行总结，总结报告上报国务院。年复一年，就把规划变成年度计划，有计划，有检查总结，一年一小步，久久为功。从分管的国务院副总理到各部委的领导，都要抽出时间深入实际进行调查研究，及时发现问题并研究解决问题；同时也注意发现基层好的工作做法，及时总结，以调动基层推进工作的积极性，对有些具有推广价值的，还要采用开现场会、大会介绍经验、编发简报等方式推进。

除了抓好规划贯彻落实，部际联席会议还有一项工作就是抓标准化的工作。从 1998 年开始，全国汽车标准化技术委员会下设电动车辆分委会，负责电动汽车、电动摩托车的技术标准化工作。在国际上，对口联合国世界车辆法规协调论坛 UN/WP29、ISO/TC22/SC21、IEC/TC69 等国际标准化组织。电动汽车技术标准体系涉及整车、电机及控制系统、动力电池、充电系统、电气接口等，全国汽车标准化技术委员会负责这一标准的制定（修订）工作，标准内容包括技术条件和试验检测方法等。

截至 2022 年 4 月 2 日，国家标准化管理委员会已批准发布的汽车（含摩托车）强制性国家标准共 128 项，其中，适用于乘用车的强制性国家标准共 67 项，适用于商用车的强制性国家标准共 85 项，新能源汽车领域相关国家标准共 81 项（3 类标准中有些标准是重叠的）。有一些涉及安全、环境保护的国家标准是强制实行的标准，所有产品都必须达到标准的要求才能进入市场。对比国际标准，我国新能源汽车的标准并不落后，有些还领先于其他国家。在上述的标准当中，有些是直接转化自国际标准，有些是参考国际标准制定的，还有一些是我国完全自主制定的。

此外，部际联席会议还推动出台各种支持产业发展的政策，其中最受大家关注的就是政府财政补助政策，前文从不同侧面已介绍过来龙去脉。除了补助政策，还有减免税政策。为了支持新能源汽车的发展，2009 年以来，一直对购买环节所征收的车辆购置税和对使用环节所征收的车船税予以免缴。另外，对家用充电桩的电费，明确按照居民电价收取，对公共充电基础设施的电价也提出了明确要求。

8.1.3 充分调动地方政府的积极性

在推广新能源汽车的起步阶段，为了调动地方政府（主要是各级城市政府）的积极性，首先实行了"十城千辆"这一推广新能源汽车的试点示范方法，申请试点示范的城市要制定 3 年内推广新能源汽车的数量、应用领域等目标，并提交申请书。中央政府对购买新能源汽车给予补助，一些地方政府为了完成目标，主动提出按照中央财政补助额度的一定比率同时给予地方补助。参照中央政府的方式，很多地方政府建立了工作推进机制，有的地方政府由主要领导挂帅，出台地方支持新能源汽车推广应用的政策措施，协调解决推进中的困难和问题，对新能源汽车的推广起到了重要的作用。

政府采购是推动新能源汽车发展最直接的一种手段。早期的新能源汽车用户主要是公交公司、出租车公司、市政管理部门、环卫部门等，地方政府也愿意支持这些大用户，因为用新能源汽车取代燃油汽车可以减少尾气排放，有利于大气污染防治，是努力贯彻新发展理念的举措，还能够得到中央财政资金的支持。虽然早期新能源汽车的价格、质量、续驶里程等都不能与今天的车辆相比，但是这些车辆一般有相对固定的运行线路，维修保养能力强，充电基础设施的问题也比较容易解决。由于政府采购是批量购买，所以很多车型都是从这里入手打开局面的。深圳就是全国最早实现公交车、出租车用新能源汽车取代燃油汽车的城市，自然，比亚迪公司是这一举措最大的受益者。

私人购买新能源汽车局面的展开从几个特大城市开始，如北京、上海、广州、深圳等，这些城市在此之前已经实行了乘用车限购措施。上海在全国最早采取了限购措施，采用的是牌照拍卖的方式，确定每年新增牌照的数量，每个月拍卖一次，价高者得，未获得牌照的用户在下个月继续参加拍卖。多年来，牌照拍卖价格一直在 7 万元到 9 万余元。为了鼓励私人购买新能源汽车，上海市政府研究后，决定对新能源乘用车免于牌照拍卖，实际上相当于在国家补助之外又给了用户 7 万元到 9 万余元的补助。当然，开始时很多人对牌照拍卖的做法颇有微词，但是时间长了，大家也就渐渐地适应了。现在，上海新增的乘用车销量中，新能源汽车占到 40% 左右，不得不说免牌照拍卖政策起到了很大的作用。

北京实施限购措施比上海晚，也可能是受到对上海做法批评意见的影响，政府决定采用摇号的办法，每年确定牌照的乘用车数量不超过 20 万辆，定期进行摇号。截至 2021 年 10 月 8 日，北京申请乘用车摇号的人数超过了 300 万。近年来，北京不断调整乘用车摇号总量当中新能源汽车的占比，2021 年已经达到 60%，并且开始对拥有牌照的用户在更换新车时给予原有牌照"两便"的规定——更新的车辆是新能源汽车的，可以上新能源汽车的牌照（绿牌），之后还可以改回燃油汽车的牌照，用这种办法促成更多燃油汽车更新为新能源汽车。

在北京之后的其他限购城市，大多数结合了北京和上海的做法，也就是拿出一部分牌照摇号，剩下的牌照进行拍卖，兼顾各类不同用户的需求，平衡不同用户的诉求。但是，随着新能源汽车占比的不断提高，这些政策的延续会遇到更大的压力，上海的新能源汽车牌照免拍卖有走向"流产"的可能，北京调整新能源汽车占比也有一个"天花板"，这些都需要进行前瞻性研究，早日拿出应变的办法。

一些城市在限行方面给予新能源汽车便利，比如北京燃油汽车每星期要停驶一天，但是新能源汽车不限行，这条规定无疑对用户具有很大的吸引力。当然，一旦新能源汽车保有量达到比较高的比率，不限行的政策势必要进行调整，不过这个调整会远远滞后于限购政策的调整时间。

充电基础设施的建设需要依靠当地政府的支持才能实现。在新能源汽车的推广过程中，中央政府部门已经明确这一部分的电价收费标准由省一级物价管理部门决定。

公共充电基础设施的发展还要探索出可持续的商业模式，政府的支持和商业模式探索必须相互衔接，公共充电设施最终还是要靠自负盈亏的公司化独立经营才可以持续发展下去。事实上，本书前面提到的一些充电基础设施建设和运营企业，在当地站稳脚跟后已经开始向其他地区拓展，我们只要顺势而为，就可以取得事半功倍的效果。

充电桩多了以后，还可以在使用谷电方面发挥作用。现在，许多地方已经开始实行峰电和谷电不同电价的政策，新能源汽车大部分可以使用谷电来充电，这方面应该也是可以大有作为的。

从 2017 年开始，中央政府发文，要求对地方政府补助新能源汽车的政策予以取消，同时明确地方政府要加大对充电基础设施建设和运营的补助，进一步加大充电基础设施建设力度。

除了上述措施之外，还有地方政府根据各地不同情况，出台了其他支持措施，比如停车位置、限行的时间和区间、外地车准入放宽等方面，总而言之，把能想到的办法都用上了，给人的感觉就是办法总比困难多。除了中央政府的顶层设计和企业的终端发力，地方政府因地制宜地推出的各项支持新能源汽车发展的举措，在产业"爬坡过坎"的关键时期发挥了至关重要的作用，这也体现了我国社会主义制度的优越性。

当然也有一些不太适宜的办法，比如有的地方政府规定，申请地方补助的用户必须是当地户籍人口，非当地户籍人口要缴纳一年以上的社保费才可以申请补助。还有的地方政府规定，插电式混合动力汽车的油箱容量要小于或等于 40 升，据说是担心买了这种车型的用户只用油、不用电行驶，这是典型的主观主义表现。一般情况下，很少有用户会放弃很便宜的电去用很贵的油，如果有，也只会是充电基础设施建设滞后造成的。这种规定本末倒置，凭想象而不是从实际出发，这是一个典型表现。但是从总体上看，在新能源汽车发展的早期阶段，地方政府的各种措施对加快新能源汽车的推广还是起到了重要作用。

展望未来，废旧动力电池的回收利用和无害化处理已经迫在眉睫，这方面同样也离不开地方政府的支持。

8.1.4　积极凝聚社会各方面力量

在新能源汽车的发展中，专业协会、媒体和智库等做了大量的促进工作。以中国汽车工业协会为例，其主要贡献可以概括为向政府反映行业意见和凝聚行业共识两方面。政府部门起草行业发展规划和政策文件时，一般都要通过协会征求行业内企业的意见，从而保证这些文件更加符合实际，执行过程中也更具可操作性。

当然，不同企业从各自不同的角度看待同一项政策措施，会有不同看法。比如对外资进入汽车行业这一问题，中外合资企业比较多的集团，往往更多地从维护中外合资企业的角度来反对过早放开外资的股比等限制，认为只要维持现状，中方就可以继续从大多数中外合资企业中分得利润以支持自主品牌的发展。而没有中外合资企业的一些汽车集团往往希望尽快放开合资股比和合资企业家数的限制，认为给予中外合资企业的政策（比如早期的"两免三减半"征收所得税政策）是对中资企业不公平的表现，甚至提出其并不惧怕外资企业，怕的是与外资绑到一起的中资企业。

在类似这样的问题上，达成一致意见很难，有些政策不仅仅是汽车行业独有的，还涉及国家大的形势和政策。这时协会就可以发挥不可替代的作用。一般做法是通过 Top 10 闭门会议通报有关思路，听取各大企业的意见，归纳总结各种意见之后，向主管政府部门甚至直接向国务院报告，供决策时参考。

从 2020 年开始，车规级芯片出现了供不应求的局面，席卷全球，汽车企业"一芯难求"。过去整车企业基本上没有把芯片列入自己的供应链体系，一般都是由配套企业通过对外委托开发 ECU，由第三方开发者选配。芯片的短缺直接影响了整车的生产，整车企业开始高度重视起来，想方设法抢购芯片，这又加剧了芯片短缺的紧张状况，直接的后果就是芯片价格暴涨。虽然价格暴涨，但是因为基础价格低，所以一些汽车企业采取了非理性的行为，只要能够买到，多少钱都支付，这样做对解决问题没有什么帮助，只是让芯片代工企业和封装测试企业发了一笔意外之财。冷静思考，这样做是难以持续的，解决问题的办法还是增加生产、提高供给。如何提高生产能力、保障供给，现在的汽车企业大部分都还没有前瞻性考虑。

由此，需要汽车行业协会与半导体行业协会共同努力，在车规级芯片的供需平衡上进行对接，必要时还要在汽车企业和芯片企业之间建立起长期供应关系。这对我国汽车行业和半导体行业来说，既是一次危机，又是一个巨大的机遇，如果能够对接好，完全可以实现合作双赢，这也是行业协会发挥作用的重要时机。

在机制上，我们有前后两个中长期发展规划相互衔接，有部际协调机制作为保障，有工作中形成的协同配合机制，还有工作中建立起来的理解与信任，这些都是我们取得成效的保障。

8.2 | 从动力变革抓先机：换道，超车！

汽车产业对国民经济的拉动作用和贡献是任何其他行业都无法比拟的。环顾世界，发达国家无论如何都不会放弃汽车行业，因为汽车工业产业链长，辐射和带动作用强，为社会提供的就业机会以及为政府提供的税收都十分可观。汽车工业的发展，绝不局限于企业间的技术产品竞争，还充分体现了国与国之间的竞争，是各国研发水平和技术力量的角力场，直接影响国家面向未来的竞争力。即便是高举自由贸易大旗的国家，也都对汽车国际贸易采取了各种限制措施。

我国的汽车产业发展得晚，在燃油汽车技术方面一直处于劣势。从 1956 年第一辆解放牌卡车下线开始，在传统汽车的发展上，我们走了一条与其他国家完全不同的路径——先商用车后乘用车的发展道路，这取决于当时特殊的时代背景。相对于商用车，我国乘用车到了改革开放之后才真正得到发展，通过引进技术、资金，与国外汽车企业建立合资公司的方式，在短短 40 多年的时间里走过了发达国家 100 多年的历程，极大地缩小了与国际先进水平的差距，但是仍然没有能够实现超越。事实上，沿着汽车强国走过的发展道路奋起直追，也许经过很长时期能够缩小差距甚至实现超越，但是成功的把握并不大，显然不是最佳的发展方式。

能不能找到让中国汽车产业由大变强的新契机呢？这是摆在中国汽车产业面前的一个迫切且重要的问题。我们只有在差异化发展上寻找机会，才有可能实现后来居上。

汽车产业发展面临的百年未有之大变局，给我们提供了新的机遇。我们必须抓住重要的历史机遇，依靠新能源汽车实现换道赛车，进而在自动驾驶汽车阶段扩大战果，实现汽车强国的宏伟目标。

早在 2000 年前后，随着私家车市场的放开，我国政府前瞻性地认识到汽车普及带来的一系列问题，超前谋划了新能源汽车的研发。我国在 2009 年取代美国成为汽车产销量第一大国之后，为了实现汽车强国的目标，没有亦步亦趋地追赶燃油汽车技术，而是利用国内汽车市场快速增长的时机，选择了新能源汽车这一产品新赛道，果断地将新能源汽车作为国家战略予以确认并推动发展。经过 20 多年矢志不渝的努力，我国克服了重重困难，实现了后来居上，终于开花结果，新能源汽车整体技术达到了世界先进水平。

我不赞成"弯道超车"的这种表述，开过车的人都知道，超车一定要选择视线好的时候进行，即使自己的车比前方的车跑得快，一般也不会选择弯道超车。而在直道上超车就必须换道。

我国汽车零部件企业是在改革开放以后，随着轿车整车技术的引进和国产化要求而发展起来的，并且一直处于苦苦追赶国际先进水平的位置。与整车不同，汽车零部件领域从一开始就没有对外国企业进入我国市场设置任何门槛，换句话说，我们从一开始就在汽车零部件领域采取了开放的政策，一大批国外汽车零部件企业随着整车企业进入了我国市场，形成欧、美、日三大体系。在强弱对比鲜明的竞争环境里，我国汽车零部件企业或者被冲垮，或者主动选择与国外汽车零部件企业合资合作。在传统汽车赶超世界先进水平的过程中，汽车零部件一直是我们的短板和弱项。

我国加入世界贸易组织后，进一步降低了进口关税，放宽了准入条件，我国自主品牌汽车经过 20 多年的艰苦努力，才占据了国内汽车市场 40% 左右的份额。而自主品牌的汽车零部件企业一直就没有类似的发展条件，本土的汽车零部件企业很少能成为整车企业的一级供应商，大多是二级、三级供应商，所占的市场份额也远远低于我国自主品牌乘用车在整车市场的份额。国内的汽车零部件供应体系基本上是由外资在我国设立的企业主导，支撑着我国汽车产业的发展。

新能源汽车的崛起打破了原有的供应链体系，动力系统从内部配套转向外部配套，电池、电机基本上都向供应商采购，软件架构的调整引发跨界融合，这为汽车零部件体系重构带来了新的机遇。昨日的劣势反倒可能转变为如今的优势，少了一些既有利益的羁绊，多了一些重构带来的新机遇。新的附加值将在汽车产业的下游诞生，不少一级、二级供应商的产业发言权无限接近整车企业。像宁德时代这样的汽车产业中的新型核心企业，在汽车发生动力革命之前是不可能获得今天的地位的。

汽车产业供应链终将彻底打破传统的分工合作体系，同时打破过去行业的森严壁垒。汽车供应链将大大拓展，形成跨行业的合作关系。自动驾驶汽车使得汽车零部件的范围又扩大了许多，汽车零部件企业也将改变从属地位，与整车企业建立起协同创新体系，我国本土关键零部件企业迎来了后来居上的发展新机遇。

关键零部件企业与整车企业的良性互动，带来了我国新能源汽车产业最为耀眼的成绩之一，那就是动力电池产业呈现出"一超多强"的市场格局。在 2022 年全球动力电池企业装机量榜单中，我国动力电池企业占据前 10 位中的 6 席，宁德时代在全球动力电池市场中占比达 37%，比亚迪、中创新航、国轩高科、欣旺达、孚能科技也位列全球前 10，产业竞争力日益提升。

特别值得一提的还有，在汽车产业跨行业融合发展的过程中，除了电子信息行业的参与者之外，还有互联网行业和通信行业的参与者。我国是互联网应用大国，有一批在世界上知名的互联网企业，广大民众尤其是年轻人对互联网非常热衷，乐于接受新事物，这在新能源汽车产品上表现得非常明显。正是广大的年轻人群体托起了全球最大的新能源汽车市场，年轻人对辅助驾驶功能表现出浓厚兴趣，这是十分难得的，也是我们发展智能网联汽车的群众基础，毕竟大规模市场是快速发展不可多得的一大优势。

8.3 | 战略定力：一张蓝图干到底

我国新能源汽车市场的迅速发育成长，是我国政府持之以恒办成事的典型例证，而这种坚持不懈干大事的战略定力，有着根深蒂固的制度性机制保障。我国国家治理当中很重要的一个手段就是工作的计划性。中长期的计划叫规划，规划一般以 5 年期为一个阶段，专项规划要与国民经济和社会发展五年规划相衔接。也有更长时间的规划，但是也要由近及远、分阶段确定目标。近期目标在时间上一般与国家五年规划的最后一年衔接，比如前文提到的《节能与新能源汽车产业发展规划（2012—2020 年）》就是一个八年规划，但是设立了到 2015 年和到 2020 年两个分阶段的目标。这样做的好处就是，每一个 5 年，先由中共中央全会研究提出对其后 5 年经济社会发展的建议，然后由两会审议通过国民经济和社会发展五年规划。这种做法是我国 70 多年来发展的经验，全党全社会都按照确定的目标共同努力。

我曾经在现场听到德国前总理默克尔发出感叹，她说中国能够制定五年规划，通过大家的努力居然还能够实现设定的目标。在德国，年度计划就得先与反对党的副总理讨论来讨论去，这会耗费很多的时间和精力，反对党有时只是为了体现存在感提出反对意见，而不是就事情本身的对错发言；好不容易达成一致，还要提交国会审议，一年的时间很多都用在平衡好各方面的关系上，而不是用在做事上。国际上第三方的意见也可以佐证我国在某些方面的制度优势。

发展规划事实上是做好顶层设计的具体载体。如果规划期长的话，还可以接着制订 3 年期的行动计划，将长远目标和近期目标结合，防止时间长、工作多，忽视了近期的工作推动。每年还会有年度工作计划，一年一部署、一年一总结，不断推动工作向前。规划制定后会进行任务分解，即每一项具体工作任务由哪个部门承担、哪些部门配合、到什么时间点达到什么样的目标，牵头部门要按照这个分工方案来督促各部门抓好落实。遇到重要情况、重要政策时，若各部门意见不同，还可以向国务院请示，由国务院领导协调决定。

规划的制定过程其实也是集思广益的过程，是统一大家思想的过程。一旦规划确定，大家就按照规划设计的目标，承担各自的任务（一般还有各项任务的分工表），各负其责，共同推动规划的落实。

美国的电动汽车发展历程给我们提供了一个反例，可以说是"起大早赶晚集"。除了其巨大的市场需求和现实利益羁绊之外，不得不说，美国的能源政策一直处于变化之中，导致企业在产品研发上摇摇摆摆。随着美国两党施政理念的日益针锋相对，胜选总统上台后总是以否定上任总统推行的政策作为行事风格，而不论其政策是对是错。从"新一代汽车合作伙伴计划"到"氢动力时代"，从电动汽车到回归传统汽车再到重举电动汽车大旗，历届总统的竞选宣传代替了理性的产业路径判断，使美国错失了领先发展的良机。

尽管美国的很多优秀企业并不依循总统的话语而将其作为经营准则，但是联邦政府政策几年一大变，还是会给企业的战略方向带来很大的影响。美国三大传统汽车企业的新能源汽车发展就是以 4 年为一个周期在不断摇摆。反倒是特斯拉这个造车新势力走出了一条与传统汽车企业完全不同的发展路径，其电动汽车全球销量在 2022 年达到 131 万辆，虽然把第一的位置让给了比亚迪公司，屈居第二，但智能汽车发展还是一骑绝尘，走在全球最前列。这样一家企业，它的成功却没有进入现任总统拜登的视野之中，实在让人匪夷所思。

2021 年 5 月 18 日，拜登总统参观了福特汽车在底特律的工厂，他还驾驶了福特的大型皮卡车 F150，之后发表了讲话。他认为汽车工业的未来发展是电动化，这是大势所趋，已经没有回头路了。真正的问题是，在通往未来的竞争中，美国是会领先还是会落后，或者说美国是依靠自己还是依赖其他国家制造的电动汽车和电池。现在，中国在这场竞赛中领先。中国拥有世界最大、增长最快的电动汽车市场，而电池是电动汽车的一个关键部分。目前，这些电池 80% 是在中国制造的，这使得中国的电池企业能够垄断这些电池的供应和原材料市场。这些企业不但在中国生产这些电池，而且还在德国和墨西哥生产。中国的汽车企业现在正将这些电动汽车出口到世界各地。

拜登总统接着说道，美国过去在电动汽车研发方面的投入，比世界上任何国家都多，是世界第一，而中国排名第八（后来又更正为第九）。现在美国排第八，中国排第一。不能让这种情况持续下去。美国的国家实验室、美国的大学、美国的汽车制造商在这项技术的开发上处于领先地位。未来将由世界上最优秀的人才、由那些敢于创新的人决定。美国不会让中国赢得这场比赛，必须快速行动！

拜登总统认可电动汽车最终将取代燃油汽车是产业大势，这说明这一观念正日益成为人类共识；他还承认中国在新能源汽车领域取得了历史性的突破，这从侧面表明我国的汽车强国建设取得了阶段性的成果。拜登总统所说的情况，恰好反证了中国发展新能源汽车的战略定力。

任何国家都要根据本国的情况采取不同的发展模式。中国发展新能源汽车也是根据中国的国情决定的，起初瞄准的主要是本土市场，期待新能源汽车能够取代一部分甚至大部分的汽油车。当然如果别的国家有需求，我们有能力，我们也愿意与它们分享我们的发展成果。在这方面一定要摒弃你赢我就会输的"零和"观念，要树立合作共赢的理念，政府的政策还应该保持连续性，切忌"朝令夕改"。

8.4 | 创新体系：让企业站在舞台中央

我国新能源汽车的发展，还得益于政府引导、市场主导、以企业为主体、产学研用紧密结合的产业科技创新体系的建立和不断完善。

新能源汽车是中国汽车实现从追赶到领先的产业突破口，是引领整个汽车产业转型升级的关键。从产品上说，新能源汽车没有传统的发动机、变速箱等部件，而是加入了三电系统（即电池、电机、电控），因此与传统燃油汽车不同，各国优秀企业基本站在了同一起跑线上。

我国新能源汽车关键零部件企业抓住机遇，充分利用政策红利，勇于创新，不断进取，技术进步神速。动力电池的技术水平和产业规模进入世界前列，竞争优势逐渐显现。经过这么多年的积累，2020年我国新能源汽车动力电池的单体能量密度已经达到了300瓦·时/千克，处于国际领先水平。我国驱动电机在功率密度、系统集成度、电机最高效率和转速、绕组制造工艺、冷却散热技术等方面持续进步，与国外先进技术同步发展，驱动电机的功率密度达到了4.9千瓦/千克。目前，我国已形成涵盖基础材料、电芯单体、电池系统、制造装备的完整产业链，与日、韩等国相比，在能量密度、循环寿命等方面技术水平基本持平，产品经济性具有竞争力；但在先进高端材料开发和应用、高端制造装备、质量控制水平及能力等方面，与国外动力电池先进企业相比，仍存在一定差距。

多家企业已推出自主开发的车用IGBT芯片、双面冷却IGBT模块和高功率密度电机控制器。我国企业还推出了碳化硅元器件和基于碳化硅元器件的高功率密度电机控制器，并出口欧洲主机厂。同时，我国开发并量产了多款三合一纯电驱动总成和插电式机电耦合总成产品，技术水平与国际同类产品相当。但是，我国在车用驱动电机及其控制系统智能化、机电耦合的深度集成高速变速器等关键零部件设计与制造方面，与国际上仍有一定差距。

在关键零部件技术突破的基础上，运行良好的科技创新体系使我国新能源汽车自主品牌在激烈竞争中脱颖而出，企业研发能力和创新管理能力建设迈上了新的台阶，实现了关键核心技术的突破，不断打造精品。一批中国企业拥有了电池、电控等新能源汽车核心技术上的强大技术储备，具备了国际竞争力，其全球影响力和市场份额不断提升。

2016—2020 年，我国新能源汽车完成了产销量由十万辆级别到百万辆级别的历史性跨越。我国新能源汽车产业整车及关键零部件企业的自主开发和产业化能力稳步提升，企业竞争力达到发达国家水平。公平竞争是促进企业不断进步最有效的手段，而以企业为主体的创新生态的形成是产业发展新格局的基本保障。

当然，我国在发展新能源汽车产业的过程中并无成熟经验、成熟样板可循，只能"摸着石头过河"，通过试点示范，不断发现问题，也经历了各种各样的坎坷，有过不少教训，同样值得仔细反省。前文叙述发展历史时进行过较为详细的分析，这里不再赘述。

专题访谈

产业再出发的几个着力点

我国新能源汽车产销量连续 8 年世界第一的客观事实，相比我国自 2009 年以来连续 14 年居全球汽车产销量第一的位置，有什么特别的意义？取得骄人业绩的关键因素是什么？面向未来，产业再出发需要补齐哪些短板、解决哪些难题？"上半场"的辉煌能否再度呈现在竞争更加白热化的决赛"下半场"？

历史性突破

曾纯（以下简称曾）：根据前文的介绍，我国新能源汽车产业已经进入了市场驱动发展阶段，呈高速增长态势。与此同时，全球新能源汽车市场也以较高速度不断增长。请问目前我国新能源汽车产业在国际上究竟处于什么样的地位？

苗圩（以下简称苗）：从全球新能源汽车的市场份额来看，我国从 2015 年起一直是最大的新能源汽车市场，连续 8 年保持全球产销量第一的位置。2022 年全球新能源汽车销量达到 1082.4 万辆，同比增长 55%，渗透率达到 13%，其中我国新能源汽车销量达到 688.7 万辆，约占全球新能源汽车销量的 63%，同比增长 93.4%。美国、德国、英国和法国位列全球第二到第五，分别销售了 99.2 万辆、83.3 万辆、36.86 万辆和 33 万辆新能源汽车，同比分别增长 52%、21%、21% 和 8.5%。2023 年一季度，我国新能源汽车延续了全球领先的好势头，销量达到 158.6 万辆，同比增长 26.2%。虽然增幅有所下降，考虑到这是在取消财政补助的前提下取得的成绩，确实令人欣喜，可以这么说，新能源汽车产业在我国已经形成了不可逆转的良好发展态势。

曾： 在内燃机汽车时代，我国自 2009 年以来已经连续 14 年居全球汽车产销量第一的位置。新能源汽车产销量连续 8 年世界第一，和前者比较，除了表明我们是新能源汽车大国之外，还有什么不同的意义吗？

苗： 就汽车产销大国、新能源汽车制造第一大国和最大市场这一方面来说，它们有着共同的含义。但是如果对全球新能源汽车产业发展进行更深入的剖析，就会发现，中国新能源汽车在由大向强的奋斗过程中，已经取得了突破性、阶段性成果。

首先，从整车企业来看，全球销量靠前的新能源汽车企业中，中国企业数量最多，2022 年，销量前 10 位中有 6 家中国企业，其中比亚迪公司超越特斯拉，独占鳌头，拿下全球产销量第一的桂冠。在激烈的市场竞争中，我国新能源汽车企业呈现出你追我赶的景象，上汽、广汽、长安、奇瑞成功进入了全球销量前 10 位，比亚迪、上汽通用五菱更是昂首挺进前 3 位。这说明企业产品在竞争中不断地改进，企业的国际竞争力不断提高，一批汽车企业跻身世界一流新能源汽车企业行列。

从出口的情况看，2022 年我国新能源汽车的出口量达到了 67.9 万辆，同比增长了 120%，在汽车出口总量中占 21.8%，比上一年提高了 6.4 个百分点。而且，如果说燃油汽车出口主要针对的是发展中国家市场的话，新能源汽车出口则主要面向发达国家市场，2022 年主要出口国家为比利时、英国、菲律宾。随着新能源汽车的出口增长，我国汽车企业也在海外当地同步投资建设充换电基础设施和售后服务体系，表明这是一种长远考虑，而不是机遇性的短期贸易行为。

从核心零部件领域看，以动力电池企业为例，2022 年，全球动力电池装机量按吉瓦时计算，排名前 10 位的企业中，和上一年度一样，中国企业占据 6 席，其中仅宁德时代一家就占全球市场份额的 37%，比亚迪公司和韩国 LG 新能源并列第二，各占 13.6% 的市场份额。在技术进步方面，除了能量密度继续提高外，一系列新的工艺技术创新（如比亚迪公司的刀片电池、广汽新能源汽车公司的弹匣电池等）得到应用。在电池材料方面，蜂巢能源开发出无钴电池，正式搭载在欧拉品牌的车型上。宁德时代开发的钠离子电池可以彻底摆脱对锂资源的依赖，还可以大大改善锂电池的低温衰减问题。

这些方面的突破，表明我国基本掌握了新能源汽车的核心技术，建立了较为完整的产业链和生态系统，已经成为全球新能源汽车技术创新最为活跃的产业中心。

经验与理念

曾：确实，中国新能源汽车产业的发展轨迹在近些年来可谓异常耀眼，令世人瞩目。从科研攻关到试点示范，从无到有，从小到大，不仅产销量数据屡创纪录，补能基础设施建设、技术迭代、商业模式创新、市场拓展等多方面均发生了质的提升，新能源汽车成为我国汽车工业发展的中坚力量，成为"中国速度""中国创造""中国品牌"的一个新样板。您认为我国新能源汽车发生翻天覆地大变化的关键因素是什么？

苗：我认为，简言之，我们走出了一条有中国特色的汽车产业转型发展之路。

全球气候治理政策要求落实"双碳"目标。这些条件和背景，意味着传统燃油汽车产业的可持续发展遇到了难以跨越的障碍。而我国汽车产业尽管经过 70 年的努力奋斗，大大缩小了与国际先进水平的差距，但大而不强的客观形势并未根本改变，沿着传统路径实现自然替代、全面赶超的机会相当渺茫。事实上，在传统燃油汽车领域，我国很难改变追赶者的位置。

从主观角度说，我们只有在差异化发展上寻找机会，才有可能实现后来居上。汽车产业百年一遇的大变局，换道赛车，为我国汽车产业提供了由大变强的新契机、新机会。经过不断探索、实验、试错和推广，我国终于走出了一条发展新能源汽车的中国道路，实现了突破，在全球汽车竞赛的"上半场"处于领先位置，等于实现了阶段性的换道超车。

我在很多场合讲过，我国发展新能源汽车的经验可以归纳为五条：一是在党的领导下，发挥我国社会主义制度的显著优势，集中力量办大事；二是抢抓"换道超车"的纯电驱动发展机遇；三是保持战略定力，坚持一张蓝图干到底；四是构建以企业为主的创新体系；五是政府从顶层设计、技术创新、标准体系、财税政策等各方面引导。

这不是空话、套话，而是我几十年来的切身工作体会，也是贯穿我这本《换道赛车：新能源汽车的中国道路》始终的主线。

曾：既然您提到这本书，我知道您在转任政协职务时就开始着手写作，到今天已经有三年多的时间了。我想了解一下，您花费这么多精力和时间，最希望通过这本书传递什么样的理念呢？

苗：我最希望传递的是我们在发展新能源汽车过程中体现出来的"四个自信"。

第一是道路自信。发展新能源汽车是我国汽车产业由大变强的必由之路。在方向确定之后，我们心无旁骛、坚定不移地走下去，逢山开路，遇水迭桥，克服困难，终于实现了后来居上。

第二是理论自信。我们前瞻性地预判了国内外的形势变化，抓住了汽车产业百年未有之大变局的发展机遇，充分理解汽车产业电动化、智能化的技术突破逻辑和规律，久久为功，金石为开。

第三是制度自信。我们坚信中国特色社会主义制度具有巨大优越性，相信社会主义制度能够推动新能源汽车的产业基础设施建设，充分调动企业、地方政府和全社会发展新产业的积极性。

第四是文化自信。中国汽车人继承了中国传统文化、革命文化和民族制造精神的精粹，他们聪明、勤奋，富有创新精神。

补短板，解难题

曾：可喜的成绩是在历经坎坷、不断暴露问题、解决难题的过程中取得的。您认为我们目前在新能源汽车的发展上存在的主要短板或弱项是什么？

苗：当然，我们在新能源汽车发展方面还存在一些短板弱项，有一些还是非常严重的，存在很大的风险，这一点应该引起充分注意。

一是动力电池的资源保障方面，无论是锂资源还是镍、钴资源，我国的对外依存度仍然较高。当然这与各国的资源禀赋有关，镍、钴等资源主要集中在少数国家，这些国家的资源开发早已经被大的跨国公司垄断，我国企业也已经开始"走出去"，大部分采取参股这些资源开发公司的方式取得"权益矿"。至于动力电池使用最多的锂矿资源，主要集中在南美的几个国家。2021年以来，随着大宗原材料价格的上涨，这种材料的价格也大幅度上涨。这一"坏事"在某种意义上来说还是"好事"，一方面使盐湖锂资源的开发利用变得有利可图，另一方面也可以促进废旧电池的回收利用。关键是要随着变化的形势调整我们的思路和举措，关键是统筹谋划好、组织好各种力量来适应新能源汽车快速发展的需要。

二是车规级芯片的供应保障。从2021年开始，全球汽车行业出现了"芯片荒"，这对新能源汽车发展的不利影响甚至大于燃油汽车。其实全球车规级芯片在全部芯片中所占比例只有10%左右，只是车规级芯片的要求要远高于消费级、工业级芯片的要求。过去整车企业基本上都把芯片的选择权交给一级配套商，我们希望这一轮"芯片荒"促使整车企业行动起来，采取一系列措施来解决芯片长期稳定供应问题。对我国汽车企业而言，还要考虑到美国对我国芯片发展不断加严的遏制打压措施，从产业安全角度整体谋划保障供应问题。

三是全栈式软件特别是操作系统问题。我国新能源汽车发展应该利用我国大市场的优势和新型举国体制的优势，进一步统一思想、统一行动，建立开源开放的操作系统，进而打造自主可控的软件平台。利用软件平台实现与异构芯片的解耦，利用软件平台实现与功能软件和应用软件的适配，早日形成新能源汽车产业发展生态。

曾：在新能源汽车发展方面，我发现不同管理部门、地方政府有一些政策存在交叉重复的规定，甚至所使用的基本概念都不一致。到目前为止，地方保护问题仍然存在，这有违建立全国统一大市场的初衷。您认为应该如何解决这些问题呢？

苗：你说的非常对，全国统一大市场本来是我们国家体制的优势所在，但是有的时候却被人为割裂了，比如说各种各样的地方保护问题。近年来这种状况有所好转，但是问题并没有完全解决。究其原因，还是地方政府追求GDP增长，特别是追求税收的增长。因为我们的 GDP 核算体系是按照生产地统计的，在财政收入方面，增值税更是有利于企业所在地而不利于销售所在地，一个地方的企业越多、生产的汽车越多，它的经济指标就越好、税收（分成）就越多。在这种情况下，地方政府乐于招商引资，吸引企业到当地投资设厂，而不太关心汽车在当地的销量。这种问题不仅在汽车行业存在，在其他工业行业也存在，要想改变，需要深入论证。

加强部门之间的协同是非常重要的工作，应该进一步发挥好新能源汽车部际协调机制的作用，形成合力非常重要。在过去的工作中，我深切感受到，各部门在新能源汽车发展上都希望有所作为。应该保护这种积极性，但是为了避免各行其是，就需要充分地沟通协调，在非原则问题上互谅互让；在原则问题上必须充分讨论，如果遇到各持己见的情况，就需要报国务院甚至报党中央决策。比这更重要的是做好部门的分工，让所有参与的部门都有牵头负责的事项，每年部署，年年检查，对取得的成绩要充分肯定，使得部门感觉到自身所起的作用，这是部际协调机制办公室特别需要注意的。

曾：在汽车行业的发展中，我们一直存在着厂点多的问题，一些企业产销量很少，甚至不生产一辆汽车，但是仍然不肯"销号"，据说这样的"僵尸企业"最后还能够通过"卖壳"获得不菲收入。现在要想在新能源汽车领域获得生产资质异常困难，一些新加入的企业不得不为这样的"僵尸企业"花费几千万元甚至几亿元，以获得准入许可。请问对这一现象，您怎么看？

苗：首先，应该说明一点，汽车行业的特点就是应该采取大批量、高起点的产品生产方式，因为它是规模经济型产业。正是因为这一特点，世界上所有的汽车企业都应该有一定的规模，才能够在竞争中站稳脚跟。有许多人看好我国汽车市场的发展，纷纷打算进入汽车行业，对新进入者采用了严格准入的行政性许可就是由此而来的。最严格的时候，我们对轿车的厂点控制在"三大三小"，一直坚持了近 10 年，但是随着时间推移，最后也突破了这个限制，多厂点的格局延续到现在。

其次，前些年对多年不生产产品的企业也曾经做过清理，对一些企业进行了销号处理，但是最难办的就是那些每年还生产、销售很少量产品的企业难以出清。于是就想让新进入的企业兼并、重组这些企业，至少可以将闲置的生产能力利用起来，这就出现了你说的"买壳"现象。其实新进入者所买的也不仅仅是"壳"，对应的还有资产，只不过很多企业由于连年亏损，已经资不抵债了，这些资产都是以负债形式存在，新进入者需要承担一部分债务才能够使用这些资产。为了取得生产资质，新进入者不得不花费不菲的资金去买这个"壳"，这样做的出发点还是减少资产的损失，客观上也能够在不增加厂点的情况下实现两全其美的结果，但是这也增加了"买壳"者的负担，与其他不需要"买壳"就获得准入的企业相比，有失公平。

最后，支撑这种管理方式的基础就是防止产能过剩。其实政府在这一点上往往很难准确判断。现在新能源汽车产能是否过剩还需根据实际情况具体判断。这两年新能源汽车的销量增长远远高于全部汽车销量的增长，新能源汽车对燃油汽车的替代已经是有目共睹的事实。从长远来看，只有在新能源汽车产能达到2000万辆以上时，才有可能是产能过剩，这还没有考虑随着人们收入的提高带来的市场总量增加和新能源汽车出口所带来的增量。没有产能过剩，就不会有竞争。市场经济就是过剩经济。退一步说，用行政性办法控制产能过剩，既不可能也不应该。对过剩产能的问题，应该通过市场竞争、优胜劣汰去解决。

曾：面向未来发展，您认为我国在新能源汽车技术上有哪些方面的工作最需要改进或加强？

苗：从技术层面来说，我们应该更加关注面向行业的共性技术发展问题。我认为，关键核心技术的突破是汽车企业自身应该解决的问题，而像芯片、操作系统、动力电池等技术就属于面向行业的共性技术，每一项共性技术的突破都会对行业发展起到至关重要的作用。

按照行业的事情应该由行业内的企业共同支持的思路，从2015年开始，工业和信息化部陆续批准建立了十几家制造业创新中心。对新能源汽车来说，我们已经建立了两个面向行业的共性技术创新中心，一个是国家动力电池创新中心，另一个是国家智能网联汽车创新中心，汽车行业内的一些骨干企业都已经出资成为股东。创新中心坚持用企业形态而不是事业单位形态，建立现代企业制度和职业经理人制度，经营管理层向董事会负责，负有资产保值增值责任。我当时做过一个比较形象的比喻——"不能把种子当粮食吃了"，要通过自身努力来取得收入、实现收支平衡，创新中心要把政府财政支持的资金全部用到研发上。汽车行业的两个创新中心中，国家动力电池创新中心成立的时间早，听说现在已经基本实现了当初设定的目标，国家智能网联汽车创新中心也正在按照这些要求推进，听说到 2023 年可能实现当年盈亏平衡。

大家可以从我在本书中讲述东风电动汽车公司组建的实践中看到这一坚持的影子。当年之所以会提出这些要求，是充分总结了过去成功的经验和存在的一些弊端，寻求从改革上取得突破，实际上我们也是自加压力，目的就是要通过体制机制的改革，激发内生性活力和动力。与此同时，其他一些部委和地方政府也建立了各种各样的创新中心，有一些创新中心还是老办法，内生性活力和动力明显不够。

在技术发展方面，企业和产品必须达到标准的要求，而且要在进行第三方的强制性检测合格后才能够得到产品的"公告"，才能够向用户销售。这种方式在一些国家被称为技术法规，我们的强制性技术标准事实上就是技术法规，只是称谓不同。下一步，随着跨界融合，我们所面对的行业会越来越多，标准体系也要适应发展的需要，进行跨行业协调。例如，车规级芯片就涉及集成电路行业和汽车行业，它们各有优势，也各有局限，我们必须要明确牵头单位的责任，使它们相互之间进行充分的交流，才能够制定出管用的标准来。

曾：按您一贯的提法，现在全球汽车产业竞争已经进入了更加白热化的"下半场"，请您简要展望一下我国汽车行业在未来全球市场的地位。

苗：我说的"下半场"，将围绕智能网联汽车展开。比起"上半场"开哨时我国新能源汽车的发展条件，"下半场"发展智能网联汽车的政策成熟度、市场发育水平、技术迭代能力、商业模式可行性和基础设施建设水平都要优越得多。我国已经成为全球汽车技术创新的中心地区，正向开发能力不断提升，我们拥有全球最大规模、最富实战经验、勤劳智慧的专业研发人员，我们有助力我们的新能源汽车产业从无到有、从小到大、由大变强的"五大经验", 我们在实践过程中拥有的"四个自信", 还将继续支持我们的智能网联汽车产业的发展, 我们将走出一条"单车智能 + 车网互动 + 车路协同"的具有中国特色、适合中国国情的技术路线。我相信, 我们有最大的机会获得"下半场"的胜利, 成功引领全球汽车产业的转型升级, 我国终将成为名副其实的全球汽车行业"火车头", 跻身汽车强国行列。

第九章

自强不息，迎接『下半场』

　　如果把全球汽车产业竞争看作一场足球赛的话，新能源汽车好比是"上半场"，我国汽车行业在"上半场"取得了不俗的成绩。但决定最终胜负的还是"下半场"，乘势而上，加快"双碳"背景下新能源汽车的深入发展，适应汽车产业智能网联化的发展大趋势，迎接新的挑战和机遇，才能实现我国由汽车大国向汽车强国的根本性转变。

汽油价格的居高不下和"双碳"目标的约束，对新能源汽车的推广有利，越来越多的用户接受了新能源汽车。回过头来看，20多年来，我们的辛勤努力正换来丰硕成果，这又进一步增强了汽车产业转型发展的信心和动力。我国汽车行业在以电动化为核心的"上半场"竞赛中取得了不俗的成绩。可以预料，"双碳"背景下的"下半场"，新能源汽车的深入发展将进入以智能化、网联化为核心的新阶段，我们唯有自强不息，发挥既有优势，适应汽车产业的发展大趋势，充分了解产业发展的新机遇和新挑战，才能真正实现我国的汽车强国目标。

9.1 | 直面挑战，把握"双碳"背景下的新机遇

"双碳"政策的实施，对新能源汽车的发展是极其重大的推动力量，零碳排放汽车制造及相关核心技术已经成为全球产业竞争的新赛道。作为全球最大的新能源汽车生产和消费国，一方面，我国汽车整车和关键零部件企业的国际竞争力大大提升，占据了新赛道出发的有利位置；另一方面，我们也必须应对国际碳中和新政下的气候贸易壁垒等层出不穷的新问题。

9.1.1 从丰田章男的"逆风"言论说起

2020年底，在日本汽车制造商协会的年会上，丰田公司社长丰田章男公开表示，现在大家对纯电动汽车的炒作有些过度了，日本政府也没有真正考虑过纯电动汽车真实的二氧化碳排放量、对用电荒的影响、对消费者权益的损害以及对传统汽车行业的冲击。他认为，要实现碳中和，没有必要牺牲内燃机，碳中和真正的敌人是二氧化碳。丰田章男的这番话，针对的是日本政

府宣布要制定禁售燃油汽车的时间表。

丰田公司一直坚持油电混合的技术路线，并在这一领域走在了世界汽车行业的前列。也正因为如此，丰田公司一直对纯电动汽车的发展持保留态度，相反，在氢燃料电池汽车方面却采取了激进的策略。

排除主观因素，仔细分析丰田章男这一"逆风而行"的观点，其实对我们也有一定的警醒作用。古话说，"凡事预则立，不预则废"，我认为，结合我国的实际情况，丰田章男的讲话中有几点是值得我们思考和研究的。

其一是能源结构造成的二氧化碳排放问题。日本是一个化石能源短缺的国家，大部分一次能源靠进口解决，最大宗的化石能源是进口天然气，一部分发电和城市燃气主要靠进口天然气解决。2020 年上半年，日本的可再生能源发电量占全部发电量的 23%，化石能源发电量占比仍然高达 77%，这个比率比 2020 年我国化石能源发电量的占比（70.5%）高了约 6 个百分点。与日本不同，我国清洁能源发电量的增长远远高于化石能源发电量的增长。所以我们讨论问题时，一定不能脱离国家的能源结构，在涉及新能源汽车的二氧化碳排放量时，更应该注意这一点。

丰田章男提到的日本能源结构问题，前几年也曾在我国引起很大的争议——一些人认为，发展新能源汽车并不能减排，只不过是把分散的排放转变为集中的发电厂排放而已。这几年，随着我国清洁能源的快速发展，这方面的声音小了很多。用发展的眼光看问题是一个很重要的方法论，如果用静止的、片面的方法看问题，很容易得出失之偏颇的结论。

如果再往前看，当大家还在为清洁能源发电不稳定而发愁的时候，已经有人开始研究为清洁能源建立储能装置了。有人认为，除了过去建设抽水蓄能电站这种传统的储能方式外，也可以利用动力电池建设大规模的储能设施。受此启发，我觉得还存在一种值得重视的储能方式，那就是利用新能源汽车充放电来进行储能，特别是在一昼夜之间利用谷电对车辆充电，在峰值时间段对家庭释放电力。欧阳明高院士在这方面做过较为深入的研究。在新能源汽车的保有量达到一定的比率后，这将是一项非常有用的措施，因为新能源汽车不怕不稳定电源，特别是锂电池不怕经常充放电。这样做有利于电网的削峰填谷，还不需要大规模投资。我们从现在开始就应该好好研究 V2G 技术，这对分布式光伏发电的适应性最好。

其二是从全生命周期来看新能源汽车的减排问题。2020 年 5 月，中国汽车工程学会发布《汽车生命周期温室气体及大气污染物排放评价报告 2019》，在 2018 年版的基础上进行了拓展和更新。2019 年的报告除了对汽油乘用车和纯电动乘用车全生命周期内温室气体及大气污染物的排放情况进行客观的评价外，还增加了商用车作为评价对象，在对全国总休电力结构进行分析的基础上，就不同区域的能源结构和排放特征对评价的影响进行了分析，并将汽车原材料的生产、电池生产、车辆制造等生产过程的排放都纳入了评价范围。这是截至 2022 年对中国汽车行业发展做出的最全面、最客观的评价报告。

从报告的结论来看，纯电动汽车具有明显的温室气体减排效果，减排比例为 21% ~ 33%，越小的纯电动汽车，减排的效果越好。纯电动汽车对于导致二次颗粒物（$PM_{2.5}$）形成的重要前位物——VOC（挥发性有机化合物）和 NO_x（氮氧化物）也有明显的减排效果，其中 VOC 的减排效果可以达到 75%，NO_x 的减排比例则视车辆级别不同而有所差异；但是纯电动汽车对 $PM_{2.5}$ 和 SO_2（二氧化硫）的减排效果取决于上游煤发电以及电池材料制造过程中的排放情况。动力电池生产过程是纯电动汽车全生命周期排放的重要环节，原材料领域的节能减排关系重大。要研究推广使用新的工艺技术，做好生产过程中的碳捕捉技术应用。

其三是对传统汽车行业及员工就业的冲击影响。全球汽车行业都已经意识到这一冲击是不可避免的，如果能早做准备，就有可能将冲击和影响降到最低程度，反之则会在大潮中迷失方向甚至被潮水淹没。即使没有新能源汽车的冲击，传统燃油汽车也会受到其他方面的冲击。比如，随着工业机器人的大量使用，生产过程中使用的人工越来越少，一部分工作被机器人取代了，这不只是新能源汽车生产过程中的问题，而是制造业发展过程中普遍出现的问题。在这种变革中，汽车企业不得不去适应并采取相应的措施应对，抱残守缺是没有出路的。

另外，新能源汽车的发展在后服务市场吸纳劳动力方面的作用是可观的，早一些进行培训，使一部分造车人转变为服务业从业者，这是大势所趋，早转早主动。未来，还会有一些创新的服务模式，如充换电服务、电池银行等，也会创造一些新岗位。相比新能源汽车，传统的燃油汽车准入门槛很高，但是发展的潜力已经不大了，"内卷化"现象严重；新能源汽车的准入门槛降低了，然而后续的发展潜力无限。天翻地覆的变化说明，新能源汽车取代传统燃油汽车已经是不可逆转的趋势，业界不再为选择的方向究竟对不对而纠结，都一门心思地在新能源汽车新赛道上拼命往前跑，生怕被竞争对手超过或落下。在我国，一批传统汽车企业也已经看到了转型的前途和希望，正在奋起直追，并取得了初步成效。

因此，《新能源汽车产业发展规划（2021—2035 年）》部署了对新能源汽车电耗的要求，到 2025 年，纯电动乘用车新车平均电耗降至 12.0 千瓦·时 / 百公里。要像燃油汽车那样根据车辆的大小分档制定每一款车型的电耗指标并进行考核，纳入"双积分"办法管理，达到的有奖，达不到的受罚，用这样的办法促进企业降低电耗。现在消费者最担心的还是新能源汽车的安全问题和冬季电池性能的衰减问题，这些方面还需要继续努力，早日找到解决办法，让消费者放心。

与日本的能源供给立足点是主要依靠进口不同，中国的能源只能立足于以国内保障为主，这关乎国家的能源安全。现在我国每年进口的石油和天然气占全部油气消耗量的 70% 以上，仅仅是油价上涨就会给我国的经济和汽车用户带来极大的负面影响，更不用说国际地缘政治给我国石油进口带来的不确定性影响了。在我国，发展新能源汽车取代一部分传统燃油汽车，不仅在减少碳排放上有着重要意义，在保障能源安全上同样具有重大的现实意义。

大部分人认为，丰田章男的发言只不过是为了丰田公司的自身利益，我认可这一判断。同样在油电混合动力汽车方面做得很好的另一家日本公司——本田，当时也附和丰田公司的观点。但是，到 2021 年丰田却改变了看法，果断地转向电动汽车的开发。

2021 年底，丰田公司举办了一场有关丰田汽车未来转型的线上发布会，被业界视为"丰田的纯电战略发布会"。丰田章男对电动汽车的态度来了个 180 度大转弯，表明氢燃料电池技术路线的领军企业——丰田公司，也要开始全面转向他此前曾经公开"抨击"过多次的纯电动技术路线了。

2023 年一开年，丰田章男辞去丰田公司社长的职务，他的离任感言很坦诚："我是老一代，也感到了作为'造车人'的局限性，包括数字化、电动化、车联网在内，我觉得我跟不上时代了。"

9.1.2 理性看待动力电池产能

2022 年，根据中国汽车动力电池产业创新联盟的数据，我国的动力电池装车量达到 294.6 吉瓦时，同比上升了 90.7%，占全球动力电池装车量的比例从 2020 年的 46.6% 上升至 56.9%。2022 年，我国动力电池累计产量达 545.9 吉瓦时，可以说，足以满足千万辆级新能源汽车装车的需要。但问题并不像这些数据显示的这般简单，这里面还存在一系列结构等方面的问题。

首先是电池企业的市场份额差异巨大。市场上的动力电池企业超过 50

家，但是几家欢乐几家愁，头部企业占比高而且产品供不应求，而排位靠后的企业市场份额少且产品供大于求。整车企业与电池企业都有固定的采购供应关系，并不会因为电池供应紧张就退而求其次去采购尾部企业的电池。从2022年的市场份额来看，前3家电池企业的装车量就占到78.2%，前10家电池企业的装车量则占到95%。

由于2021年以来，国际大宗原材料的价格大起大落，以动力电池正极和电解液（六氟磷酸锂）所使用的材料碳酸锂为例，2022年底的价格比2020年初上涨了10倍，2023年4月从高点下降了三分之二。其他金属材料的价格也都有不同程度的起伏。而在电池企业与整车企业的价格谈判中，显然整车企业的话语权更大，越是市场份额小的企业，话语权越小，且电池企业通过涨价方式向下游转嫁成本压力并不顺畅。头部企业和对上游矿产资源有投资的企业，其本身消化原材料价格上涨的能力强，成本承受能力强，所以2022年原材料大涨的形势更加不利于排位靠后的电池企业，一部分企业处于生产越多、亏损越多的两难境地。还是以碳酸锂的价格为例，即便下降到20万元/吨以下的低位，不少电池企业由于前期囤积了部分原材料，也还会形成新的亏损因素。由此可见，我们应认识到电池原材料由小宗商品发展为大宗商品，以及发展速度较快，都易于造成原材料价格大起大落的现象。这种状况对产业发展十分不利，这是我们产业发展中遇到的新问题。对此，产业界和政府都应有充分认识并采取适当的应对措施。

其次是三元锂电池和磷酸铁锂电池的紧缺程度不同。近年来，业界在磷酸铁锂电池包的结构上想了很多办法，比如刀片电池、取消电池模组直接从单体电池集合成电池包、4680圆柱形电池等，使得磷酸铁锂电池包的能量密度有了很大的提高。加上磷酸铁锂电池的安全性本来就优于三元锂电池，市场份额不断上升，2021年、2022年连续两年装车量超过三元锂电池的装车量，现已占市场多数份额。

但是，动力电池的发展趋势还取决于以下几个因素。

首先是碳酸锂的价格和氢氧化锂与镍、钴价格的变化情况。如果前者价格的上涨速度快于后者或者下跌速度慢于后者，对磷酸铁锂市场份额的进一步提升不利，反之则对三元锂电池不利。2022 年底，碳酸锂的价格每吨一度达到 60 万元，从现有产能来看，磷酸铁锂电池的产能利用率小于三元锂电池，这是有利于磷酸铁锂电池的一个因素。

其次是动力电池的区域分布和电池企业与整车企业的合作深度。据不完全统计，福建、广东、上海、江苏、重庆、湖北、安徽等地区是动力电池相对集中的生产地，因为动力电池的运输属于危险品运输，加上整车企业都有准时供货的要求，总趋势是电池企业要围绕整车企业布局。

随着新能源汽车整车企业产销量的增长，各地的动力电池新增产能建设进度和规划建设的动力电池项目开工时间也会调整。2021 年上半年，国家发展改革委按季度公布了各地的能耗总量和能耗强度完成情况指标，这让耗能大、污染大的动力电池以及上游原材料的生产面临巨大压力。为了减少能耗及污染物排放，亟须研究新的工艺技术，将来势必会对动力电池碳足迹进行核定考核，利用绿电生产电池将成为趋势，这也是 2022 年四川宜宾大量建设动力电池新工厂的原因。四川省是我国水电最多的地区，利用水电这种绿色能源可以减少动力电池生产中二氧化碳的排放。四川省利用绿色能源招商，取得了初步成效。

除了比亚迪公司之外，宁德时代与一汽、上汽、吉利等企业分别建立了合资企业来生产动力电池。其他电池企业也纷纷与整车企业开展了多种方式的合资合作，这样就进一步将双方的利益捆绑在了一起，整车企业也不用过于担心电池产能不足的问题了。

最后是上游原材料和设备的保障情况。受制于资源，我国的锂、镍、钴等都短缺，只能靠国外供应，我国一些企业此前已到国外投资，掌握了一部分权益资源，但是相比动力电池的扩能速度，这一块的资源扩充速度远远落后，势必成为较大的瓶颈。这又会进一步促使价格上涨，一些动力电池企业开始加大海外投资，但是这需要寻找合适的机会，不是唾手可得的。另外，在动力电池的生产设备方面，国内这些年基本上已经可以自给了，只是扩充产能不像电池企业那样快，需要更长的周期，这也是限制因素之一。

废旧电池的拆解和资源循环利用方面还有潜力可挖，这样做除了保护环境外，还可以解决资源紧缺问题，一举多得。在原材料价格总体高企的背景下，这样的业务也会在盈利方面大有改善，应该会有更大的发展空间。

我国是新能源汽车的产销大国，也是动力电池的生产大国，包括日本、韩国在我国投资设立的企业生产的动力电池在内，国内动力电池的保障率几乎达到了 100%。在新能源汽车产销量大幅上涨的情况下，动力电池的供应在 2022 年开始出现紧张的局面，事实上，产能紧张与否处于动态变化之中。

通过上述分析可以看出，"电池荒"实际上是优质电池产能不足。头部企业纷纷在扩充自己的生产能力，而中低端电池却存在产能过剩。对这些企业而言，必须早做准备，或者提高质量，顶住原材料上涨的压力，提高优质电池的生产能力，或者尽早考虑转型发展。

9.1.3 何时停售燃油汽车

还有一个问题人们也非常关心，那就是我国什么时候会彻底停止销售燃油汽车。

从世界范围来看，挪威目前是这方面最为激进的国家，其电动汽车的销量已经超过汽车总销量的 50%，并明确宣布将在 2025 年停售燃油汽车。英国、德国、法国、西班牙也宣布将在 2030—2040 年期间停售燃油汽车。届时能否如期实现这一目标，有待观察。

由于我国幅员辽阔、人口众多，各地区发展又处在不同水平上，情况异常复杂，我们不可能像有些国家那样采用一刀切的办法，宣布淘汰燃油汽车的时间表。到目前为止，我国还没有制定具体的时间表。2017 年，工业和信息化部副部长辛国斌在中国汽车产业发展（泰达）国际论坛上曾表示，相关部门正在讨论禁售燃油汽车计划。这一信息一经公布，立即引起了强烈的反对，有些人认为，燃油汽车不可能全部淘汰，新能源汽车也不可能全部取代燃油汽车。此后工业和信息化部等部门没有在这方面花更多的精力进行研究，而是转向新能源汽车产销量占全部汽车的比例（即渗透率）方面。

2019 年，海南省在全国率先宣布，将于 2030 年在海南岛内停止销售燃油汽车。截至 2022 年底，海南全省新能源汽车保有量已突破 18 万辆，增速达 53%，新能源汽车市场渗透率已经超过 40%，远超全国平均水平；全省充电桩保有量从 2019 年的 5246 个，增长到 2022 年的 7.54 万个，年复合增长 108%。为顺应产业发展趋势，一些传统的汽车企业提出了自己的时间表，长安汽车和北汽集团均宣布在 2025 年全面停售燃油汽车，大众公司宣布最晚在 2030 年前停止销售燃油汽车。比亚迪公司宣布自 2022 年 3 月起停止燃油汽车的整车生产，成为全球首家正式宣布停产燃油汽车并立即实行的汽车企业。

2020 年发布的《新能源汽车产业发展规划（2021—2035 年）》明确指出，2025 年我国新能源汽车新车销量将达到汽车新车销量的 20% 左右，2035 年这一比例达到 50% 以上。新能源汽车和燃油汽车存在着此长彼消的渐进关系，应该给用户一定时期的自主选择权；只要新能源汽车的性能不断地改进完善，终将赢得用户的认可和青睐。毫无疑问，燃油汽车占比降低、新能源汽车占比提高是不可阻挡的发展趋势，产业界和汽车企业必须认清形势，早做准备，调整产品结构以赢得主动。

党的十八届五中全会首次提出"创新、协调、绿色、开放、共享"五大发展理念，其中就有绿色发展的要求。我国政府为此也制订了雄心勃勃的计划，通过社会上下共同努力，实施了各种措施，大气污染状况比起先前较为严重的时期已经发生了很大的转变。"人民对美好生活的向往，就是我们的奋斗目标"，在全面建成小康社会之后，人民对美好生活的需要也发生了变化。蓝天绿水青山是国人的向往和期盼，我们"汽车人"在工作当中理当继续努力，构建经济发展和宜居环境相统一的高质量汽车产业发展格局。

9.2 | 乘势而上，唱响智能化主旋律

现在的汽车融入了很多电子、电气、通信、软件行业的技术和产品，这些技术的应用，使得汽车发生了巨大的变化，说它是"大型移动智能终端"也未尝不可，总之，汽车使用越来越方便，最终会把人从驾驶员的位置上彻底解放出来，极大地释放生产力。综合相关数据，1980—2020 年的 40 年时间里，汽车电子类零部件成本占整车成本的比例从 10% 增长到了 34.32%；预计到 2030 年，这一比例还将继续增长至 50%。由此可见，在新能源汽车产业变革的"下半场"，智能化会是贯穿始终的主旋律。

9.2.1 域控制走向现实

汽车上所有的电器和某个系统的电子控制都是由 ECU 独立完成的。

ECU 一般由 CPU、存储器、输入 / 输出（I/O）、模数转换器（Analog to Digital Converter，ADC）等硬件和自编软件组成，如图 9-1 所示。一个 ECU 一般只承担某项功能，比如一个车门上一般就有电子摇窗机（包括自动升降、到位后停止、防止夹手停止等功能）、自动门锁（包括远程操控、自动落锁、指纹锁等功能）2 个 ECU，4 个车门就会有 8 个 ECU。随着汽车电子化程度的提高，整车的 ECU 越来越多，除了非常复杂的线束之外，逻辑控制也异常困难，这时，域控制就开始从概念走向现实。

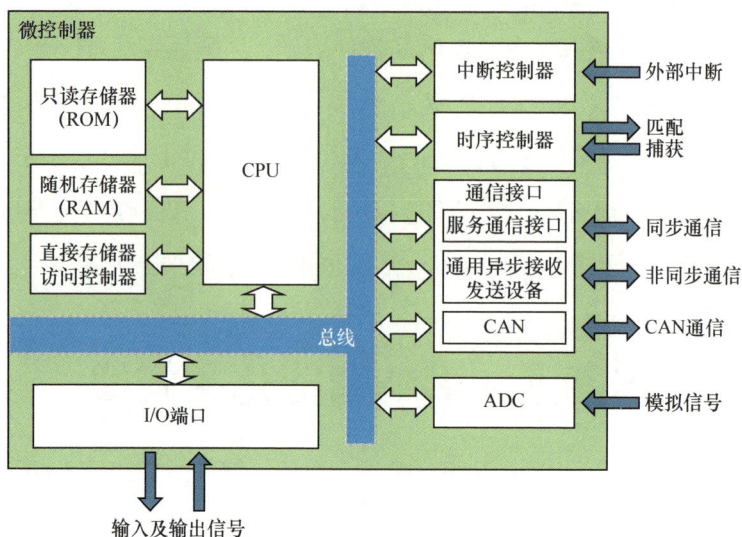

图 9-1 ECU 的组成

现在整车一般分为动力系统、底盘系统、车身系统、娱乐系统、高级驾驶辅助系统（Advanced Driving Assistance System，ADAS）五大系统，如图 9-2 所示。每个系统由一个域控制器控制。相比原来的分散 ECU 控制，当然也有人将底盘系统和动力系统合一，称之为车控系统，将车身系统和娱乐系统合一，称之为座舱系统，这时五大系统就变为三大系统。这样做最大的好处是将传感器与 ECU 分离，改变了过去一对一的关系，一个传感器的信息可以供几个系统使用，大大简化了结构，管理更加容易。再进一步就是整车智能化平台了，它进一步将硬件和软件解耦，实现整车的集中（平台）控制。

与传统汽车不同，新能源汽车一般使用整车控制器（Vehicle Control Unit，VCU）实现整车的控制决策功能。VCU 集中了硬件、底层基础软件和各种应用软件，通过传感器采集加速踏板、制动踏板、挡位等信息，了解驾驶员的意图，通过传感器感知车速、温度等信息，经过分析判断以后，向电池管理系统、电机管理系统下达控制指令，同时向车上的其他电子电气系统下达工作指令，对各种电子电气系统的工作状况进行监控，遇有异常时，及时诊断并发出报警信息。

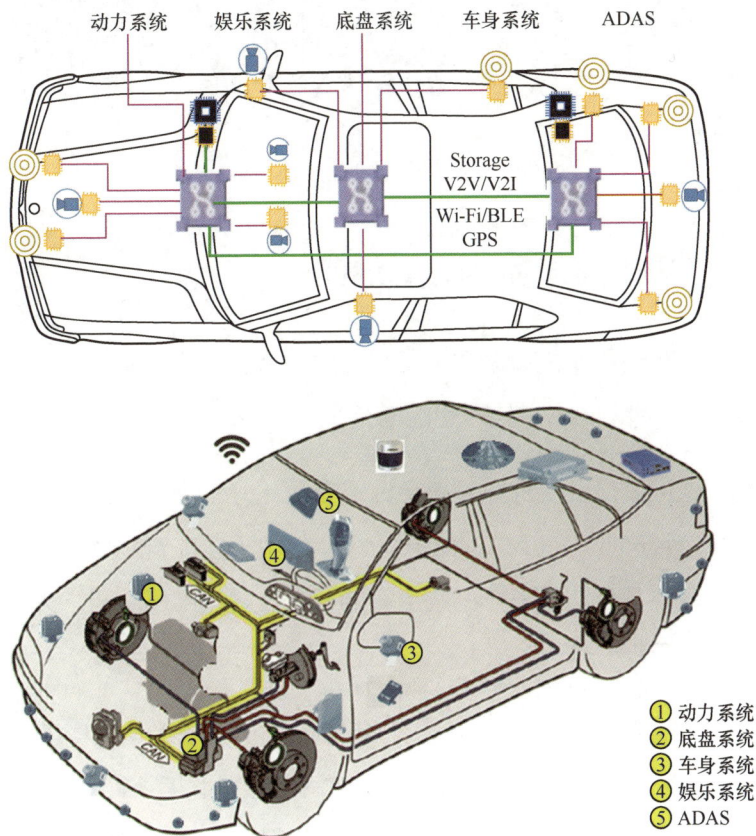

图 9-2　整车系统的组成

　　新开发的平台已经有将电机、电机控制器和电机减速器 3 个控制合为一体的域控制系统应用，控制平台如图 9-3 所示，还有进一步将车载充电机、电压变换器、电源分配单元、电池管理系统中的主控单元合并的电驱动系统。这些还是属于域控制器的范畴，实现整车集中控制的计算平台的发展才刚刚开始。下一步还有可能运用云和边缘计算技术，这就为智能汽车的发展开辟了更广阔的道路。

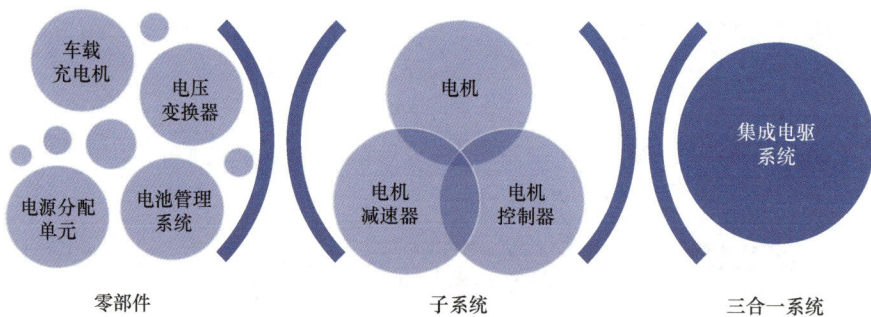

零部件　　　　　　　　子系统　　　　　　　三合一系统

图 9-3　三合一域控制平台示意图

9.2.2　车规级芯片成为核心部件

现在的汽车使用了大量的集成电路芯片，新能源汽车和智能网联汽车今后的发展将进一步刺激芯片需求量的增长。

芯片是比汽车产业全球化程度更深、专业化分工更细、技术壁垒更高的产业。我国芯片产业正进入新的发展阶段。但由于全球新冠疫情和地缘政治的影响，我国的芯片产业发展面临更高的要求。虽然市场空间广大，但产业链不够完整，产业生态不够强大，这是我们当前最突出的问题。

从 2020 年下半年开始，到 2022 年底，由于新冠疫情的影响，全球的车规级芯片短缺问题愈演愈烈。美国对先进工艺（一般指 14 纳米以下）的芯片对中国的出口进行限制，进一步造成市场恐慌，各家汽车企业都在想尽一切办法应对困难。新冠疫情也影响到成熟工艺（包括 28 纳米及以上）芯片的供应链。这种影响从手机扩散到其他消费类电子产品，进而影响到汽车行业的芯片供应。很多汽车企业由于缺少芯片，不得不减产甚至停产。

芯片短缺不仅影响中国的汽车企业，实际上其他国家的汽车企业受到的影响更大。根据汽车行业数据预测公司 AFS 的数据，截至 2022 年 10 月 30 日，由于芯片短缺，2022 年全球汽车市场累计减产约 390.5 万辆。AFS 预测，2023 年全球汽车行业预计将减产 200 万 ~ 300 万辆，全球范围可以说是"一芯难求"。2021年8月下旬，通用汽车公司再次关停了几家皮卡车的生产工厂，其实这几家工厂在7月被关停之后刚刚复工生产，仅仅一周就又停产了，两次停产的原因都是芯片短缺。几乎世界上每一家汽车企业都受到芯片短缺的影响。

芯片按照使用场合的不同，可以分为消费级、工业级、车规级等不同级别，要求逐级提高，当然成本、价格也逐级提高。比如，车规级芯片的工作温度要求为 -40℃ ~ 125℃，对寿命、抗无线电干扰、抗冲击等方面的要求都高于消费类芯片和工业用芯片。

按照功能，芯片可以分为功能型芯片、功率半导体芯片、传感器用芯片三大类。功能型芯片中包括 CPU、AI 芯片、存储芯片等，在车规级芯片中的占比大约为 20%。今后，随着智能网联汽车的发展，高运算能力的 AI 芯片用量将会有较大幅度的增长。功率半导体芯片主要包括 IGBT 和 MOSFET 芯片等，现在这是车规级芯片中占比最大的产品，也是最为短缺的产品。

2020年全球车规级芯片的销售额达到了460亿美元，受全球汽车产销量下降的影响，比上一年下降了1.1%，从供给端看，欧洲、美国、日本企业大约各占三分之一的市场份额。我国的车规级芯片市场总额大约占全球车规级芯片市场总额的30%，这与我国汽车产量占全球产量三分之一的比例相当。但是国内生产的汽车所使用的芯片90%以上依靠进口，国产化的车规级芯片市场占有率只有不到10%。

虽然全球的芯片产量当中只有10%左右用在汽车上，但是若按价值量衡量，这一比例达到12%左右。汽车电子电气化程度的不断提高和新能源汽车产销量的快速增长，都预示着车规级芯片未来会有更大的发展空间。中国是世界上最大的汽车市场，新能源汽车的发展也走在全球前列，国内外所有的集成电路企业都看好中国市场，纷纷加大在中国的投资，抢占市场先机。美国对中国集成电路产品出口的限制，使得中国企业更加坚定地走自立自强的发展道路。应该说，这种限制虽是我们面临的暂时困难，却更是我国集成电路企业的发展机遇，相关企业只要保持战略定力，利用好我国大市场的优势，就一定能取得令人眼前一亮的巨大发展成效。

车规级芯片涉及人员的安全，需要经过严格认证才能够使用，一般认证过程需要 2 ~ 3 年时间，认证标准包括可靠性标准 AEC-Q100 认证、质量管理体系 IATF 16949:2016 认证、功能安全标准 ISO 26262 等。除了质量管理体系标准推广和体系认证工作在国内已经开展多年、一批认证机构成长起来之外，其他两项标准推广及其认证工作在国内几乎还是空白。很多产品不得不拿到美国和欧洲的认证机构进行认证，费用很高，费时颇多，还存在泄露商业秘密的风险。对国内企业而言，可靠性、功能安全实验室建设和实验检测设备方面还是短板，符合要求的认证师在国内也相当短缺，应该抓紧补上。除了生产企业自建实验室以外，应该特别关注第三方检测机构的建设，抓紧形成国内的检测和认证体系。

过去，全球的汽车整车企业一般都不管芯片的选配工作，这项工作基本上随着供应链外包给了配套企业。配套企业在设计总成或零部件的时候与整车企业进行衔接，只要达到整车企业提出的性能和功能要求就可以了。具体到芯片，一般整车企业只提出功能上的要求，其能够与整车数据实现交互即可。芯片的选择完全是配套企业的事情，而每家配套企业的选择都不同，所以一辆车上使用的芯片往往五花八门、各种各样。随着整车的控制从分散走向集中，这个问题逐渐暴露出来。

换句话说，整车企业现在也要考虑芯片、软件以及它们之间的交互问题。一些造车新势力已经行动起来，大部分传统汽车企业开始认识到问题所在。在从认识到实践的过程中，正好遭遇车规级芯片供应短缺，这可以说也是一个对传统汽车企业加速市场教育的过程。经过这番教育，大家一定会从感性认识上升到理性思考，从理性思考转向具体行动。

解决车规级芯片的短缺问题，要靠汽车行业的企业和集成电路行业的企业跨行业合作。对我国而言，我们还要考虑美国对我国集成电路发展的遏制打压这个外部因素，利用好我国汽车行业进一步对外开放和汽车大市场的优势，开展形式多样的国际交流和合作，并且加强芯片设计企业、代工企业、封装测试企业之间的联系，使之形成长期合作关系。2022 年，大众公司出资 24 亿欧元，与地平线公司在两个层面开展合资合作就是一个例子，在未来的一两年，一系列大众品牌的车型将使用地平线公司的芯片。

解决车规级芯片的短缺问题，还要根据国内汽车工业发展的预期和功能型芯片未来的需求预测做好规划，细分到工艺和品种，合理布局，增强对车用集成电路芯片的供给能力，提高国产化的保障程度，组织国内的生产企业，将现有的产能调整转向汽车行业，同时根据国内的生产需求情况，抓紧建设一批新的产能，防止"病急乱投医"。这里的"国产化"应该是广义概念，不管是中资企业还是外资企业，只要是在我国生产的产品都属于国产化范围，对各种所有制企业应该一视同仁。

在功率半导体芯片方面，车用 IGBT 已有一定的国产基础，正在扩大上车应用的比例，一批车用碳化硅项目正在进行中，以满足车载功率芯片高频高电压的需求。要防止这些项目自成体系、条块分割，让行业失去统一大市场的优势。

9.2.3 车用软件要求跨行业融合

早期的软件都是由开发人员采用汇编语言编写，存入 ECU 中的存储器，与 CPU 协同进行信息的搜集、处理，按照指令完成所承担的功能。迄今为止，大部分信息的搜集、处理已经由传感器完成，但是指令大多还是由驾驶员下达的。随着汽车产品智能化水平的提高，已经开始出现了靠传感器感知信息后"自动"下达指令的应用，比如前面提到过的发动机电子控制燃油喷射系统、现在的自动泊车功能，都不是靠人而是靠传感器来感知、靠 ECU 下达指令的。

将来要实现无人驾驶时，全部指令都不是由人下达的，这将对软件提出更高的要求。也只有到那个时候，才可以说是"软件定义汽车"。前面我们已经说到，汽车的控制正从分散走向集中，按照五大领域实行域控制，也带来了软件的集中。软件的体量变得更大，软件功能也开始进行分类。

国际上采用的汽车开放系统架构是 AUTOSAR，这是由几家汽车生产企业、汽车总成和零部件生产企业、半导体和软件企业共同推出的汽车电气/电子（E/E）架构开放的行业协议标准，是欧洲汽车企业主导的规范。日本的汽车企业推出了它们自己的另外一套标准规范 TRON。

由于我国的轿车早期大部分引进的是欧洲技术，所以技术标准方面等效采用或借鉴欧洲的技术标准较多，我国几乎所有的传统汽车车型和新能源汽车车型都宣称使用 AUTOSAR 作为整车的电气/电子架构。国内的整车企业、总成和零部件生产企业中，懂软件的工程师很少，真正懂电气/电子架构的工程师可谓凤毛麟角。而电子信息和互联网行业有不少这方面的人才，从这一点来说，跨行业融合是更加现实的选择。

现状是，整车企业、总成和零部件生产企业将很多软件开发工作全部都外包给第三方公司。由于第三方公司使用的工具链各不相同，虽然都号称按照 AUTOSAR 标准来开发软件，但实际上并非如此，功能适配软件的复用性并不好。现在提供开发工具链产品的企业有多家，产品之间并不相同，每种产品长期使用都会形成使用习惯，更换另一种产品的成本极高。工具链产品也总在不断升级，汽车企业每年不得不为此支付高昂费用。由于整车企业、总成和零部件生产企业无法真正验证这种第三方工具链软件是不是经过简单改写就可以用在其他车型同样的功能上，所以 AUTOSAR 的广告效应比实际效应要高。换句话说，整车企业、总成和零部件生产企业在这方面实际上花了不少冤枉钱。

2020 年 7 月，中国汽车工业协会联合 20 家企业共同成立了中国汽车基础软件生态委员会（China Automotive Basic Software Ecosystem Committee，AUTOSEMO），陆续发布了"SOA 基础服务标准设计和接口定义标准""ASF（AUTOSEMO Service Framework）""车云一体技术规范"等面向服务的体系结构（Service-Oriented Architecture，SOA），面向域控制器中间件和应用软件的标准规范条件，以及《中国汽车基础软件发展白皮书》，开始了中国汽车软件架构的探索和实践。期待汽车行业能够尽快形成共识，推动国内工具链产品企业的发展。

与过去有所不同的是，这些问题不再仅仅是总成或零部件生产企业要考虑的问题，更多地需要整车企业从总体上加以筹划。特别是对我国企业而言，应该更多地从战略和全局上进行思考和规划，防止因基础软件薄弱而使得业务停滞的事件重演。

9.2.4　5G 拉动车联网建设

过去汽车上的通信是非常简单的点对点通信，比如传感器测到的车速只在汽车仪表显示出来，驾驶员根据仪表上显示的车速来控制加速踏板和挡位。随着汽车上使用的 ECU 越来越多，传感器测得的车速信号不仅要传递给仪表，还要传递给发动机电子控制燃油喷射系统、防抱制动系统等。一点对多点的通信造成连线异常复杂，在智能传感器芯片出现以后，甚至出现了多点对多点的通信需求，研究出一种简便易行的现场通信标准成为业界的共同愿望。

1986 年，博世公司经过几年的研究，推出了 CAN 总线通信标准。CAN 总线通过 CAN 收发器接口的两个输出端 CANH 和 CANL 与物理总线相连，而 CANH 端的状态只能是高电平或悬浮状态，CANL 端只能是低电平或悬浮状态。这就保证当系统有错误时，不会出现多节点同时向总线发送数据，导致总线短路，从而损坏某些节点的现象。

CAN 总线通信标准被广泛应用于汽车行业，新能源汽车在车内通信方面依然广泛采用了 CAN 总线通信标准，就连充电基础设施在为车辆充电的时候，相互之间的通信也大多采用这个标准。除了应用于汽车行业之外，这一标准在轨道交通、轮船、医疗设备、航空航天、数控机床等领域也有大量的应用。

传统汽车是一个相对封闭的移动物体，过去汽车在行驶过程中与外界的通信很少，最早的应用是车载电话。随着技术不断发展进步，人们开始有了在乘车过程中与外界联系的需求。但是，移动通信的快速发展使我国越过了固定车载电话的阶段，一步跨入了移动通信时代，一部手机足以解决车内车外的全部通信问题。

后来互联网的发展又带动了数字地图、在线音乐、卫星定位等在汽车上的应用，连接的节点就是前面讲的座舱系统，终端就是车载平板显示器，这时就必须利用无线通信方式才能获取这些信息。继续往前展望，将来智能网联汽车的发展一定会进一步拓展这方面的需求，车与车、车与路、车与交通设施及能源补给设施之间的联系会不断增加，一部分不涉及安全的信息可能会在云端处理，这一部分的通信也需要用无线通信的方式来完成。

从智能网联汽车专利的构成中可看出，车联网在智能网联汽车技术中占有重要地位，如图 9-4 所示。

设想未来的汽车，可能车内通信仍然使用总线方式，这样可以避免信息处理受到外界各种干扰，从而确保汽车的安全。但是，由于以数字形式表现的信息会出现指数级增长，完全靠车内的总线去处理海量的信息将是不可能完成的任务，且不说处理能力（算力），仅就功耗而言，也是难以承受的负担。

一部分信息处理要依靠无线通信方式在车外进行，但是二者之间必须实现无缝链接，以共同处理各种瞬息万变的信息。

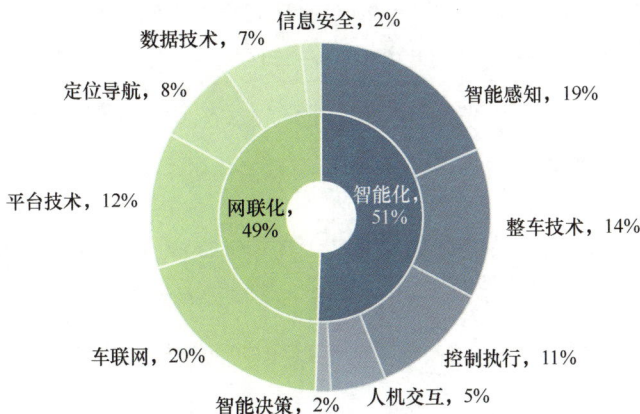

图 9-4　2022 年智能网联汽车专利构成

中国移动通信的发展令世人瞩目。在 1G（模拟信号通信）和 2G（数字信号通信）时期，我们在技术上基本是空白，基站基本都是使用国外的 GMS 和 CDMA 两种标准的产品，企业每年还要向国外的公司缴纳高额的专利使用费。到了 3G 时期，我国主导的 TD-SCDMA 第一次成为国际标准，与 WCDMA 和 CDMA2000 一起成为三大国际标准，但是我国在 2009 年发放 3G 牌照时已经比欧美发达国家晚了 6 ~ 7 年。

到了 4G 时期，TD-LTE 与 LTE FDD 成为两大国际标准，由于带宽增加，速率提高，移动互联网迅速普及。最明显的区别是功能手机变成了智能终端，4G 手机继承了 3G 手机的功能，最大的不同是 4G 手机可以基本无卡顿地上网冲浪。在这个转换过程中，除了韩国三星硕果仅存之外，摩托罗拉、爱立信、诺基亚、黑莓等一批手机企业几近退出市场，苹果、华为、小米、OPPO、vivo 等手机新势力脱颖而出。我国的华为公司、中兴通讯公司的基站设备除了供应中国运营商之外，还走向国外市场。2013 年底，工业和信息化部向中国移动、中国电信、中国联通三家运营商发放了 TD-LTE 牌照，这个时间只比欧美发达国家晚了 2 ~ 3 年。

在此之后，我们乘势而上，在 5G 的研发和标准制定中，按照中央的部署，2015 年，我代表工业和信息化部与欧盟委员会通信网络、内容和技术总司签署了谅解备忘录，双方共同努力，致力于建立全球统一的无线通信标准。在整个推进过程中，我们坚持全面对外开放，在北京怀柔的试验场里，各国企业同台竞技，为全球统一的标准共同贡献各自的力量。

2019 年，第三代合作伙伴计划（3rd Generation Partnership Project，3GPP）宣布 5G R15 标准冻结，这是 5G 标准建立的一个里程碑，标志着5G 标准基本成熟。在这个标准的制定过程中，按国家（地区）计算，中国、欧盟、美国、日本、韩国等都做出了重要贡献，具体表现为标准必要的专利技术在全部专利技术中的占比。

2020 年 7 月，R16 标准冻结，这是 5G 的第一个演进版本，进一步增强了 5G 的功能，兼顾成本、效率、可靠性等要素。现在的 5G 标准带宽可以达到 1 吉赫兹，时延仅 0.5 ~ 1 毫秒，可靠性达 99.9999%（6 个 9），传输速度达 20 Gbit/s，每平方公里有 100 万个互联网设备。2022 年 6 月，R17 标准正式冻结，将来还会有更进一步演进的 R18 标准等版本。我相信，这个标准在各国的共同推进下会越来越成熟。

2019 年 6 月，工业和信息化部向中国移动、中国电信、中国联通、中国广电四家运营商发放了 5G 牌照，与国际上的建设时间基本同步。从消费互联网来看，一般用户使用 4G 网络就已经可以满足要求了。我多次说过，5G的应用大体上符合"二八法则"，就是 20% 用于人与人之间的通信，80%用于在物联网上解决人与物、物与物之间的通信。最先的应用应该是工业互联网，工业互联网最大的应用领域应该是车联网。如果从数据流量来看，车联网的数据流量可能是人与人之间通信数据流量的几倍甚至几十倍、几百倍。

表 9-1 给出了 1G ~ 5G 基本情况的对比。

表 9-1　1G ~ 5G 基本情况的对比

移动通信技术	传输速率	技术特点	应用
1G	无数据传输服务	模拟通信，通信距离短，传输内容少，抗干扰能力弱	"大哥大"
2G	150 kbit/s	数字通信，通信频率高	短信、彩信
3G	1 ~ 6 Mbit/s	支持高速率业务，安全性好	图片、语音、社交网络
4G	10 ~ 100 Mbit/s	能够传输高质量视频图像	视频、直播
5G	上传 600 Mbit/s，下载 1 Gbit/s	低时延、高可靠、低功耗	万物互联

在 4G 时期，通过长期演进计划 LTE-V2X，解决了部分车用无线通信的问题，现在，打通 4G 到 5G 的 C-V2X 标准体系已经为国际无线通信标准化组织 3GPP 所认可，将来在车云互动方面必然会发挥重要作用。我国是互联网大国，又是汽车产销量最高的国家，我们的大市场足以把车联网拉动起来。智能网联汽车加车联网就可以实现车路协同，还不用说完全的无人驾驶，即使只是实现了 L2 及以下级别的辅助驾驶技术在新车型上的应用，我们也可以获得很大的经济效益和社会效益。在这方面，一定要发挥我国优势，统一思想，统一行动，实现跨行业合作，为全球汽车工业的发展贡献中国智慧和中国方案。

9.2.5　来自智能手机操作系统的启示

经过不懈奋斗，我国已经建成了新能源汽车产业的电池、电机、电控等关键零部件的完整产业链和供应链体系。然而，如果没有自主可控的汽车操作系统，汽车做得再好，都不过是在沙滩上起高楼。

不少人认为苹果手机硬件好、产品精益求精，确实苹果手机在这些方面做得很不错。但是，很多人都没有认识到苹果手机在后台还有一个强大的 iOS。这个强大的操作系统实现了基础软件与应用软件的解耦，培育了一大批 App 软件开发商。苹果公司建了一个商店（App Store），所有与 iOS 适配的 App 只有经过苹果公司认证之后，才可以在 App Store 内上架销售，还必须接受由 App Store 抽取 30% 销售佣金的苛刻要求，即俗称的"苹果税"。在 App Store 上架的 App 有数百万款，覆盖人们的衣食住行、消费娱乐，可以说是琳琅满目、应有尽有。苹果手机的用户可以随时下载各种 App，这极大地丰富了手机的功能。当时几乎所有的软件开发商都以进入 App Store 为荣，"心甘情愿"地接受被苹果公司抽取平台佣金。

苹果手机的 iOS 是不开源系统，要想成为苹果 App 的开发者，必须开通开发者账号，而且每年还要缴纳 99 美元的入门费用。后期开发出来的 App，还要经过层层检测，只有检测合格后才能在 App Store 上架。

苹果手机在全球的用户超过 10 亿户，这是一个巨大的市场。有着 10 亿用户群的市场与只有 1 亿用户群的市场显然是完全不同的，这就是产业发展的生态。众多软件开发商想尽各种办法要进入 App Store，因为进去了就有机会。苹果手机用户使用的绝大部分 App 都是在 App Store 里下载的。

当时，诺基亚手机也有一个强大的操作系统——塞班，除了自己使用之外，也对其他品牌的手机开源开放。任何手机企业，只要加入塞班联盟，得到诺基亚许可并向诺基亚支付费用，就可以使用塞班操作系统。塞班操作系统曾一度占据了全球手机 60% 的市场份额。

这时，谷歌公司看到了苹果 iOS 和塞班操作系统取得的成功，也发现了它们各自存在的问题。谷歌公司下决心打造一款开源开放而且免费供手机厂商使用的操作系统。一时之间，谷歌公司打遍天下无敌手，除了苹果公司外，世界上几乎所有的手机企业都选择了谷歌的安卓系统。由于手机对功耗要求特别高，在芯片架构方面，ARM 较计算机时代的 X86 架构有明显的优势，自此在世界范围内形成了安卓+ARM 的格局。

所有要使用安卓系统的手机企业都需要与谷歌公司签署协议，这个协议中包含了一些限制性条款，如不能删除安卓系统中的谷歌服务等。但是在互联网时代，流量显得更为重要，谷歌公司根本上还是靠广告收入赢利，只不过现在的广告是对用户流量进行大数据分析后精准投放的，这比过去的"大水漫灌"的广告投放方式要有效得多，也更受企业的欢迎。使用安卓系统的手机企业都要安装谷歌移动服务软件框架，谷歌公司可以通过这一服务软件框架投放广告，从而取得收益。

2018 年，中美贸易摩擦爆发，美国除了在贸易上采取了一系列措施外，还对我国的许多高科技企业进行打压，华为公司首当其冲。大家都看到了华为公司设计的 7 纳米芯片因为美国制裁而没有工厂可以为其代工生产。与此同时，谷歌公司还通过谷歌移动服务阻止华为手机用户使用谷歌公司的一系列 App 和服务。国内的华为手机用户大多没有选择谷歌公司的 App，感受不到谷歌公司断供造成的不便，可是对海外的华为手机用户来说，这却是难以接受的。

幸亏华为公司前几年开发了鸿蒙操作系统，本来这个操作系统是面向工业互联网应用而设计的，但是在关键时刻不得不临时修改设计，转而先用在华为手机上，这就彻底摆脱了谷歌公司断供造成的不利影响，保住了华为手机用户的使用条件。华为公司也决定将手机的鸿蒙操作系统开源开放，意在让更多的企业选择使用这一操作系统，逐步恢复并建立起产业发展的生态。到 2022 年，鸿蒙操作系统的用户数量已超过 3 亿户。

说回到汽车上，传统燃油汽车大多使用的是 QNX 基础软件，这是一款基于 AUTOSAR 软件架构的操作系统。该系统具有安全性好、运行稳定、时延小、对开发者的支持好等特点，但是最大的问题是不开源开放，产业生态不好。该系统主要用于整车控制，包括动力系统和底盘控制系统，目前也在向车载系统渗透。

安卓借着在手机方面取得的成功，大举挺进新能源汽车产品，首先从座舱操作系统入手，占据了 43% 的市场份额。下一步，安卓还计划向底盘控制系统渗透，最终形成整车全栈式软件控制。

还有一些汽车企业为了摆脱对第三方基础软件的依赖，选择以 Linux 内核为基础，开发自己的操作系统，已经实现应用的企业是特斯拉，正在进行中的企业有大众公司和丰田公司。Linux 系统具有开源、易裁剪、性能稳定等特点，缺点是对开发者的支持差、周期长、产业生态较差，目前在座舱操作系统领域大约只有 30% 的市场份额。

对我国的汽车企业而言，我们应着眼于建立自主可控的产业发展生态，趁现在车用操作系统格局未定之时，利用好我们年产销量 2700 万辆的大市场优势，将集成电路企业、软件企业、互联网企业与汽车企业组织起来，实现优势互补、跨行业融合，利用 3 年左右的窗口期，打造开源开放的全栈式操作系统，与异构芯片实现软硬件协同，建设车载智能计算基础平台，将新能源汽车发展的基础打牢，建立新能源汽车产业发展的生态，为智能网联汽车的发展打下坚实的基础。

9.3 ｜让新能源汽车"飞"起来

2021 年 11 月 8 日，英国《经济学人》周刊网站上刊登了一篇文章——《下一个是什么？2022 年值得关注的 22 项新兴技术》，其中一项就是飞行电动出租车。飞行电动出租车，业内人称垂直起降电动飞行器，长久以来被视为天方夜谭，如今却日益成为现实。全球多家公司在 2022 年加大了试飞力度，希望在之后一两年获得商业认证。美国乔比航空公司计划制造 10 余台续航里程达 150 英里（约合 242 公里）的 5 座飞行器。德国沃洛科普特公司希望为 2024 年巴黎奥运会提供空中出租车服务。

飞行电动出租车只是"飞行汽车"的一条技术路线，在我国以吉利为代表；另一条路线直指真正意义上的"飞行"+"汽车"，是陆空一体设计的"能跑也能飞"的飞行汽车，不限于垂直起降飞行器，小鹏是这条路线的代表。

随着汽车的普及，城市道路的拥堵成为汽车行驶的"拦路虎"。一部分新能源汽车企业为了解决拥堵问题，将目光转向了空中。在全球汽车电动化、智能化发展的背景下，汽车和航空技术逐步渗透与融合。飞行汽车作为面向城市空中交通和未来出行的新型交通工具，日益受到全球创新者的重视。

早在 2017 年，国内的汽车企业吉利就收购了美国飞行汽车企业 Terrafugia，后者成立于 2006 年，曾先后推出两代飞行汽车。收购后公司的中文名称为太力飞车，吉利在武汉设立了湖北吉利太力飞车有限公司。2020 年 9 月，四川傲势科技有限公司与湖北吉利太力飞车有限公司共同组建了沃飞长空科技（成都）有限公司，前者是一家年轻的工业无人机研发制造企业，成立于2016 年。2021 年，沃飞长空与德国 Volocopter 成立了合资公司，由沃飞长空控股。同年 1 月，沃飞长空宣布其所拥有的太力飞车 TF-1 已经获得美国联邦航空管理局的适航证书，这是这一类产品中第一个得到适航证书的。这款产品将在我国生产，是全球第一架混合动力两座运动飞机，可以垂直起降。在陆地行驶中，机翼可以折叠起来，整车宽度与传统汽车相差不多，如图 9-5 所示。TF-1 机身以复合材料为主，设计起飞质量约 850 千克，巡航速度为每小时 167 公里，巡航高度可以达到 3000 米，航程 670 公里，油耗仅相当于排量 2.0 升汽车的油耗。

图 9-5　太力飞车 TF-1

2021 年 11 月，小鹏汽车董事长何小鹏在一次论坛上发表演讲时表示，2024 年以后的汽车将会有少部分飞到空中，2030 年则会更大范围地占领天空。小鹏汽车为此专门成立了小鹏汇天公司，完成了超过 5 亿美元的 A 轮融资，估值达到 10 亿美元。小鹏汽车方面希望最早在 2023 年开放 Robotaxi 运营。何小鹏曾表示，小鹏汇天在飞行汽车方面仍在努力，在推出旅行者 X2 后，正在研发空陆两用的飞行汽车，这款汽车的售价将会在 100 万元人民币以内。

在 2021 年欧洲飞行器展上，小鹏汇天展示了其第六代飞行汽车的概念机型，这款飞行汽车（如图 9-6 所示）将直接实现飞行器与汽车的融合，有望在 2024 年正式与公众见面。全机身采用碳纤维结构，空机含电池的质量为 560 千克，可搭载两名乘客，最大载重 200 千克；同时采用纯电动设计，续航时间 35 分钟，飞行高度 1 公里以内，最大飞行速度为每小时 130 公里。此外，它还配备了手动操作和自动操作两种模式，用户在自动操作模式下，可以根据设定的程序和路线实现无人驾驶。

图 9-6　小鹏汇天飞行汽车概念车（小鹏汇天供图）

在第十三届中国国际航空航天博览会上，亿航智能展示了首款双座载人级飞行器 VT-30，如图 9-7 所示。这是一家致力于智能自动驾驶飞行器研发的高科技民营企业，2014 年创立，2019 年在美国纳斯达克上市。VT-30

机身采用复合翼结构，能满足升力和推力的混合平衡，飞行器还拥有安全智能自动飞行、集群管理、低噪声等优点，可搭载两名乘客，设计航程 300 公里，设计续航时间 100 分钟。2021 年 11 月底，亿航 216 在印度尼西亚巴厘岛完成试飞。这也是一款双座飞行器，具有 8 轴 16 桨多旋翼，可提供空中出租车服务。

图 9-7　亿航智能的首款双座载人级飞行器 VT-30

国外的丰田、戴姆勒、现代汽车等多家汽车企业和波音公司、空客公司等航空企业也都在积极研究飞行汽车的可行性，一大批风险投资者看好这个"风口"，纷纷投资这些项目。据不完全统计，截至 2021 年，全球范围内已有超过 200 家企业或机构在研发飞行汽车产品，总计型号超过 420 种。

虽然有不少人看好飞行汽车未来的发展，但是飞行汽车受电池所限，飞行时间短，续航里程少，这些仍是技术瓶颈。而且飞行汽车与陆地行驶的新能源汽车还有所不同，后者可以通过多加装电池达到增加续驶里程的目的，而飞行汽车绝对不能通过增重来增加续航里程。因为飞行汽车对自重要求非常高，增加自重就难以实现垂直起飞，现有的动力电池能量密度和功率密度都达不到飞行汽车的要求。远期来看，液氢加燃料电池是一个方向，近期一些企业不得不采用混合动力的方案，其目的也是减轻起飞质量。

飞行汽车发展最大的瓶颈还是空中管理，飞行汽车必须按照航线飞行，空中又分为低空、高空，飞行汽车飞行必须遵守相关法律法规的要求。如何在空中建立一个高效的管理体系、由哪个部门管理、空中和地面的交通管理如何有效衔接等诸多难题，全世界都还没有触及，我国也不例外。

然而，我们不应该束缚自己的想象力，人类对自由的向往和追求是没有止境的。从马路到公路，从公路到高速路，从两车道到八车道，从平面交通到立体交通，人类逢山开路，遇水搭桥，现在从陆上交通再到陆空交通，不也顺理成章吗？低空、低速的通用航空与汽车动力融合，在电动化、智能化方向上实现突破，最终飞行器、汽车合二为一，目前至少在技术路线上已经成熟了。

我们特意把新能源飞行汽车放在本章末节，不只是因为它给新能源汽车增添了翱翔长空的"翅膀"，更是因为它代表了汽车和航空产业的融合，可以说是新能源汽车拥有无限广阔发展空间的一种象征，是新能源汽车充满想象力的种种可能性中极其浪漫的一种。

我国新能源汽车的发展方兴未艾，我们坚信，立足于"上半场"的既得优势，面对"下半场"的各种挑战，只要坚持不懈，充分发挥企业的主体创造性作用，科学施策，一定能抓住新的机遇，创造出更加辉煌的未来。

后记

本书正式出版时，距离我动念写作已经过去三年多了。

2020 年 7 月底，我从工业和信息化部部长岗位退下来之后，考虑给自己重新定个位，准备对工业、通信业和信息化发展的重大问题进行较为深入的调查和研究，提出自己的意见和看法。

由于我在大学所学专业是内燃机，近 40 年的工作也一直与汽车行业息息相关，理所当然地对汽车行业最有感情、最有兴趣，也最为熟悉。

而新能源汽车是我国汽车产业转型升级、实现高质量发展的重点。我们抓住了百年一遇的全球汽车产业大变局的历史机遇，实现了新能源汽车新赛道的大突破。作为"汽车人"，我们有责任深入细致地总结我国新能源汽车产业发展的经验，讲好中国故事，讲好中国汽车故事。

于是我确定以新能源汽车作为我的持续研究的第一个重大主题，研究写作的结果，就是展现在读者面前的这本《换道赛车：新能源汽车的中国道路》。

这里我不准备重复正文中的各种观点，只想突出强调一点：在新能源汽车领域，正是因为我们建立了以企业为主体的科技创新体系，我国关键零部件技术才得以突破，新能源汽车自主品牌才得以在激烈竞争中脱颖而出。本书对企业发展成就进行了浓墨重彩的描述，旨在褒扬企业技术进步对行业的正面影响，褒扬勇于冒险的企业家精神，而没有花费太多笔墨探讨具体企业运行中存在的问题，因而对企业的描述总体来看是正面的，这并不意味着我在书中提到的对我国新能源汽车产业发展做出过贡献的企业不存在任何负面因素，请各位读者明察。

在成书过程中，赛迪研究院曾纯协助我搭建图书框架、整理素材、提炼观点、润色文字，花费了大量的时间、精力和心血。此外，本书收录了曾纯对我的 3 个专题访谈的内容，丰富了全书的表达方式。我还了解到，书稿交到出版社后，工业和信息化部装备工业发展中心刘辰璞，汽车产业研究专家董扬、许艳华，新华社陈芳，人民日报社王政，人民邮电出版社张立科、王威、王亚明、韦毅、刘禹吟、王茜和其他编校、质检同志在完善书稿内容、优化表现形式、修正遗漏失误、契合出版规范等方面做出了各种贡献，在此一并向以上同志表示诚挚的谢意！

我国新能源汽车产业暂时领先汽车产业竞赛的"上半场"，为"下半场"智能汽车产业竞赛奠定了良好的基础。至于对在"下半场"如何发展我国智能网联汽车的思考，则是我下一本书的主题。

苗圩

2023 年 12 月 6 日